Etudes sur les *Journaux* de Marivaux

Sous la direction de
Nicholas Cronk et François Moureau

Vif VOLTAIRE FOUNDATION
OXFORD · 2001

ISBN 0 7294 0780 2

Voltaire Foundation Ltd
University of Oxford
99 Banbury Road
Oxford OX2 6JX U.K.

http ://www.voltaire.ox.ac.uk

Distributed in France by PUF

Printed in England

MICHEL GILOT

Introduction

i. *Marivaux, Pierre Carlet de* (1688-1763)[1]

Etat-civil : Pierre Carlet, qui à partir de 1716 signera Carlet de Marivaux, naquit à Paris au début de février 1688, probablement le 4, de Nicholas Carlet et Marie Anne Bullet. Son père, écrivain de la marine au Havre de 1680 à 1685, fut trésorier des vivres en Allemagne (1688-1697), contrôleur contre-garde (1699-1700) et directeur de la Monnaie de Riom (1701-1719). Son oncle maternel, Pierre Bullet, et son cousin J. B. Bullet de Chamblain étaient des architectes en renom. De son mariage (juillet 1717) avec Colombe Bologne, fille d'« un avocat au Parlement et conseiller en la ville de Sens », il eut, en 1728, une fille unique, Colombe Prospère, née le 24 janvier à Ivry-sur-Seine (Houdaille), plus tard « religieuse de chœur » à l'abbaye bernardine du Trésor (Eure), de 1746 (ou 1750) à 1788 (M. C., XVIII, 888, 27 janvier 1790). Il perdit sa femme entre 1722 et 1725 et mourut à Paris le 12 février 1763.

Formation : études au collège de l'Oratoire de Riom (en 1722, il fait certifier son identité par un ancien professeur de cette institution, J. B. Paul ; M. C., LXXXVI, 539, 18 septembre) ; la plupart de ses maîtres étaient ardemment jansénistes. Inscriptions à la Faculté de Droit de Paris (30 novembre 1710, 25 avril 1711, 30 avril 1712), mais en juillet 1712, il renonce à se présenter au baccalauréat ; il vient de publier son premier roman. Nouvelles inscriptions le 30 avril et le 31 juillet 1721. Bachelier en droit le 31 mai (A. N., MM 1123, p.283), licencié le 4 septembre 1721, il se dit en 1722 « avocat au Parlement » (« renonciation » du 18 mai, « notoriété » du 18 septembre : M. C., LXXXVI, 538), mais il ne semble pas qu'il ait jamais plaidé, et dans l'acte de baptême de sa fille, il était déjà désigné comme avocat.

Carrière : il s'installe définitivement à Paris au printemps de 1712. Le séjour qu'il aurait fait à Lyon comme factorum d'une « vieille parente » (La Place, *Pièces intéressantes et peu connues*, Bruxelles, 1781-1790, t.ii, p.360-62), et qui

1. Extrait du *Dictionnaire des journalistes 1600-1789*, tome ii, Oxford 1999, p.685-86.

n'aurait pu se situer qu'en 1725-1726, demeure hypothétique. Dès février 1727, il fut question de l'accueillir à l'Académie (lettre de Marais, B.N., f. fr. 24415, f°210 ; *Réception de Mathanasius*, Le Cène, 1731, p.77). Il est encore question de lui en décembre 1732, mais Surian, évêque de Vence, lui est préféré (15 janvier 1733), puis Moncrif (5 décembre 1733 ; voir lettre de Le Blanc, 31 octobre 1733, dans *Un Voyageur-philosophe au XVIIIe siècle* : *l'abbé Jean-Bernard Le Blanc*, éd. H. Monod-Cassidy, Harvard U. P., 1941). Nouvelle campagne en mai 1736 : « si mon ami M. de Fontenelle n'est pas assez allant pour lui aller gagner des voix, Mme de Tencin se remuera volontiers pour lui » (lettre d'Anfossi, 20 mai 1736, B. M. Avignon, ms 2279, f°29) ; mais Boyer puis La Chaussée sont élus. Il n'entre à l'Académie que le 10 décembre 1742, grâce à la « cabale » de Mme de Tencin (voir le *Revue rétrospective*, t.v, 1834). Il participera à ses travaux avec une remarquable assiduité.

Situation de fortune : le 18 mai 1722, Marivaux renonça à la succession de son père, « pour lui [...] plus oiseuse que profitable ». Colombe Bologne lui avait apporté une dot substantielle (30 000 £ dont 7 500 en argent comptant et 22 500 en billets divers), mais une bonne partie de ces revenus fondit probablement dans le désastre de Law (quelques traces de vente de billets d'Etat le 4 octobre 1719 et le 5 mars 1720 : M. C., LXXXVI, 526 et 530). Malgré quelques dédicaces au duc de Noailles (1716), à Mme de Prie (1724) et à la duchesse du Maine (1728), et bien qu'il ait peut-être cherché à devenir secrétaire du duc d'Orléans (lettre de Le Blanc à Bouhier, B.N., f. fr. 24412, f°456), il ne semble pas avoir été au service d'un grand. Il a tiré l'essentiel de ses ressources de son métier d'écrivain : les Comédiens-Français lui ont versé au total 2 000 £, les Comédiens-Italiens peut-être 20 000 ; l'édition de ses œuvres peut lui avoir procuré un revenu deux fois plus important. A partir de 1747, N. Lasnier de la Valette lui assura une rente viagère de 2 000 £, à quoi s'ajoutaient, au moment de sa mort, une rente de 4 000 £ qu'il s'était constituée en 1757-1758, un « intérêt des fermes de Lorraine », et selon sa logeuse, Mlle de Saint-Jean, une « pension de 800 livres sur la cassette du Roi ». Avant qu'il ne cédât à Duchesne le privilège de l'édition de ses œuvres (automne 1757), sa situation financière était précaire : le 7 juillet 1753, il avait reconnu devoir 20 900 £ à Mlle de Saint-Jean et n'avait pu se libérer que de 900 en vendant la plupart de ses meubles. A sa mort, la vente de ses biens produisit 3 501 £ 8 sols 6 deniers dont il subsistera finalement au moins 232.

Opinions : les « pensées chrétiennes » du *Spectateur français* et surtout le *Cabinet du philosophe* le montrent très éloigné du jansénisme. Ses prises de position en faveur des Modernes (premier témoignage dans le *Mercure* d'août 1718), sa participation aux discussions des cafés parmi les « Apédeutes » (voir son portrait dans l'*Eloge historique de Pantalon-Phoebus*) lui valurent l'hostilité des « savants ». Souvent pris à partie par leurs partisans, il leur répondit en août 1722 dans la 7e feuille du *Spectateur* et plus particulièrement à Desfontaines, son ennemi particulier, dans la 6e feuille du *Cabinet du philosophe*. Longuement raillé dans *Tanzaï et Néadarné* de Crébillon, il lui répondit dans la 4e partie du *Paysan parvenu* (automne 1734). Dans *L'Ile de la Raison* et dans *Le Miroir*, on trouve des traces de la longue inimité qui l'a opposé, surtout au cours de la période 1732-1736, à Voltaire qui craignit longtemps de le voir publier une réfutation des *Lettres philosophiques* (D480, 494, 982, 1038 ; *Bibliothèque française* t.xxiii, 1736, p.358 ; *Gazette d'Utrecht*, supplément du 20 avril 1736). Principales amitiés : Crébillon le père, témoin à son mariage et parrain de sa fille, Fontenelle (*Mémoires* de Trublet), Helvétius (*Le Miroir*), Saint-Lambert (*Essai sur Helvétius*), Mme de Tencin dont il a été un des « sept sages » (Piron dans le Mercure, février 1751), Mme de Verteillac (lettre du 4 décembre 1749), Mme de Lambert (*Vie de Marianne*), Mme Du Boccage (*Le Miroir*).

Activités journalistiques: contributions au *Nouveau Mercure* (directeur l'abbé Buchet), août 1717-avril 1720. – *Le Spectateur français*, 25 feuilles, juin 1721-septembre 1724, Paris, Fournier, puis G. Cavelier père et fils, F. Le Breton, N. Pissot. – *L'Indigent philosophe*, 7 feuilles publiées d'avril à juin 1727, Paris N. Pissot et F. Flahault, puis P. Huet. D'après le *Journal des savants* de septembre 1727, p.1824, Flahault a « débité » au début de l'automne la « huitième feuille » de ce journal. – *Le Cabinet du philosophe*, 11 feuilles, fin janvier-avril 1734, Paris, Prault. – Dans le *Mercure* (mars 1751-décembre 1757), publication de diverses lectures académiques, du *Miroir* et de l'*Education d'un prince*.

Publications diverses : pour la chronologie des œuvres de Marivaux, voir l'édition du *Théâtre complet* par H. Coulet et M. Gilot, t.i, Paris Pléiade, 1993, p.xcv-clxi.

ii. Le Spectateur français (1721-1724)[2]

Titre : *Le Spectateur français*. Continué par *L'Indigent philosophe*.

Date de publication : juin 1721-septembre 1724. Un volume. Date du privilège : 29 janvier 1722 (« Permis d'imprimer » du jeudi 29 mai 1721,

2. Extrait du *Dictionnaire des journaux 1600-1789* tome ii, Oxford 1991, p.1094-97.

enregistré le 25 juin). Périodicité annoncée : hebdomadaire (Le Libraire au lecteur, 1re feuille), puis bimensuelle (Le Libraire au lecteur, 2e feuillle).

Description de la collection : 12 feuilles en 1722, 10 en 1723, 3 en 1724. D'après la *Bibliothèque française*, 1723, t.ii, p.80-87, Antoine Gandouin offrait au printemps de 1723 une collection complète des douze feuilles « Année 1722 ». 25 feuilles dans la collection complète mise en vente par Pierre Prault en 1727. Différents tirages, où les feuilles comportent le plus souvent 16 p., mais parfois 14, in-8°.

Adresse : Paris, Guillaume Cavelier, au Palais à l'Ecu de France. Libraires associés : Guillaume Cavelier fils, rue Saint-Jacques à la Fleur de Lys d'or. A partir de la 4e feuille : François Le Breton, à l'Aigle d'or, près la rue Guénégaud, et Noel Pissot, à la Croix d'or, quai des Augustins. Il est à peu près certain que les mêmes libraires ont continué d'éditer toutes les feuilles suivantes, mais la page de titre de la 25e feuille ne comporte que le nom d'un des deux : G. Cavelier, « au Palais, et rue Saint-Jacques » (Cavelier fils).

Il y eut au moins une autre série d'édition : (1) au printemps de 1723, Antoine Gandouin, quai des Augustins, au coin de la rue Pavée, au nom de Jésus, publia une collection des douze premières feuilles, et ensuite les feuilles 13 à 16. La veuve Guillaume, même adresse, même enseigne, lui succéda pour les feuilles 17 à 19 (mai-juillet 1723) ; (2) à partir d'août 1723, nouvellement reçu libraire, François Flahault, « Quai des Augustins, au coin de la rue Pavée, au Roi de Portugal », reprit cette édition et publia les feuilles 20 à 23.

Dans le courant de l'automne de 1727, Pierre Prault, « Quai de Gesvres, au Paradis », publia *Le Spectateur François par M. de Marivaux ou Recueil de tout ce qui a paru Imprimé sous ce titre*. « Le prix est de 2 £ 10 s. relié ». Un examen attentif du volume permet de conclure avec certitude que les feuilles 1 à 12 proviennent de l'édition Cavelier ; les feuilles 13 et 14, de l'édition Flahault ; la feuille 15, de l'édition Gandouin ; les feuilles 16 à 19, de l'édition de la veuve Guillaume ; les feuilles 20 à 23 de l'édition Flahault ; enfin les feuilles 24 et 25, de l'édition Cavelier.

Imprimeur : on ne peut avoir de certitude que pour la 24e et la 25e feuille ; leurs feuilles de titre portent en effet : « Imprimé à Sens, chez André Jannot ».

Certaines anomalies de pagination des exemplaires conservés à Rouen et à Agen révèlent qu'il y a eu plusieurs tirages, de certaines feuilles au moins, tant dans l'édition vendue par les Cavelier que dans l'édition François Flahault (voir M. Gilot, *Les Journaux de Marivaux*, Lille 1974 t.i, p.254).

Contenu annoncé : voir deux avis intitulés « Le libraire au lecteur » et parus dans la première et dans la deuxième feuille, mais surtout le texte de la première feuille.

« Ouvrage qui doit être curieux si le titre en est rempli avec génie [...]. La forme sous laquelle il paraîtra semble n'annoncer que du badinage : en effet on en trouvera souvent ; mais un badinage de réflexion, que l'on a tâché de rendre aussi instructif que pourrait l'être le sérieux le plus déclaré » (Le Libraire au lecteur, 2e feuille).

« L'esprit humain, quand le hasard des objets ou l'occasion l'inspire, ne produirait-il pas des idées plus sensibles et moins étrangères à nous qu'il n'en produit dans cet exercice forcé qu'il se donne en composant ? [...] Mon dessein n'est de penser ni bien ni mal, mais simplement de recueillir fidèlement ce qui me vient d'après le tour d'imagination que me donnent les choses que je vois ou que j'entends, et c'est de ce tour d'imagination, ou pour mieux dire de ce qu'il produit, que je voudrais que les hommes nous rendissent compte, quand les objets les frappent » (1re feuille).

Contenu réel : « Matières principales », d'après la table insérée dans l'édition de 1728, où l'on reconnaît la plume de Marivaux : Visage humain (3 rubriques) ; femmes et « filles » (13 rubriques) ; coquettes et coquetterie, « galants » (5 rubriques), amour (6 rubriques) ; famille : mariage, parents et enfants, « éducation » (8 rubriques) ; épreuves de la vie : « révolution de fortune », « adversité » ... (4 rubriques) ; critique de la société : « riches » et « pauvres », « grands » et « petits », « honnêtes gens, leur destinée ordinaire », « habits, leur pouvoir » (une douzaine de rubriques). Catégories sociales : « dévotes et leurs directeurs », « marchand, ses manèges » ... (4 rubriques sur les Juges). Portraits (« Babillard rempli de soi-même », fainéants, femme avare, oisifs, savants) et réflexions morales (« Disputes. Leur effet ordinaire », « orgueil », « vanité sotte » ... : une douzaine de rubriques). Figures (Anarcharsis, Misanthrope, Sage misanthrope, savetier philosophe). Métaphysique (« Connaissance de soi-même », « conscience », « idées », « instinct et sentiment », « mémoire », « réflexions [des]) : une dizaine de rubriques. Problèmes concrets de la littérature (6 rubriques : « Anciens et Modernes », « auteurs », « censeurs », « critiques », « feuilles volantes », « livres, livrets et brochures »). Critique littéraire (4 références). Scènes « plaisantes » (trois emplois du terme), piquantes (« Jeunes gens inquiets pour leur chevelure », « Curiosité affligeante [...] », « Femme affligée d'être dérangée [...] »), ou extraordinaires (« Aventure étrange [...] », « Visite singulière [...] »). Avis (« Pour » les rois, les censeurs, les femmes ...). Conduites avisées (« Adresse d'un père [...] », « Adresse singulière d'une gouvernante [...] », « Conduite raisonnable d'une mère […] », « Orgueilleux. Conduite qu'il est bon d'avoir avec eux […] ».

Ainsi se trouvent définis à la fois les principales orientations de Marivaux et les modes de lecture qu'il propose *a posteriori* au public du temps.

Principaux centres d'intérêt : (1) l'acclimatation en France d'une feuille de *Spectateur* et la transformation du genre de la « réflexion morale » ; (2) la pensée subtile et généreuse de Marivaux ; (3) face aux « savants » desquels dépendait encore le marché du livre, l'affirmation de ce qu'on a pris l'habitude depuis d'appeler « littérature ».

Principaux auteurs étudiés : La Motte, *Romulus* (début de la 3e feuille) *Inès de Castro* (20e feuille) ; Montesquieu, *Lettres persanes* (8e feuille). *Allusions à l'Iliade*

A partir de 1728, tables intégrées.

Localisation de la collection étudiée : B.M. Rouen, I. 1503 ; B.M. Agen 2259 : 23 premières feuilles ; B.M. Nantes : 22 premières ; B.M. Troyes, D 3262 : 21 premières ; B.N., R 20137. Recueil des 25 feuilles données par Prault en 1727 ; exemplaire de M. F. Deloffre : 24 premières feuilles.

Ex-libris : recueil de 1723 (ex. M. F. Deloffre) : Bossin la Sone, puis « Virieu, au Cabinet de sa maîtresse » ; recueil de 1727 : « A M. de Sauvagnat, à Paris » (B.M. d'Agen) ; « N'est pas du goût de M. Pellier, commis des finances » (B.N.). Edition de 1728 : Monsieur Silva, maître des requêtes (B.M. de Montpellier) ; Desroches, chanoine, puis : bibliothèque de l'église cathédrale de La Rochelle (B.M. de La Rochelle) ; Guérin, puis : Denis de Pange (1750), puis : M. Rebours, rue Meslée, puis : J. Vernesson, commerçant (1801, « A Paris le 7 may ») (exemplaire Deloffre). Edition de 1752 : Sallée-Duqueroy (B.M. d'Angoulême) ; Fiquet du Boccage, « ex dono D. de Marivault » (B.M. de Rouen). Edition de 1754 : Lützelbourg d'Imling (B.M. de Colmar). Edition de 1755 : Johannes Emmanuel de Guignard, « vice-comes sancti praejecti » (B.M. de Montpellier). Edition de 1761 : Brunet de L'Argentière (B.U. de Grenoble) ; chevalier de Lambilly, « acheté le 19 juillet 1779 » (B.M. de Rennes) ; Perrin d'Avressieux, « officier de campement », puis : Guy (B.M. de Chambéry).

Notes manuscrites, exemplaire de Lützelbourg d'Imling : A propos de La Motte comparé à Corneille et Racine (troisième feuille), « M. de Marivaux, ceci ne peut être sérieux ; si c'etoit d'Ines que vous parliez encore vous le passeroit-on elle est si intéressante malgré ses Défauts ». A propos du « livre que je lisais ce matin, et qui est intitulé les *Lettres persanes* » (8 e feuille) : « En avez-vous lu de meilleur ? »

Différents passages marqués dans l'exemplaire Brunet de L'Argentière et dans l'exemplaire ayant appartenu à Guérin, D. de Pange et Vernesson.

Rééditions : *Le Spectateur François par M. de Marivaux ou Recueil de tout ce qui a paru imprimé sous ce tire. Nouvelle édition* [...] Paris, Pierre Prault, 1728, in-8°. Le texte du *Spectateur français* figure au t.i, p.1-405.

Le Spectateur François par M. de Marivaux. Nouvelle Edition [...], Paris, Prault jeune, 1752. Le texte du *Spectateur français* figure au t.i, p.1-368. Même contenu, même disposition, même pagination, même titre dans les éditions procurées par Duchesne en 1754 et en 1755 : *Le Spectateur François, suivi du Cabinet du Philosophe, par M. de Marivaux de l'Académie Françoise. Troisième édition* [...], Paris, Duchesne. Le texte du *Spectateur français* figure au t.i, p.7-369.

Rééditions dans les *Œuvres complètes* de Marivaux, veuve Duchesne, 1781 (t.ix), puis dans l'édition Duviquet-Dupont (t.ix, 1830, chez Dauthereau) ; en 1921 (Paul Bonnefon, dans la collection des « Chefs d'œuvre méconnus », Paris, Bossard) et enfin en 1969, dans les *Journaux et œuvres diverses* de Marivaux.

Contrefaçons : *Le Spectateur françois ou Discours critique* [sic] *et moraux sur la Conduite des hommes* [fleuron : une coupe de fruits]. *Sur la Copie Imprimée*. A Paris ; 1723. Cette édition-pirate, lancée alors que le *Spectateur français* continuait à paraître, dut s'interrompre parce que le rédacteur ne pouvait plus être sûr que le journal de Marivaux continuerait à être publié à des dates prévisibles. Elle parut « tous les huit jours, à commencer le 29 avril 1723 » (un vendredi), (Avis de l'imprimeur au lecteur) puis, à partir de la fin d'août, tous les quinze jours. 23 feuilles (dont 19 tirées du *Spectateur français*), jusqu'au 15 novembre, 276 p. in-12. Lieu de publication, probablement Genève. B.P.U. Genève, HF 1405 ; B.M. Bordeaux, S. 5037 ; première feuille à la B.M. de Grenoble (bibliothèque H. Gariel, P. 8226).

Mentions dans la presse du temps : *Mercure de France*, juin et juil. 1721, 1, p.100-102 ; *Mercure*, janv. 1722, p.60-61 ; *Mémoires historiques et critiques* févr. 1722, p.3-8 ; *Mercure*, févr. 1722, p.87-88 ; *Roderici Alexandri opus nullum*, première feuille, p.3 ; *Mémoires sur divers genres de littérature et d'histoire*, mars 1722, p.53 ; *Mercure*, mars 1722, t.ii, p.86-87 ; mai 1722, p.107-13 ; juil.

1722 (Lettre de Lyon, datée du 14 juin), p.86 ; *Journal des savants*, 31 août 1722, p.555-58 ; *Bibliothèque française*, t.i, 1, 1723, art. ix, p.143 ; t.ii, 1, art. vi, p.80-87 (texte non cité dans l'édition des *Journaux et œuvres diverses de Marivaux*) ; *Mercure*, oct. 1723, p.699-701 ; nov. 1723, vol.i, p.887-88 et p.1017 ; oct. 1724, p.2186-87 ; *Le Nouveau Spectateur français* de Van Effen : 1re, 3e, 6e, 8e, 12e, 13e, 14e, 15e, 16e et 25e feuilles ; *Bibliothèque française*, t.iv (1724), art.iii, p.37-38 ; *Continuation des Mémoires de littérature et d'histoire*, t.iii, 1, 1727, p.180 ; *Le Nouvelliste de Parnasse*, t.i, 1731, p.387-88 ; *Mercure*, oct. 1737, p.2196-2202 ; *L'Année littéraire*, t.v, lettre 7 (datée du 18 août 1755), p.145-62.

iii. L'Indigent philosophe (1727)[3]

Titre : *L'Indigent philosophe. Premier feuille.* A partir de la seconde feuille : *L'Indigent philosophe ou l'Homme sans soucy.*

Date de publication : très probablement fin mars-début juillet 1727. Un volume. Le privilège est du 24 avril 1727 (les deux premières feuilles jouissaient d'une simple « permission » de Hérault ; 19 mars et 12 avril). Périodicité approximativement bimensuelle. En tout, sept livraisons (Approbations de Passart : mercredi 19 mars, vendredi 11 avril, mardi 22 avril, jeudi 8 mai, dimanche 25 mai, vendredi 13 juin, samedi 15 juillet).

Description de la collection : 7 feuilles de 24 p. , paginées successivement 1-168, in-12.

Adresse, éditeur et prix : Paris, Noël Pissot, quai de Conty, vis-à-vis la descente du Pont-Neuf, à la Croix d'Or. Flahault, quai des Augustins, du côté du Pont Saint-Michel, au Roy du Portugal. Et, à partir de la seconde feuille, Pierre Huet, au Palais, sur le second perron de la Sainte-Chapelle, au Soleil Levant.

Contenu annoncé : les « espèces de Mémoires » d'un indigent : « Je viens d'acheter quelques feuilles de papier pour me mettre par écrit, autrement dit pour montrer ce que je suis et comment je pense ». Il promet d'« écrire tout couramment [ses] pensées ». « Je suis naturellement babillard, il faut que cela se passe » (début de la première feuille).

3. Extrait du *Dictionnaire des journaux 1600-1789*, tome i, Oxford 1991, p.553-54.

Contenu réel : essentiellement « un essai de ce qu'on pourrait faire en écrivant au hasard de ce qui viendrait à l'imagination » (« Avis de l'Imprimeur au lecteur », dans l'édition collective du *Spectateur français*, publiée par Prault en 1728). Plus traditionnellement, on pourrait définir le contenu en se référant aux rubriques que permet de distinguer la table de 1728, à peu près certainement rédigée par Marivaux :

(1) critique sociale (« Civilité », « domestiques », « fortune », « grands », « gueux », « ministres d'Etat », « pauvres, leur bon appétit », « repas des pauvres », « riches », « table gênante » ...) ;

(2) observation des êtres (« amour de roman », « comédiens de campagne », « femmes savantes (des) », « fermeté masquée », « Français », « galanterie entre la poire et le fromage », « mariage d'une jeune fille avec un veillard », « musicien », « Paris. Les mœurs et les caractères des habitants », « prodigue » ...) ;

(3) réflexions morales (« amitié », « estime », « habits. Leur pouvoir », « modestie », « orgueil », « vertu » ...) ;

(4) métaphysique (« esprit [de la], « gens de bien », « Homme », « méchant », « nature » ...) ;

(5) relations entre auteurs et public (« Auteurs. Les caractères de la plupart » ; « Lecteurs », « livres, livrets et brochures », « préface »).

Centres d'intérêt : un éclat qui permet à Marivaux d'approfondir ses « réflexions » après une période de crise. Deux « gueux » face à la société et à la culture de 1727. Envers et contre tout, un message de joie.

Auteurs étudiés : allusion à « un gaillard », « maître Ovide », à la fin de la troisième feuille.

Tables : dans les éditions collectives du *Spectateur français*, « table alphabétique des principales matières », imitant le genre de table (index) qui caractérisait le *Spectateur ou le Socrate moderne*, « Amitié, Amour de, roman Auteurs », etc.

Localisation de la collection étudiée : B.M. Poitiers, D. 3121. On n'a pu retrouver à ce jour qu'un exemplaire de l'édition originale, par feuilles : ce volume conservé à la B.M. de Poitiers, où les sept feuilles sont reliées avec les *Essais hebdomadaires sur plusieurs sujets intéressants* de Dupuy (1730).

On trouve dans certaines bibliothèques des exemplaires de l'édition séparée procurée par Pierre Prault au début de 1728 : B.N., R. 20142 ; B.M. Avignon, 8° 55618 ; B.M. La Rochelle. Mais le plus souvent cette édition est incorporée à l'édition collective du *Spectateur français*, vendue quelques semaines plus tard par le même imprimeur-libraire (B.N., B.M. Alençon,

Avignon, Montpellier, Roanne, Valenciennes...). Les exemplaires des éditions collectives de 1752 et 1761 sont plus fréquents encore.

Exemplaires rares : ex-libris, édition de 1728, B.M. Montpellier : M. Silva, maître des requêtes ; B.M. La Rochelle : Desroches, chanoine (puis bibliothèque de l'église-cathédrale de la Rochelle). Ex. de M. Deloffre : Guérin, puis Denis de Pange (1750) puis M. Rebours, rue Meslée, puis J. Vernesson (1801) (« A Paris, le 7 mai »). Editions suivantes : voir le *Spectateur français*.

Réédition séparée chez Pierre Prault au début de 1728. Dans des éditions collectives du *Spectateur français* : 1728 (avril), 1752, 1754, 1755, 1761 ; *Journaux et œuvres diverses*, Class. Garnier, 1969, 1988. Dans les *Œuvres complètes* de Marivaux : 1781 (t.ix), 1825-1830 (t.x).

Mentions dans la presse du temps : *Bibliothèque française*, t.ix, 2e partie, p.315-16 ; t.x, 1ère partie, p.152 (1727).

Historique : la publication de l'*Indigent philosophe*, pour lequel Marivaux, sous le nom du Sieur a***, obtient un privilège de trois ans le mardi 22 avril 1727, met fin dans sa carrière à une assez longue période de silence (quinze mois) et sans doute à une phase de crise dont nous avons au moins un témoignage, la lettre de l'abbé Bonardy, indiquant, le 8 mars 1726, que le poète « s'est brouillé avec Lélio et sa femme ». Tout se passe comme si, après un temps de création silencieuse (le 16 février la veuve Coutelier a sollicité une approbation et un « privilège général » pour la « Vie de Marianne ou les Aventures de Mme la Comtesse de M*** »), il était de nouveau avide d'entrer en contact avec le public. Le 30 janvier, les Comédiens-Français ont reçu *La Surprise de l'amour*. Le 2 mars le principal éditeur de *L'Indigent philosophe*, Noël Pissot, a demandé un privilège pour *L'Héritier de village*, *Le Dénouement imprévu*, *Le Prince travesti*, *Annibal*. Enfin, le dimanche 22 avril (donc deux jours plus tôt et trois semaines après le lancement probable de *L'Indigent*, Pierre Prault vient de soumettre à l'approbation « Le Spectateur Français par le Sr de Marivaux » et d'obtenir pour cette première édition collective un privilège de huit ans. Rien ne révèle mieux que cette coïncidence la filiation entre le *Spectateur* et ce nouveau journal. Marivaux n'a certainement jamais pensé prolonger très longtemps *L'Indigent philosophe*. Ce qui est sûr, c'est que la suite immédiate de *L'Indigent*, abandonné au milieu de juillet, c'est *L'Ile de la raison ou les petits hommes*, accueillie avec transports par les Comédiens-Français le 3 août.

iv. *Le Cabinet du philosophe* (1784)[4]

Dates de publication : fin janvier 1734 (probablement le samedi 30) à avril 1734 (probablement le samedi 10). Privilège du 22 octobre 1733.

Périodicité annoncée : « on donnera une feuille nouvelle tous les samedis » (fin de la seconde feuille). Périodicité réelle : hebdomadaire. 11 livraisons en tout.

Description de la collection : 11 feuilles (24 p. chacune) ; 264 p. en un volume, in-12.

Adresse, éditeur et prix : Paris, Prault père, « Quay de Gêvres, au Paradis, et à la Croix Blanche ». « Le prix est de dix sols ».

Contenu annoncé : « Des morceaux détachés, des fragments de pensée sur une infinité de sujets et dans toutes sortes de tournures : réflexions gaies, sérieuses, morales, chrétiennes [...] ; quelquefois des aventures, des dialogues, des lettres, des mémoires, des jugements sur différents auteurs et partout un esprit de philosophe » (début de la première feuille).

Contenu réel : le train du monde (les « dons des fées », « Le Chemin de la Fortune » ; les femmes et l'amour (le « Dictionnaire de la Galanterie », les exigences et les caprices de l'amour, la coquetterie, l'injuste condition des femmes) ; l'expression esthétique (le « Je ne sais quoi » ; les devoirs de l'écrivain ; le « style ») ; « réflexions chrétiennes » (le mal et la conscience ; l'homme comme « prodige » ; l'humilité de l'amour). En épilogue, un récit fantastique : le « Voyage au monde vrai ».

Principaux centres d'intérêt : réaction de Marivaux au « monde » de 1733. « Philosophie » en fragments, faite pour provoquer à penser par soi-même.

Principaux auteurs étudiés : le « style » de la Rochefoucauld, de Montaigne, de La Bruyère, de Pascal, dans deux fragments de la sixième feuille.

Table de la collection : « Table alphabétique des principales matières contenues au présent livre » dans l'édition collective du *Spectateur français* de 1752 (sur le modèle de la Table-index du *Spectateur*).

Localisation de la collection étudiée : B.N., R 19437 ; B.M. Dijon, 15891. Dans ces deux exemplaires de l'édition originale par feuilles, un lecteur du temps a corrigé à la plume deux phrases où le texte de Marivaux avait été altéré : « Mariant une fille à un brutal : il n'y a que trop de ces malheurs-là »

4. Extrait du *Dictionnaire des journaux 1600-1789*, tome i, Oxford 1991, p.214-15.

(« de ces messieurs-là »). Et un peu plus bas, dans le fragment : « Des femmes mariées », de la sixième feuille : « Jetez les yeux sur un mari infidèle. Y a-t-il rien de plus effronté que son libertinage ? Prend-t-il quelques mesures pour le cacher à sa femme ? Eh ! qu'importe qu'elle le sache ? Il en sera quitte pour la voir plaider » (« pleurer »). Indépendamment même de ces corrections, ces deux exemplaires peuvent être considérés comme rares dans la mesure où une enquête auprès d'une soixantaine de bibliothèques de France n'en a pas révélé d'autres (alors que les exemplaires d'édition collectives du *Spectateur français* sont assez nombreuses).

Rééditions : dans les éditions collectives du *Spectateur français* (1752, 1754, 1755, 1761), t.ii ; dans les *Œuvres complètes* de Marivaux, 1781, t.ix et x ; 1825-1830, t.x ; *Journaux et œuvres diverses*, class. Garnier, 1969, 1988.

Mentions dans la presse du temps : *Le Pour et Contre*, nombre 30, t.ii, p.337-42 ; nombre 35, t.iii, p.119-20 ; nombre 36, t.iii, p.111-13. *Bibliothèque française*, t.ix, 1, p.180.

Historique : pour la publication du *Cabinet du philosophe*, un *terminus a quo* : la fin de janvier 1734 (le jeudi 4, l'abbé Leblanc signalait à Bouhier cette « nouvelle feuille », « affichée la semaine dernière » et le lundi 8, selon Buffon, « ce petit écrit en forme de gazette ou plutôt de feuille de *Spectateur* « paraissait » depuis quinze jours ») ; un *terminus ante quem*, fixé par une lettre de Leblanc en date du 15 avril : il annonce à Bouhier la première livraison du *Paysan parvenu* (où Prault indiquait qu'il mettait en vente les onze feuilles du *Cabinet du philosophe*)... Si toutes les feuilles du périodique ont bien été publiées régulièrement de samedi en samedi, on peut dater la première du 30 janvier, la dernière du 10 avril.

Le privilège concernait « un ouvrage », dont l'approbation (signée Cherier) remontait au 17 septembre 1733, et, à examiner les allusions qu'il contient, on a de bonnes raisons de penser que le *Cabinet du philosophe* a été entre mai et le 15 septembre. Une exception cependant : le passage de la sixième feuille qui met en cause l'abbé Desfontaines (« je ne suis pas surpris qu'il y ait des gens qui critiquent, impriment, malhonnêtement... »), écrit dans les tous premiers jours de mars 1734 et inséré sans nouvelle approbation.

v. Présentation générale[1]

Pourquoi s'intéresser aux « journaux » de Marivaux ? Les comptes rendus qui leur ont été consacrés à l'occasion d'une édition de 1968 nous livrent

5. Extrait: *Les Journaux de Marivaux. Itinéraire moral et accomplissement esthétique*, thèse d'état, Université de Paris IV, 9 mars 1974, p.2-16.

des réponses très diverses. On admet généralement qu'il faut avoir lu ces pages naguère méconnues pour mieux connaître un écrivain si secret. Mais qu'appelle-t-on *connaître* ? Car ces « journaux » sont des documents, qui « m'éclairent ses pièces et ses romans »,[6] mais nous renseignent aussi sur « [sa] pensée et [ses] méthodes de travail » :[7] nous « pénétrons ici dans l'arrière-boutique d'un écrivain ».[8] Des documents, des témoignages, enfin des textes qui peuvent parler au cœur. On peut parfois encore présenter Marivaux comme l'anonyme créateur d'un univers théâtral, l'organisateur d'une constellation dont on étudiera bientôt les lois et les signes suivant une méthode structurale ; on est en droit d'admirer cet inventeur de formes, si efficaces qu'elles ont pu depuis trente ans provoquer et nourrir de leurs vertus les mises en scène les plus diverses (de Barrault à Planchon, de Vilar à Berto, ou Bluwal, ou Chéreau, ou Vincent) : heureuse expérience en une ère où le théâtre se cherche ! Mais ici, « avec des développements plus étendus et plus profonds, rendus possibles par le genre des réflexions ou des essais »,[9] Marivaux nous renseigne sur ses idées, se commente, pose des questions et trouve des réponses : il ne craint pas de *s'expliquer*, au jour le jour, au gré de son humeur, de ses soucis et de ses espoirs. Comment comprendre *La Double Inconstance* si l'on ignore la seizième feuille du *Spectateur français* ? *La Colonie*, si l'on n'a pas lu ce passage du *Cabinet du philosophe* où les femmes prennent elles-mêmes la parole pour dénoncer leur condition ?[10] Nous trouverons ici de solides jalons : à nous d'en découvrir les tenants et les aboutissants. Il serait sans doute un peu sot de voir dans ces « journaux » une transcription immédiate de la vie, d'y chercher un Marivaux « confidentiel » ; il n'y a pas une de ces pages qui ne soit marquée de sa griffe : ne s'est-il pas livré ainsi bien que plus intensément ? Les « journaux » sont un vivier de thèmes, d'images, d'épisodes « marivaudiens », et l'on peut rêver au parti que tirerait la psychocritique du « Voyage au Monde vrai » ou de tel moment mythique du *Spectateur français*.[11]

Nous sommes ici au cœur d'un immense creuset : l'ensemble d'une œuvre, qui s'insère elle-même dans un contexte culturel actif. L'écrivain « connaît tout ce qui se publie autour de lui, il est passionné de modernité : Fontenelle, Montesquieu, Madame de Lambert, l'abbé de Pons, l'abbé de

6. H. T. Mason, *French Studies* 25, 2 avril 1971, p.202. « Ces textes aideront considérablement à la compréhension de Marivaux, auteur aux multiples visages », parce qu'on l'y voit « aux prises avec la vie qui l'entoure », ajoute J. Vercruysse (*Dix-huitième siècle* 2, 1970, p.348).

7. J. S. Clément, *L'Agrégation* 181, octobre 1970, p.161.

8. R. Judrin, *Nouvelle Revue Française* 17, no. 202, octobre 1969, p.618.

9. R. Mercier, *Revue des Sciences Humaines*, fasc. 137, janvier-mars 1970, p.158.

10. Cinquième feuille ; *Journaux et œuvres diverses* (Paris 1969), p.375-78.

11. Voir notamment la première feuille, *Journaux*, éd. citée, p.117-18.

Saint-Pierre lui sont familiers. [...] Tout un milieu intellectuel se dessine ici, dans lequel Marivaux eut sans doute un rôle plus important qu'on ne l'a cru. [...] Voici tour à tour Marivaux lecteur des maîtres classiques, Marivaux dialoguant avec ses contemporains, annotant, traduisant parfois les textes qu'il aime, Marivaux se cherchant et se définissant lui-même, de *Pharsamon* au *Miroir*, ce qui lui est essentiel ».[12] C'est reconnaître que ces « journaux » sont bien autre chose que des documents inertes : les traces datées d'une recherche longuement poursuivie, au fil des années, des saisons, au ras des pages d'écriture. Voici l'écrivain à la découverte de ses dons, de son style et de son génie : dans ce domaine une inflexion, l'apparition d'une idée, d'une image, une humble trouvaille peuvent marquer des conquêtes. Dans les *Lettres contenant une aventure* dans le *Spectateur français* le dramaturge affine ses ressources, du *Spectateur* à *L'Indigent philosophe* le romancier cherche obscurément sa voie. « Il existe un va-et-vient continuel entre les journaux et œuvres diverses d'une part, les romans et les comédies d'autre part »,[13] constate William Trapnell, et Giovanni Bonaccorso : « Les journaux de Marivaux représentent l'anneau qui relie sa production romanesque de jeunesse à celle de sa maturité. [...] [Leur] connaissance se révèle indispensable pour comprendre pourquoi Marivaux a rompu avec la tradition du roman fabuleux et abordé la réalité dans ce qu'elle a de palpitant ».[14] Les spécialistes italiens de Marivaux, Mario Matucci et Giovanni Bonaccorso ont d'ailleurs si bien mis en valeur le rôle des « journaux » dans l'évolution de son « œuvre narrative »[15] qu'il ne nous semble nullement nécessaire de revenir longuement sur ce chapitre, et pas non plus, après la thèse de William Trapnell,[16] de reprendre systématiquement la question des rapports entre journaux et

12. J. Sgard, *RHLF* 71, 1, janvier-février 1971, p.93-94. « Avec ces textes, nous pénétrons d'emblée dans l'atelier, le laboratoire de Marivaux, comme dans celui d'un véritable penseur qui dialogue avec son époque » (J. Van Den Heuvel, *L'Informatique littéraire*, mai-juin 1970, p.131). Dans son compte rendu Oscar Haac insiste sur l'intérêt qu'offrent les journaux de Marivaux pour étudier « l'atmosphère dans laquelle ses œuvres furent créées », ses « relations » (prises au sens large) et les influences qu'il a accueillies, comme celle de Malebranche (*The Romanic Review* 62, 1, février 1971, p.58-59).

13. *Etudes littéraires*, décembre 1970, p.416.

14. *Rassegna di cultura e vita scolastica* 24, 4-5 avril-mai 1970, p.9.

15. M. Matucci, « Intorno alla narrativa di Marivaux », *Rivista di letteratura moderne e comparte*, janvier-mars 1956, p.17-35 ; *L'Opera narrativa di Marivaux* (Naples 1962). G. Bonaccorso, « Considerazioni sul metodo del Marivaux nella creazione romanzesca », dans le recueil *Umanita e Storia, scritti in onore di Adelchi Attisani*, Naples 1970, p.1-26.

16. *The Contribution of Marivaux's journalistic works to his theater and novels*, thèse de l'Université de Pittsburgh, 1967.

comédies, des emprunts réciproques du dramaturge et du journaliste. Ces textes nous forcent à sortir des cadres conventionnels où l'on a si longtemps enfermé leur auteur. Dans le *Bulletin de la faculté des Lettres de Strasbourg*,[17] Jean Gaulmier traduit très simplement les impressions d'un lecteur non prévenu : Marivaux n'apparaît-il pas comme « un essayiste dans la lignée de La Bruyère, curieux d'observation psychologique et sociale », mais avec « un souci constant d'efficacité qui prélude sans pédantisme aux préoccupations des philosophes », « un moraliste au talent souple et varié », « un érudit attentif aux problèmes de la traduction, comme montrent ses pertinentes *Réflexions sur Thucydide* » et qui d'ailleurs « rivalise avec Montesquieu et avec Mably en méditant de façon très personnelle sur l'Histoire dans ses *Réflexions sur les Romains* » ? Sérieux de Marivaux ... C'est pour faire part de cette « découverte » naïve que le présent travail a été entrepris : ce disciple de Malebranche est, comme M. Jean Fabre l'a montré dès 1958, un philosophe,[18] un métaphysicien concret.

Ici affleurent les visages de l'écrivain... Lire ses « journaux », c'est aussi faire un rencontre : témoin la variété des réactions et des choix qui s'expriment dans ces comptes rendus. « Merveilleux Marivaux »[19]... « Le mystère Marivaux »[20]... Personne ne songe à prendre ces textes pour des aveux (et depuis vingt ans nous sommes bien revenus sur le fétichisme des « papiers intimes »), mais nous n'en ferons pas les truchements d'une connaissance savante : plutôt que de les juger « inutiles » ou « indispensables », pourquoi ne pourrait-on pas les goûter comme précieux ou irremplaçables ? Car loin d'être le fait d'un écrivain pour *happy few*, ils nous offrent un Marivaux plus proche en nous faisant participer à son propre mouvement, à son plaisir d'écrire et de penser. « A côté de la sensibilité, de la finesse que révèlent son théâtre et ses romans, note ainsi Roger Mercier, on aperçoit dans quelques-unes de ces pages un amour de la vie, une liberté d'allures qui démentent les jugements accrédités sur le caractère mélancolique de Marivaux. La jeune dame des *Lettres contenant une aventure*, plus encore le clochard cynique de *L'Indigent philosophe*, qui préfigure *Le Neveu de Rameau* avec plus de bonhomie, vont au-devant de la vie avec une confiance totale, jouissent en toute innocence des plaisirs de l'instant, sans se laisser assombrir par le souvenir du passé ni par la crainte de l'avenir ».[21] Alacrité et vigilance : les mêmes textes et quelques autres suggèrent à Jean Sgard l'image d'« un esprit aux aguets, infiniment libre et

17. 48, 7, avril 1970, p.419.

18. « Marivaux » dans *L'Histoire des littératures*, Bibliothèque de la Pléiade, t.iii, p.677-95.

19. A. Wurmser, *Les Lettres françaises*, 3 septembre 1969, p.12-13.

20. G. Marcel, *Les Nouvelles littéraires*, 30 octobre 1969, p.9.

21. R. Mercier, article cité, p.158.

discrètement subversif», d'«un Marivaux grave et rigoureux, critique frémissant, ironique et susceptible, soutenu par une joie intérieure, un amour de la vie, un don d'émerveillement que révèlent, entre autres, *Les Lettres contenant une aventure* et *L'Indigent philosophe*. »[22] Pour sa part Gabriel Marcel associe trois noms au Marivaux des *Journaux* : ceux de Montaigne, de Pascal et de Joubert. Pour évoquer « le mystère Marivaux » (« un mystère éclairant»), il lui suffit de citer quelques passages: la rencontre avec l'honnête solliciteur dont l'image domine les pages d'ouverture du *Spectateur français* : au lieu de tenter «comme La Bruyère de dresser un portrait [...], Marivaux arrête sa pensée sur sa propre disposition et sur la façon dont elle vient colorer sa perception de l'homme qui attend comme lui [...] : la subjectivité devient elle-même objet». Ce qu'il « nous livre, c'est cette rencontre entre la façon de vivre et d'imaginer qui est la sienne, et l'étranger entrevu » ; le texte si simple où le Spectateur rapporte ce qui s'est passé en lui pendant le sermon « d'un bon religieux » qui « n'avait que du zèle » : «Ce qui se découvre ici, c'est déjà comme la prescience de ce qui sera, un siècle et demi plus tard, la conscience de l'expérience religieuse, en deçà ; si l'on veut, je dirais plus volontiers en dehors de toute évidence théologique» ; enfin les plus denses, les plus lumineuses «pensées chrétiennes » du *Cabinet du philosophe* : « *Le Cabinet du philosophe* est contemporain du *Paysan parvenu*. Rien ne manifeste mieux l'extraordinaire étendue du clavier qui fut celui de Marivaux, une étendue qu'on ne peut même pas soupçonner quand on concentre son attention exclusivement sur les pièces les plus célèbres, que ce soit *Le Jeu de l'amour et du hasard*, *Les Fausses confidences*, ou même *La Double Inconstance* [...], je me demande si même le théâtre ne devrait pas être relu à la lumière d'un texte comme celui que je viens de citer : l'idée que la chaleur qui vient du cœur peut se communiquer à l'esprit et comme le transmuer n'est-elle pas de nature à éclairer bien des scènes qui, d'ordinaire, nous plaisent ou même nous touchent, mais que sans nous en mesurions la profondeur ? »[23]

[...] On admettra d'abord que ces «journaux» et contributions journalistiques peuvent légitimement être associés pour être étudiés ensemble, car «c'est une œuvre qui se constitue devant nous, parfaitement élaborée et cohérente, comparable dans son unité et dans son originalité à l'œuvre romanesque ou théâtrale de Marivaux».[24] Mais de quelle unité va-t-il s'agir, et de quelle originalité ? Pourrions-nous rattacher ces journaux à un genre littéraire ? Ou bien dire qu'ils constituent à eux seuls un genre à part ? Vaines questions, qu'on doit pourtant affronter aussitôt : on entreverra

22. J. Sgard, article cité, p.94.
23. Article cité.
24. J. Sgard, article cité, p.92.

qu'il serait fallacieux d'y répondre avec trop d'assurance. On serait tenté de ranger cet « autre Marivaux » dans la lignée des « moralistes français » : il succède à Montaigne, La Rochefoucauld et La Bruyère, à Dufresny, ce fureteur de Paris ; on l'a parfois comparé à Vauvenargues ; Chamfort lui doit une partie de son bien... Mais pourquoi lui assigner cette étiquette, alors qu'il a fait voir qu'un moraliste doit s'accomplir en se dépassant ? Il l'est bien autant et plus dans ses romans de maturité, puisque pour lui déjà, comme pour Jean-Jacques, il n'est pas de « théorie de l'homme » qui ne soit appropriation « à soi tout entier » de ce qu'on « fait en toute sa vie »,[25] témoignage, recherche et instrument d'une unité vécue. Et son théâtre enfin, avec ses ellipses et ses effets d'humour, ne pourrait-il montrer, comme Platon ou saint Augustin, Nietzsche ou Pirandello, que les plus grands moralistes sont souvent ceux qui se moquent de l'être ?

En 1721 ou en 1727, « le Grand siècle » est déjà loin, et même le moment où, dans une France déclinante, Dufresny avait conçu si allègrement ses *Amusements sérieux et comiques*. En quelques années s'est épanouie une ère qu'aujourd'hui encore on serait tenté de dire infiniment plus *moderne* : multiplication des échanges avec l'étranger ; ouverture sur d'autres horizons, et tout particulièrement la culture anglaise ; accélération du brassage social ; affirmation décisive de la Ville comme rivale heureuse de la « vieille Cour » ; naissance du « monde » et du « tout Paris » ; timide élargissement du public ; renouvellement profond des curiosités et des goûts, dont témoignaient déjà vers 1700 la vogue des *Ana*, puis, dans les premières années de la Régence, le succès des Mémoires historiques où l'on aimait à voir l'expérience de la vie se manifester plus directement que dans des traités, des maximes ou des « caractères », et s'affirmer des personnalités originales ; tous ces faits expliquent en partie la réputation dont jouit bientôt en France et en Europe le *Spectateur* anglais, mais peuvent aussi permettre de comprendre les « journaux » de Marivaux comme fruits de la Régence. Il pourrait donc sembler commode de définir tout bonnement l'auteur de ces « journaux » comme un journaliste. On n'imagine pas les *Maximes* ni les *Essais* conçus et publiés par « feuilles volantes », tandis que de tels écrits posent d'emblée, comme donnée originelle l'existence d'un *public* auquel l'écrivain se mesure ; il n'en est pas un qui ne traduise les réactions de l'auteur à une actualité précise : une année, une saison ou un moment de Paris dans sa vie multiple et diffuse : printemps 1727, été 1733 ou ce mois de mars de l'an de grâce 1722 que venait de marquer « l'entrée » d'une petite Infante. Et tant de traits qui pourraient faire de Marivaux un journaliste : cette intuition de ce qui pourra retenir ou choquer, cette

25. Suivant une formule aimée de Rousseau, que l'on trouve notamment dans *La Nouvelle Héloïse* (3e partie, lettre XVIII) et que Pierre Burgelin cite et commente dans la *Philosophie de l'existence de Jean-Jacques Rousseau* (Paris 1952) p.91-92.

mobilité d'humeur, cette vue changeante de la réalité comme un beau kaléidoscope, cette rapidité de réaction, et, alors même qu'il écrit jamais sur-le-champ, ce don de le faire croire et ce souci de préserver la vivacité de sa première impression ; plus que tout : les servitudes dont il a tiré une manière et gardé des habitudes jusque dans la composition de ses grands romans : ne disposer que de peu de place (il faudra ce soir écrire une feuille, pas plus et pas moins) et de peu de temps (le chemin est court du manuscrit à la feuille imprimée, et le temps presse : déjà la feuille aurait dû paraître...).

Mais le journalisme est une entreprise, un journal est une machine. Or, même s'il a pu quelque temps s'en donner l'illusion, Marivaux n'a jamais réellement *fondé* de journal et il n'était pas homme à pouvoir se livrer aux jeux dangereux qui permettaient aux journaux indépendants de vivre ou de vivoter ; il semble bien qu'il ait à peu près tout ignoré de cette « relation » de « caresses réciproques entre l'homme de presse et les pouvoirs » que décrivait naguère l'un de nos « journalistes-nés » : « Il y a des choses qui se font et celles qui ne se font pas, il y a ce qui se dit et ce qui ne se dit pas. La frontière est celle d'une guérilla moderne, qui peut à chaque instant tourner à la menace, à la dissuasion, à la guerre. Il y suffit d'un signe [...] ».[26] Mots assez suggestifs pour évoquer dans leur activité quotidienne (relations, dîners en ville, allusions voilées ou impertinentes, art d'aller trop loin, idées fixes et fausses palinodies) les hommes qui en France et en Hollande entre 1720 et 1740 ont inventé le journalisme au sens moderne du mot ; des visages mêmes : ce Desfontaines, ou ce Voltaire, qui, malgré tout son mépris pour tout ce qui ne répondait pas dans les journaux de son temps à de sages et déjà classiques conceptions, pourrait être considéré comme le saint patron des journalistes, parce qu'il a été à lui seul un journal, un pouvoir, une institution. Marivaux n'a guère connu la passion de l'entreprise de presse, une passion partagée alors par des êtres aussi différents que Van Effen ou Rousset de Missy, que le doux et modeste Père Desmolets, ou ce Jean-Jacques Bel qui fut capable de rédiger incognito pendant plusieurs années la *Bibliothèque française*, ou Jean-François de Bastide, dont le *Nouveau Spectateur* n'est qu'un projet parmi dix autres projets de journaux, calculés, insolites et démesurés, des *Nouvelles de la République des belles*, qui lui permirent à vingt-cinq ans d'entrer dans la carrière, jusqu'à la *Gazzetta universale* qu'il voulait fonder à Milan un demi-siècle plus tard, à la veille de sa mort.[27] Une autre raison peut nous empêcher de considérer comme un véritable journaliste un écrivain aussi indépendant. Maintenant que sous tant d'aspects, « audio-visuels » ou non, le journalisme semble connaître une second naissance, on pourrait bien le considérer comme un genre

26. J.-J. Servan-Schreiber, *Le Monde*, 22 juin 1971, p.21.

27. Voir les notices « Bastide », « Bel », « Desmolets », « Rousset de Missy » et « Van Effen » dans le *Dictionnaire des journalistes 1600-1789* (Oxford 1999), 2 vol.

littéraire (le plus équivoque et le plus envahissant, puisqu'il contamine les formes les plus récentes de la critique et du roman) ; un genre qui, comme tous les autres pourrait se caractériser, suivant sa dynamique, comme une certaine activité : recueillir, élaborer, magnifier et diffuser des informations, « classer, hiérarchiser des faits, créer des émotions qui n'auraient pas existé si l'on avait procédé à un autre classement »,[28] ou fait appel à une autre rhétorique. Bien des « gazetiers » ou des « nouvellistes », des « auteurs à feuilles » et même des « journalistes » au sens le plus traditionnel du mot (auteurs de comptes rendus dans des revues savantes)[29] se livraient alors à cette activité-là, chacun dans sa sphère ; Marivaux ne s'y adonne guère. Il se soucie peu *d'informer* ; il n'a pas cette ardeur didactique qui peut faire aujourd'hui le charme des meilleurs articles du *Monde* ou du *Canard enchaîné*, ni cet esprit de suite (ses feuilles renvoient les unes aux autres avec plus de nonchalance et d'humour que les essais de Montaigne), ni ce goût de régner sur un certain public, comme pouvaient le faire plus modestement, en d'autres âges, certains prédicateurs. Le texte où il se montre le plus tenté par le journalisme, *L'Indigent philosophe*, est demeuré pratiquement ignoré par ses contemporains, et il faudrait jouer sur les mots pour trouver une devise de journaliste dans la phrase inaugurale du Spectateur : « Mon dessein n'est de penser ni bien, ni mal, mais simplement de recueillir fidèlement ce qui me vient d'après le tour d'imagination que me donnent les choses que je vois ou que j'entends ».[30]

Il serait assez vain d'alléguer que ces périodiques sont tout simplement des journaux d'un type particulier : périodiques « d'observation morale », donc journaux, si l'on peut dire, un peu moins journaux que d'autres, parce qu'ils représenteraient une tranquille et fort bourgeoise entreprise de vulgarisation, bien venue à un « moment où la morale cesse de relever exclusivement de la religion ».[31] Le *Spectateur* et la plupart de ses imitations anglaises, plusieurs des journaux de Van Effen, presque tous les périodiques hollandais et allemands, et même, dans une large mesure, des journaux rédigés en français, comme le *Glaneur* de La Varenne, répondent à cet esprit : « prédication laïque », aimable « ambassade de la Vertu ».[32] Trente ou quarante ans plus tard en France, on

28. F. Crémieux, dans « Le Monde contemporain », O.R.T.F., France-Culture, 12 juin 1971.

29. On peut se référer à la classification très claire et très sûre établie par Marianne Couperus dans *Un périodique français en Hollande. Le Glaneur historique (1731-1733)*, (Paris 1971), p.16-17 et 73-74.

30. *Journaux*, éd. citée, p.114.

31. M. Couperus, ouvrage cité, p.236.

32. Suivant le titre même du livre de W. Martens sur les périodiques d'observation morale allemands : *Die Botschaft der Tugend*, J.-B. Mertzlesche Verlagsbuchhandlung, Stuttgart 1968. Voir aussi l'ouvrage de M. Couperus, p.236-37.

pourra lancer le *Réformateur*,[33] écrire des essais sur *la Sociabilité*...[34] Mais ces « feuilles volantes » représentent une aventure toute autre. Et d'abord une aventure intellectuelle. En un temps où les plus violentes passions faisaient souvent si bon ménage avec le conformisme le plus servile, ce n'est certainement pas un des moindres mérites de Marivaux, ou l'un de ses traits les moins originaux, que d'avoir été, en politique comme en religion, un penseur radical et indulgent, un humaniste chrétien. Dès ses premières œuvres le jeune écrivain participe ardemment au mouvement de réhabilitation de la nature humaine dont les analyses si précises de Roger Mercier[35] et la subtile dialectique de Jean Ehrard[36] ont montré l'importance décisive dans les première décennies du siècle. Ce n'est pas par hasard qu'il publie tous les premiers textes de l' « œuvre » qui nous occupe, les *Lettres sur les habitants de Paris*, puis *Les Pensées sur différents sujets*, les *Lettres contenant une aventure*, dans le *Nouveau Mercure* dont François Buchet venait de prendre la direction ; c'était vers 1718 l'instrument d'expression de toute une nouvelle génération : jeunes gens frais émoulus d'un collège de province, régents ou jeunes abbés impatients de « modernité » : Pons, Trublet, Terrasson, du Cerceau, autant d'impavides chercheurs intellectuels, rationalistes et cartésiens, éperdument confiants dans les pouvoirs de l'esprit et désireux de les exercer dans les domaines les plus divers : esthétique, métaphysique, pédagogie ou politique. Ce ne fut qu'une brève flambée ; quelques années plus tard, au moment de *L'Indigent philosophe*, la retraite prématurée de l'abbé de Pons peut symboliser l'échec de ce mouvement : depuis 1723 les cafés ne retentissaient plus que de querelles de détail autour de questions de « goût », du problème du « néologisme », des tragédies de La Motte ou des audaces de style de quelques pères jésuites qui se piquaient de donner un tour galant à la théologie ou à l'histoire romaine. Marivaux n'avait plus qu'à poursuivre seul un voie qu'il s'était d'ailleurs frayée lui-même à travers ses contributions au *Nouveau Mercure* en se découvrant tout à la fois moraliste, dramaturge et romancier : les apports les plus saisissants de ce premier mouvement des Lumières, on les trouvera, somme toute, dans la quête métaphysique (avec ou sans guillemets) que représentent, entre 1730 et 1745, les grands romans de Prévost et les siens.

Dans ces conditions on comprend aisément que, contrairement à tant

33. Comme M. Clicquot-Blervache, « marchand à Reims », en 1756.

34. *De la sociabilité*, par M. l'abbé Pluquet, 1767.

35. *La Réhabilitation de la nature humaine (1700-1750)*, Editions « La Balance » (Villemomble 1960).

36. *L'idée de nature en France dans la première moitié du XVIIIe siècle* (Paris, S.E.V.P.E.N., 1963).

de médiocres (Brillon,[37] Denesle[38] ou chevalier Blondeau[39]), à aucun moment, même en ses débuts parisiens, il ne se soit laissé présenter comme un second ou un troisième Théophraste, un nouveau La Bruyère, un « Aristippe moderne » ou quelque Addison français. Il a refusé tout à fait consciemment de donner la moindre étiquette aux textes du *Nouveau Mercure* que, par commodité, nous appelons aujourd'hui, en retenant l'un des titres proposés par leur premier éditeur, les *Lettres sur les habitants de Paris*. Littérature sans titre, sans enseigne, sans garants (sinon sans précédents), sans « genre » déterminé, c'est-à-dire sans frontières, comme seront tous ses « journaux ». Produits de son esprit, dont la finalité lui demeurera toujours une énigme. Il est de ceux qui, sous la Régence, éprouvent un besoin impérieux de s'exprimer, hors de toute idée de tâche ou de carrière ; et c'est ainsi qu'avec des *Lettres galantes et philosophiques*, tels *Avis d'une mère* « à son fils » ou « à sa fille », des Pensées diverses sur la littérature, la morale, le bonheur ou la religion, des essais romanesques, des feuilles « volantes » – ou « volatiles » , comme disait encore Marivaux en 1722[40] – a craqué l'idée traditionnelle qu'on pouvait, depuis La Bruyère se faire des moralistes, et peut-être aussi de l'homme. Il ne faudrait pas croire que la voie était aisée. On risque trop facilement de s'imaginer que la Régence, période « brillante », « légère », « excitante », a constitué un âge d'or pour le journalisme et les « petits écrits » ; ce ne serait guère qu'un rêve esthétique. Il faudra attendre 1735-1738 pour que les journalistes (au sens moderne du mot) puissent enfin assurer la fortune de leurs libraires,[41] 1758-1760 pour que la presse ait vraiment droit de cité en France comme institution littéraire et comme nouveau pouvoir, et qu'on commence à constituer (et à lancer par livraisons successives, suivant la « méthode périodique »[42]) des anthologies, des journaux de

37. *Le Théophraste moderne.*

38. *L'Aristippe moderne*, 1738.

39. *Œuvres du chevalier Blondeau, ou La Bruyère moderne*, 1745.

40. *Le Spectateur français*, sixième feuille, texte original ; *Journaux*, éd. citée, p.138 et note 108, p.588.

41. Dans des notes de police, *L'Historique des libraires et imprimeurs de Paris existant en 1752* (MSS fr. 22.106-22.107), on trouve cette remarque sur François Didot : « L'abbé Prévost lui a bien avancé sa fortune » (22.106, fo.19), mais aussi cette définition de Daniel Chambert : « Il vendait les ouvrages de l'abbé Desfontaines. C'est un pauvre diable dont la fortune est bien baissée ».

42. Suivant une formule, trouvée en 1734 par François Didot (ou Prévost), pour publier par feuilles, sous le titre *Singularités historiques et littéraires*, les recherches de Dom Liron. Elle aura une grande vogue en 1738, tandis que se répand une autre expression caractéristique : « les libraires des feuilles périodiques ». Voir encore cette remarque, tirée des *Nouveaux Amusements du cœur et de l'esprit* par le rédacteur du

journaux. Les combats des Anciens et des Modernes autour d'Homère ou de minimes questions de style nous masquent trop souvent le véritable enjeu des luttes auxquelles ont participé si fougueusement ceux que Boissy nommait, dans *L'Elève de Terpsichore*, « Pons l'accroupi, l'insipide Carlet ».

Vers 1720 les libraires qui faisaient fortune n'étaient pas ceux qui publiaient des ouvrages littéraires, la plupart des acheteurs de livres étaient des possesseurs de bibliothèque, voire des collectionneurs de médailles : leur goût les portait bien plus souvent vers de copieux traités qui pussent dignement figurer parmi leurs in-folio que vers de petites feuilles sans nom. En avril 1724 le *Journal des savants* évoquait la nécessité de « tirer » tel ouvrage « de la condition ignoble de simple brochure et [de] l'élever au rang honorable de juste volume »,[43] mais l'on trouve un peu partout des notations analogues, dans la *Bibliothèque française*,[44] dans les *Mémoires historiques et critiques* et jusque dans l'aimable *Mercure*.[45] A tout point de vue M. Rollin ou même le Père Daniel, représentaient un commerce plus « honorable » et plus fructueux qu'un « Indigent philosophe » ou un « Spectateur français » ; *Le Spectateur ou le Socrate moderne* aussi, dont on pouvait déjà se constituer une précieuse collection. Avant d'accuser de légèreté le Marivaux des « journaux », ou, comme on l'a fait aussi parfois, le Montesquieu des *Lettres persanes*, il faut savoir ce que représentait en 1721 un mot qui peut aujourd'hui nous sembler tout simple, désuet et même un peu naïf : se croire ou se dire « savant », c'était alors une formule magique. On n'ira pas jusqu'à prétendre que les « philosophes » de 1750 ont été les héritiers naturels de ces « savants » de 1720 qui se disposaient si naïvement à accueillir quiconque utiliserait le mot de passe : les vues d'un ingénu aussi grave que l'abbé d'Artigny sur la décadence du goût sous la Régence et sa restauration définitive dans les années cinquante, pourraient pourtant donner à réfléchir.[46] Mais on peut penser que vers 1720 – et ce sera encore le cas deux décennies plus tard, au moment de la « proscription des romans » – le combat pour le petit format et la « feuille volante » contre les « savants » établis était un combat libérateur, car il ne s'agissait de rien

Mercure : « Le goût pour les ouvrages périodiques est toujours fort en vogue. Les brochures rendent un profil réel aux libraires, tandis que les auteurs se plaignent que le prix est exorbitamment inégal » (juin 1738, 1er vol., p.157).

43. Page 252.

44. Voir par exemple les railleries sur Desfontaines, « ce fameux panégyriste de la brochure », t.viii, 1ère partie (septembre et octobre 1726), p.21.

45. Fût-ce sous une forme ironique, dans cette phrase sur les journaux : « On les lira d'autant plus volontiers qu'ils flattent la paresse du public, en exposant sous un point de vue des ouvrages qui effrayent et se défendent par leur grosseur » (« Lettre de M... sur l'état présent des Lettres », mai 1722, p.104).

46. *Nouveaux Mémoires d'histoire, de critique et de littérature*, t.iii (1750), p.40-48.

moins en fait que de penser et de s'exprimer librement. Avec quelques écrivains et toute une nouvelle génération d'éditeurs venus du peuple, nourris hors du sérail,[47] (hors de cette bourgeoisie de libraires parisiens qui se réservaient pour des privilèges de tout repos et se mariaient entre eux), gens assez hardis pour courir le risque de publier des romans, des comédies et des « feuilles », Marivaux a été de ceux qui, sous la Régence, ont le plus contribué, si l'on ose dire, à réinventer la *littérature*. Avec Rousseau il fut aussi de ceux qui, par exigence personnelle d'unité, ont toujours refusé de la séparer des « sciences humaines », pensant que jamais celles-ci ne nous délivreraient de celle-là, c'est-à-dire de l'existence et de ses problèmes : c'est une leçon toujours actuelle.

Chacun de ces essais journalistiques a contribué à la patiente transformation de l'écrivain par lui-même, tout en jalonnant en ses temps forts son itinéraire moral. Ils ont tant compté pour lui qu'il s'est privé de la possibilité même de fonder et d'exploiter quelque nouveau « genre » ou « sous-genre » littéraire : au moment où il pourrait s'enfermer dans une excellente formule – la chronique, par exemple, cette forme charmante et fragile de journalisme qu'il a inaugurée dans le *Spectateur français* – il s'échappe aussitôt et passe à autre chose. Chacun de ces textes renvoie aux autres comme trace particulière d'une quête unique, presque tous ont représenté une aventure dont Marivaux lui-même ignorait la durée et l'issue, mais chacun doit être considéré comme une œuvre, car il y a trouvé pour un temps son accomplissement : c'est d'ailleurs vraiment la seule manière de les prendre au sérieux.

47. Parmi la vingtaine de libraires de l'époque qui ont édité assez régulièrement des ouvrages de littérature (nous ne comprenons pas sous ce nom les livres de religion). François Fournier était né d'un « laboureur » des environs de Boulogne-sur-Mer (MSS fr. 21.838, fo.154) ; Pierre Huet, d'un « menuisier » (*Ibidem*, fo.155) ; Pierre Delormel, d'un boucher « de Neufchastel en Normandie » (*Ib.*, fo.136) ; François Didot, d'un boucher de Paris (MSS fr. 21.856, fo.272) ; François Flahault, d'un marchand de vin ; etc ... Lui aussi fils de marchand, Noël Pissot aurait d'abord été laquais, comme Charles-Etienne Hochereau (MSS fr. 22.106, fo.145). Quant à Pierre Prault, l'éditeur de Marivaux, de Voltaire et de Destouches, il semble qu'il était sans famille quand l'abbé Bordelon le « présenta » pour le faire entrer en apprentissage (MSS fr. 21.838, fo.151). En consultant les rôles de capitation, on s'aperçoit que la plupart d'entre eux vivotaient, tandis que les imprimeurs « du Roi », « du clergé », « des Enfants de France », etc., les Anisson, les Coignard, les Cugnot, les Collombat ou les Muguet menaient assez bon train, forts de leurs privilèges, et se souciaient peu d'éditer de la littérature.

FRANÇOIS MOUREAU

Journaux moraux et journalistes au début du XVIIIe siècle : Marivaux et le libertinage rocaille

Le terme de « journal » n'est peut-être pas la meilleure manière de désigner la production périodique de Marivaux. Au XVIIIe siècle, cette expression désigne des périodiques « savants » ou techniques – *Journal des savants* ou *Journal de médecine* – dont la fonction est de diffuser les nouveautés scientifiques sous forme de « mémoires » et de comptes rendus de nouveautés imprimées. La presse d'information générale est désignée sous le vocable de « gazette » quand elle est de périodicité bi-hebdomadaire et de « mercure » quand elle a une périodicité mensuelle. Les « mercures », souvent dénommés « livres » à cause de leur format in-12 qui les assimile à des ouvrages de littérature, traitent de sujets qui vont au-delà de la « matière de gazette » limitée aux nouvelles des Cours et à la politique nationale et internationale. Ces feuilles, dont le modèle est le *Mercure galant* créé par Jean Donneau de Visé en 1672, sont, de fait, la forme primitive de nos modernes magazines : les comptes rendus de la vie sociale – Cour et guerres comprises – et des spectacles s'y trouvent mêlés à des « mémoires » divertissants, à des vers, à des chansons et à des « anecdotes » ou « historiettes du temps ».[1] En France, le système des privilèges de librairie et la tradition des monopoles octroyés et garantis par l'Etat – corporations, compagnies commerciales et manufactures royales – conduit à une géographie très particulière de la presse dès le règne de Louis XIV qui l'établit ; seuls sont autorisés par privilège trois périodiques qui couvrent l'essentiel de l'information telle que l'Etat la souhaite : la *Gazette* pour le domaine politique, le *Journal des savants* pour celui de l'érudition et du progrès des sciences, le *Mercure galant* pour rendre compte de l'actualité et la mettre sous une forme socialement et idéologiquement compatible avec l'image d'une France « toute catholique ».[2] Donneau de Visé fut dans cet

1. François Moureau, « La presse dans l'histoire littéraire du ' Siècle de Louis XIV' », *L'Histoire littéraire, ses méthodes et ses résultats. Mélanges offerts à Madeleine Bertaud.* Réunis par Luc Fraisse, Genève, Droz, 2001, p.199-207.

2. François Moureau, « Journaux et journalistes », *Dictionnaire de l'Ancien Régime.*

exercice un expert sans second. La presse d'opposition – pour parler en langage moderne – se développa à l'étranger dans les Refuges huguenots, en particulier aux Pays-Bas.

Telle était la situation de la presse française,[3] quand Marivaux commença de publier au début de la seconde décennie du XVIIIe siècle et dans les dernières années du règne de Louis XIV. De Visé était mort en 1710 et le *Mercure galant* avait été confié à Charles Dufresny,[4] auteur dramatique et homme d'esprit très original, pour lequel le jeune écrivain semble avoir eu un attachement particulier :[5] « Dufresny, le seul de ses contemporains que nous lui ayons entendu louer », écrivit D'Alembert dans son assez équivoque « éloge » académique de Marivaux.[6] Les *Amusements sérieux et comiques* de Dufresny publiés en 1699 avaient rencontré un grand succès ;[7] Marivaux lut cette promenade d'un moraliste dans le Paris du temps, et le Siamois qui accompagnait le narrateur ne fut pas sans inspirer vingt ans plus tard les Persans du président de Montesquieu. Mais ce que Marivaux trouva dans le style journalistique de Dufresny fut surtout une manière de traiter l'univers moral contemporain avec un certain détachement ironique, cet art de badiner des choses sérieuses et de philosopher sur les plus frivoles. Le discours du *Mercure* tel que l'avait inventé de Visé – s'inspirant néanmoins des « lettres en vers » périodiques adressées à des dames du meilleur monde par Jean Loret et par ses successeurs – était un monologue du journaliste qui faisait part à une dame de province des nouvelles qui lui arrivaient, des vers ou des anecdotes qu'on lui soumettait, etc. Ce journalisme à la première personne, cette confidence mensuelle correspondait à une fiction, celle du rédacteur unique. Le périodique était, de la sorte, un véritable « journal » au sens premier du terme, la « fausse confidence » d'un « auteur » – c'est ainsi que se désignait le rédacteur du *Mercure* qui publiait

Royaume de France XVIe-XVIIIe siècle. Publié sous la direction de Lucien Bély, Paris, PUF, 1996, p.702-706.

3. On renverra, en général, aux prosopographies dirigées par Jean Sgard : (*DP1*) *Dictionnaire des journaux 1600-1789*, Oxford, Paris, Universitas, 1991, 2 vol., et (*DP2*) *Dictionnaire des journalistes 1600-1789*, Oxford, Voltaire Foundation, 1999, 2 vol.

4. François Moureau, *Dufresny auteur dramatique (1657-1724)*, Paris, Klincksieck, 1979 ; du même : *Un singulier Moderne : Dufresny auteur dramatique et essayiste (1657-1724)*, Lille et Paris, Atelier de Reproduction des Thèses et Librairie Honoré Champion, 1979, 2 vol.

5. François Moureau, « Un maître de Marivaux à ne pas imiter : Dufresny », *Le Triomphe de Marivaux*. Papers edited by Magdy Gabriel Badir and Vivien Bosley, Edmonton, Department of Romance Languages, University of Alberta, 1989, p.24-32.

6. « Eloge de Marivaux » (1785), note 20, reproduit dans Marivaux, *Théâtre complet*, Paris, Bordas, « Classiques Garnier », 1992, t. II, p.1018 (dorénavant : *TC*).

7. La meilleure édition moderne est celle de Jean Vic (Paris, Bossard, 1921).

ce que l'on appelait un « livre ».[8] Dès la première feuille du *Spectateur français*, Marivaux prit soin de se distinguer de ce qui n'était qu'un procédé de plume, et non une esthétique de l'improvisation (p.114) :

> Lecteur, je ne veux point vous tromper, et je vous avertis d'avance que ce n'est point un auteur que vous allez lire ici. [...] je ne suis point auteur, et j'aurais été, je pense, fort embarrassé de le devenir. Quoi ! donner la torture à son esprit pour en tirer des réflexions qu'on n'aurait point, si l'on ne s'avisait d'y tâcher ; cela me passe, je ne sais point créer, je sais seulement surprendre en moi les pensées que le hasard me fait [naître].

Cela ne veut pas dire que Marivaux ne s'inspira pas d'un style de journalisme que Dufresny avait renouvelé en prenant la direction du *Mercure*[9] et qui était une autre mise en forme d'une philosophie d'écrivain qu'il avait exposée, onze ans plus tôt, dans les *Amusements* et perfectionnée dans son édition augmentée de 1707 : la « bigarrure »,[10] l'« inégalité » de ton et l'« ébauche » formaient les éléments constitutifs d'une esthétique délibérément contraire aux canons du discours classique. Les *Amusements* furent d'ailleurs plusieurs fois publiés sous le nom de Fontenelle, qui, avec l'équipe du *Mercure*, dont son oncle Thomas Corneille, étaient à la pointe du combat des « Modernes ». Le texte de Dufresny était, à sa manière aussi, un manifeste de l'Ecole moderne, provocateur, insolent et très propre à séduire un jeune écrivain passionné comme lui de romanesque à l'ancienne et soucieux de se singulariser par rapport à la *doxa* mondaine du temps qui prônait le « style naturel » contre le « style à bons mots » :[11] « Cette bigarrure [écrivait Dufresny de ses *Amusements*] me paraît assez naturelle : si l'on examine bien les actions et les discours des hommes, on trouvera que le sérieux et le comique y sont fort proches voisins ».[12] « [...] les auteurs égaux n'entendent point l'inégalité ».[13] « [...] tous les ouvrages des hommes ne sont que des ébauches »,[14] une idée qui sera développée ensuite de cette manière :

8. Marivaux, *Journaux et œuvres diverses*, Paris, Garnier, 1969, p.22. Dorénavant on donnera seulement le numéro de la page.

9. François Moureau, *Le « Mercure galant » de Dufresny (1710-1714) ou le Journalisme à la mode*, Oxford, The Voltaire Foundation, 1982 (*SVEC* 206).

10. Sur ce « genre » littéraire, d'Etienne Tabourot, sieur des Accords (1583) aux *Bigarrures ingénieuses* de Mlle L'Héritier (1696) et au-delà, voir le *Dictionnaire des anonymes* de Barbier à l'article.

11. Formules de l'abbé Jean-Baptiste Morvan de Bellegarde, *Réflexions sur ce qui peut plaire ou déplaire dans le commerce du monde*, Paris, Seneuze, 1688, p.202.

12. « Amusement premier », p.50. A comparer avec Marivaux : « [...] une bagatelle me jette quelquefois dans le sérieux, pendant que l'objet le plus grave me fait rire » (p.117 : *Le Spectateur français*, Première Feuille).

13. « Amusement premier », p.54 (éd. de 1707).

14. P.54 (éd. de 1707).

> Quand on se propose de parler de tout, la perfection ne consiste pas à dire sur chaque sujet tout ce qui s'en peut dire, mais à dire bien tout ce qu'on en veut dire : il suffit que chaque pensée y soit finie en elle-même ; encore faut-il qu'elle ne soit pas tellement finie, qu'elle ne laisse rien à penser[15]

« Piller [...] dans le livre du monde »,[16] certes, mais le rendre de façon à donner cette impression d'inachevé, d'improvisé, de « naturel » qui serait la marque d'une écriture de la « modernité » libérée du carcan de la scolastique discursive. Dufresny allait même plus loin, puisqu'il cherchait à retrouver dans cette mise en pièces des catégories littéraires traditionnelles une forme originelle et unique de la création artistique, dont les arts et les « genres » de la vulgate contemporaine n'auraient été que des fragments corrompus. Beaux-arts, musique et littérature se rattachaient à un archétype primitif commun. Celui qui, quelques années plus tard, allait inventer les papiers collés surréalistes, rêvait déjà d'une « symphonie » d'opéra qui exprimât le silence ![17] Résolument « moderne », Dufresny se piquait aussi d'être le plus ancien des « Anciens », et dans la bataille homérique qui anima les années des débuts de Marivaux, et où celui-ci « travestit » le barde grec (1716), Dufresny fut tenté de voir dans Homère, comme dans Rabelais,[18] le génie brut opposé au poli des écrivains classiques.[19] « Car l'âme se raffine à mesure qu'elle se gâte », écrira plus tard l'auteur du *Paysan parvenu* (1734)[20] en écho au « parallèle » de Dufresny : « La politesse n'est que l'art d'insinuer la flatterie et le mensonge ».[21] Mais cela n'empêcha pas ce dernier de traiter d'« éruditionnés » – néologisme plaisant – ceux que Marivaux appelait de son côté les « dévots d'Homère » (p.159).

Car les premières années de la carrière parisienne de Marivaux se déroulent en pleine querelle homérique, une réédition tragi-comique de la bataille qui avait animé Charles Perrault contre les partisans des « Anciens ». L'auteur du *Cabinet du philosophe* (Sixième Feuille) sera l'un des derniers à se battre en 1734 pour une cause largement obsolète à cette

15. P.54 (éd. de 1707).
16. « Amusement premier », p.59.
17. Dans *Le Puits de la Vérité, histoire gauloise* (1698).
18. « Parallèle burlesque ou Dissertation [...] sur Homère et Rabelais », *Mercure galant*, mai-août 1711.
19. François Moureau, « Un parallèle d'Homère et de Rabelais à l'aube du XVIIIe siècle ou le brut et le poli », *La Littérature et ses avatars*, Yvonne Bellenger éd., Paris, Aux Amateurs de Livres-Klincksieck, 1991, p.151-63 ; du même : « Le mythe des origines dans la Querelle des Anciens et des Modernes », *Mythes et littérature*, Pierre Brunel éd., [Paris], Presses de l'Université de Paris-Sorbonne, 1994, p.39-50.
20. F. Delofffre et F. Rubellin éd., Paris, Bordas, Classiques Garnier, 1992, p.187.
21. Edition du « Parallèle » dans les œuvres de Dufresny (Paris, Briasson, 1731, t.V, p.305).

date, mais dont la querelle de la « néologie » était directement issue et dont il était l'une des cibles favorites.[22] Autant que certains cafés parisiens à la mode, le *Mercure* était le fer de lance du mouvement « moderne », gardien d'un temple dont Bernard de Fontenelle et Antoine Houdar de La Motte étaient maintenant les grands prêtres. Si Dufresny bénéficia jusqu'à sa mort en 1724 d'une pension sur le *Mercure* et de son privilège exclusif de 1710 à 1716, puis, à titre partagé, de 1721 à 1724,[23] la carrière « journalistique » de Marivaux[24] débuta en 1717 au moment où la direction effective du mensuel, rebaptisé *Nouveau Mercure* (1717-1721),[25] était exercé par « l'abbé » François Buchet. La préface de son premier numéro (janvier 1717) annonce une plus grande variété dans les sujets qui seront traités, de la politique aux beaux-arts, et des inédits de littérature en prose et en vers, « un magasin public, où l'on doit trouver sous la main toutes les nouveautés du temps ». On y lira en effet un « dialogue sur l'étendue » de Leibniz, à côté de « réflexions sur la poésie française » du P. Du Cerceau, des vies de peintres, des études sur des écrivains anciens (Villon et Desportes), etc. Dorénavant structuré en sections et ayant renoncé à la fiction du journalisme à la première personne, le *Nouveau Mercure* de Buchet prépare ses avatars suivants, le *Mercure* (1721-1723), puis le *Mercure de France, dédié au roi* qui naquit en 1724[26] et fut à l'origine d'une histoire plus que bicentenaire.[27] C'est à un périodique rénové dans ses structures et dans ses ambitions, mais toujours « moderne » dans ses orientations, que le jeune romancier et « parodiste » qu'était alors Marivaux donna ses premiers essais de littérature morale. Dans une lettre à Buchet, Marivaux lui en faisait crédit : « Ce livre n'a pas toujours été le rendez-vous des bonnes choses, mais on y peut mettre aujourd'hui ce qu'on a fait de meilleur, sûr de l'y trouver en bonne compagnie ; c'est une justice qu'on doit vous rendre » (p.22). L'influence de Dufresny, qui appelait son *Mercure* une « ébauche précipitée »,[28] ne fut pas sans se faire sentir sur les premières « Lettres à une Dame » que Marivaux publia de septembre 1717 à août 1718.

Si la « Lettre à une Dame sur la perte d'un perroquet », petit badinage en

22. En particulier le *Dictionnaire néologique à l'usage des beaux esprits du siècle avec l'éloge historique de Pantalon-Phoebus* (1736) ouvrage de l'abbé Desfontaines nourri de citations des « Modernes » et de Marivaux.

23. Notice dans le *DP2*, n° 265, t. I, p.349-50 (par F. Moureau).

24. Sur Marivaux « journaliste », voir *DP2*, n° 549 ; t. II, p.685-86 (par M. Gilot).

25. Notice dans le *DP1*, n° 922, t. II, p.850-52 (par F. Moureau).

26. Notices dans le *DP1*, n° 923-925, t. II, p.852-58 (par F. Moureau, J. Sgard et S. Tucoo-Chala).

27. *Dictionnaire des littératures de langue française*, Paris, Bordas, 1984, art. : *Mercure de France (le)*, t. II, p.1472-73 (par F. Moureau).

28. *Mercure galant*, juin-juillet-août 1710, p.3.

vers, renvoie à une pratique ancienne du *Mercure* – l'épitaphe d'un animal de compagnie[29] – elle-même inspirée de la poésie antique mais surtout de la tradition précieuse et des célèbres bouts-rimés sur la mort du perroquet de Mme du Plessis-Bellière auxquels avait participé le surintendant Foucquet (1653). Si le « Portrait de Climène, ode anacréontique » est d'une topique tout aussi habituelle dans le *Mercure*,[30] les « Lettres sur les habitants de Paris » combinent la promenade au hasard d'un observateur anonyme dans les divers quartiers de Paris à la manière des « pays » des *Amusements sérieux et comiques* avec la forme archaïque de la confidence à une Dame de province reprise du journalisme à la première personne, que Marivaux avait d'ailleurs utilisée dès 1713 dans *Les Effets surprenants de la sympathie*. Quand La Bruyère peignait des « caractères » individualisés, Dufresny, qui n'aimait pas cet « auteur copiste »,[31] dessinait des abstractions et des allégories : le « voyageur abstrait » voyait en Paris « un grand animal ; les rues sont autant de veines où le peuple circule ».[32] A l'ouverture de ses « Lettres », Marivaux parle, de son côté, de « monstre remué par un certain instinct » (p.10). La critique a relevé depuis longtemps les détails de description où Marivaux se rencontre avec Dufresny dans le portrait des « habitants de Paris » ;[33] cela n'est pas essentiel, car il y a là une vulgate que les scènes parisiennes et les « historiettes » avaient largement contribué à former. Depuis de Visé, le *Mercure* publiait dans chacune de ses livraisons ces nouvelles à la mode, ces anecdotes qui mimaient la réalité – qui parfois s'en inspiraient vraiment – et dont le décor parisien lestement troussé était le théâtre :[34] amours frivoles, fantaisies morales, romanesque de pacotille, cynisme social, tous les ingrédients que l'on retrouvait sur la scène de la Comédie-Française avec les pièces de Dancourt – les « dancourades » – et à la Foire dans des spectacles nourris de la tradition italienne francisée formaient le squelette de ces petites nouvelles. Mais, animées de sentiments

29. Voir le chapitre II : « Pièces fugitives en vers » de notre *Le « Mercure galant » de Dufresny*. Par exemple, l'« Epitaphe du chien de Mme D*** » par Jean-Baptiste Rousseau (juillet 1711), l'« Epitaphe d'un levron » par Jean de la Chapelle (décembre 1712), l'« Histoire de Bichon, chienne favorite de Mme de P*** » par Jean de Palaprat (décembre 1713), etc.

30. Jean-Baptiste Rousseau et Houdar de La Motte y pratiquent, entre autres, cette poésie galante à l'antique. Voir aussi les « Etrennes à Climène » de Dufresny (*Mercure galant*, décembre 1712, p.20).

31. Expression de l' « Amusement premier », p.58.

32. « Amusement troisième », p.71-72.

33. Michel Gilot, *Les Journaux de Marivaux*, Lille, 1974, t. I, p.616, 629, 659, 703, et Edward J. H. Greene, *Marivaux*, Toronto, University of Toronto Press, 1965, p.31-34.

34. Voir le choix publié par Monique Vincent : *Anthologie des nouvelles du « Mercure galant » (1672-1710)*, Paris, STFM, 1996, et le chapitre IV : « Historiettes et contes » de notre *Le « Mercure galant » de Dufresny*.

stéréotypés, toutes ces marionnettes s'agitaient dans le malstrom d'une existence dépourvue de la moindre profondeur psychologique.

Le « voyageur abstrait » qu'est aussi le narrateur des « Lettres sur les habitants de Paris » est là pour étudier à loisir ces « porteurs de visages » (p.124 : Troisième Feuille du *Spectateur français*) que sont les hommes en société. Malgré le sous-titre donné par la rédaction du *Mercure* – « caractères de M. de M*** » – il s'agit d'autre chose que d'une « suite » du « Théophraste moderne », désignation contre laquelle Marivaux s'éleva d'ailleurs (p.22).[35] Car c'est moins La Bruyère qui l'inspire que l'abstrait La Rochefoucauld :[36] autre rapprochement avec le Dufresny des *Amusements* qui prétendait : « Est-il donc vrai qu'on ne puisse plus rien inventer de nouveau ? Je l'entends dire à tous les auteurs copistes ; si Monsieur de La Rochefoucauld et Monsieur Pascal l'eussent dit, je le croirais. Les pensées de ces deux auteurs originaux sont autant de brillants d'esprit mis en œuvre par le bon goût et par la raison ».[37] Le rédacteur du *Mercure*, qui avait fait amende honorable de ce « Théophraste moderne » inconvenant, jugea assez justement des « Lettres » quand il en reprit la publication : « On y sentira une manière neuve et fine de penser, qui, rendue par des expressions de génie, présente aux yeux de l'esprit des tableaux finis » (p.563, note 108). Derrière la formulation assez « néologique » coutumière à la « nouvelle préciosité » qui domine alors le *Mercure*, on trouve là l'un des premiers aperçus critiques de l'esthétique marivalienne, de ce que Marivaux appelait un « ouvrage *né du caprice* ».[38]

Nous citions plus haut les déclarations des *Amusements*, sur le « fini », l'« ébauche », la « bigarrure » ; on pourrait y joindre le « sublime »[39] et le « bizarre », notions que l'on trouve développées dans d'autres textes de Dufresny et dont Marivaux donna une interprétation originale – lui aussi détestait l'imitation. C'est dans le « Parallèle d'Homère et de Rabelais » (*Mercure*, 1711) déjà cité que Dufresny développa ses idées sur le « sublime » qui annoncent les pages « Sur la pensée sublime » que Marivaux publia dans le même périodique en mars 1719. Marivaux se fondait en grande partie sur l'analyse du sublime tragique représenté par Crébillon, le dramaturge favori des Modernes. A sa création, Dufresny avait rédigé un

35. Dans *Le Cabinet du philosophe* (1734) encore, il porte un jugement alambiqué sur la « singularité » de La Bruyère, discrètement mise en parallèle avec les « expressions de génie » de Pascal (p.388).

36. « L'amour-propre est à peu près à l'esprit ce qu'est la forme à la matière » (p.35).

37. « Amusement premier », p.57-58.

38. P.560, note 58 : formule rapportée par Buchet dans le *Nouveau Mercure* de septembre 1717.

39. Théodore A. Litman, *Le Sublime en France (1600-1714)*, Paris, Nizet, 1971.

long « extrait » critique de *Rhadamiste et Zénobie* (*Mercure*, mars 1711) : il voyait dans le tragique crébillonien une résurrection des « vertus surnaturelles » des héros de Corneille. Parlant de la même pièce, Marivaux y trouvait pour sa part le « sublime de la nature [...], le seul digne de notre admiration » (p.60). Sublime tragique, qui serait selon Marivaux l'accroissement génial d'une « idée commune » (p.56) appréciable seulement par l'« instinct » (p.71), sublime épique, qui serait selon Dufresny celui des origines avant l'affadissement et le poli de la civilisation : ces variations autour d'une notion jusqu'alors le bien des Anciens, renouvelé par Boileau du pseudo-Longin, montrent la faculté qu'ont les plus audacieux des Modernes à s'emparer du matériau esthétique de leurs adversaires pour le faire servir, dans le cas de Marivaux, à une réflexion sur ce que Dufresny appelait une « pensée [qui] ne soit pas tellement finie, qu'elle ne laisse rien à penser » et que le futur auteur du *Jeu de l'amour et du hasard* nommait « un sentiment non déployé, qui lui [à l'âme humaine] prouve la vérité des choses qu'elle aperçoit nettement, en lui montrant un mystère obscur des dépendances qu'elles ont avec d'autres » (p.71-72).

Plus platement, les réflexions « Sur la clarté du discours », qui précèdent, dans le *Nouveau Mercure* de 1719, celles sur le « sublime », marquent chez Marivaux une évolution académique où on le sent assez empêché : « L'exacte clarté est [...] le premier et le plus essentiel devoir de l'auteur » (p.52). Il avait davantage d'audace quelques années auparavant, quand il opposait, dans la « Préface » de *L'Homère travesti* (1716), les « termes » – le discours construit – aux « pensées » – l'image sensible – ou, dans l'« Avis au lecteur » des *Effets surprenants de la sympathie* (1713), les « lois stériles de l'art » aux « égarements vrais » de la nature.[40] Il sera plus libre aussi dans les pages « Du Style » du *Cabinet du philosophe* (1734) (Sixième Feuille, p.380-88) où les références à La Rochefoucauld, à Pascal et, surtout, à Montaigne, le maître de l'écriture « singulière », rappellent dans quelle lignée il souhaitait se placer. Mais dès les « Lettres » au *Mercure*, la quête de la « bigarrure », avec laquelle Marivaux colorera encore la « morale » de *L'Indigent philosophe* (1727),[41] renvoie à son presque homophone, « bigearre »[42] ou « bizarre », dont

40. Marivaux, *Œuvres de jeunesse*, F. Deloffre et Cl. Rigault éd., Paris, Gallimard, Bibliothèque de la Pléiade, 1972, respectivement p.961 et 3.

41. P.310, Sixième Feuille : « Mais, à propos de morale, je m'avise de penser que celle que j'ai mise la dernière fois fera une plaisante bigarrure avec ce qui la précède ». Voir *Pharsamon ou les Nouvelles Folies romanesques* (rédigé vers 1712-1713) : « [...] un peu de bigarrure me divertit. Suivez-moi, mon cher lecteur, à vous dire le vrai, je ne sais pas bien où je vais ; mais c'est le plaisir du voyage » (*Œuvres de jeunesse*, p.457).

42. Forme utilisée par Marivaux dans *Les Effets surprenants de la sympathie* (1713),

Dufresny faisait un grand usage pour désigner la diversité voire l'incohérence du monde.[43] Dans les premières décennies du XVIIIe siècle, la littérature d'art emploie l'expression, de manière critique, pour désigner ce que nous appelons aujourd'hui le style rocaille ou « Régence »,[44] fondé sur l'arabesque, le grotesque, l'anthropomorphie animale – faunes, satyres et singes – et l'asymétrie, dont Gillot, Audran, Lajoüe, Oppenord et, pour une part, Watteau[45] furent les plus brillants interprètes. La meilleure des définitions en est donnée par Fontenelle dans son « Avertissement » à la troisième édition du *Dialogue des morts* (t.II, 1683) : « [...] la bizarrerie [...] donne moyen d'offrir à l'esprit des rapports qu'il n'avait peut-être pas aperçus, et qui aboutissent toujours à quelque moralité ».[46] Elle fut développée par Marivaux lui-même, quelques années avant les « Lettres » au *Mercure*, dans la « Préface » de *La Voiture embourbée* (1714), sous-titrée, avec quelque insolence, « ou le Roman naturel » dans la réédition hollandaise de 1715 :[47]

> Je ne sais si ce roman plaira, la tournure m'en paraît plaisante, le comique divertissant, le merveilleux assez nouveau, les transitions assez naturelles, et le mélange bigearre de tous ces différents goûts lui donne totalement un air extraordinaire, qui doit faire espérer qu'il divertira plus qu'il n'ennuiera.[48]

C'était d'assez près le programme des « Lettres sur les habitants de Paris », où le « journal » d'un observateur « abstrait », l'« anecdote » comique ou sérieuse, les portraits, les « moralités » et les procédés de rupture, encore accentués par l'usage du découpage en feuilletons mensuels – gommé, hélas !, dans la récriture effectuée sur son texte par Marivaux en 1728 – proposaient un composé instable dont la fragilité même et le décousu apparent faisaient le prix. Les « Lettres contenant une aventure » que publia le *Nouveau Mercure* (1719-1720) sont, de ce point de vue, d'un intérêt moindre ; à peine plus développé que *Le Bilboquet* (1714), ce récit reprend le procédé du voyeur omniscient de *La Voiture embourbée* (1714). L'équilibre « bizarre » des « Lettres sur les habitants de Paris » fait place à une

dans *La Voiture embourbée* (éd. de 1714) et dans *Le Bilboquet* (1714) (*Œuvres de jeunesse*, p.103, 313, 702).

43. Références dans notre *Un singulier moderne*, t. II, p.557, note 7.

44. Voir, pour des références, Marianne Roland Michel, « Un maître et ses élèves ou Pour une approche de Gillot », *Mélanges en l'honneur de Pierre Rosenberg. Peintures et dessins en France et en Italie, XVIIe-XVIIIe siècles*, Paris, Réunion des Musées nationaux, 2001, p.391.

45. « Watteau a été le Marivaux et Lancret le La Motte de la peinture », notent en 1738 les *Lettres juives* du marquis d'Argens (cité dans *TC*, t. II, p.960).

46. Fontenelle, *Œuvres*, Paris, Veuve Brunet, 1761, t. X, Première Partie, p.76.

47. Une nouvelle insérée dans le roman porte le titre de « roman impromptu ».

48. *Œuvres de jeunesse*, p.313.

mécanique romanesque, certes raffinée et efficace, mais qui éloigne encore un peu Marivaux de l'esthétique de l'ébauche et de la « bigarrure ».

Le retour ne se fit pas par le *Mercure*, quoique ce fût par la presse et par la leçon d'un modèle étranger. Il est évident que le *Spectateur français* (1721-1724)[49] est l'un des fils « naturels » du *Spectator* de Steele et Addison (1711-1714). Il n'est pas très utile de savoir si Marivaux le lut dans l'original anglais ;[50] l'ouvrage traduit en français dès 1714[51] fut à l'origine d'une longue suite de « spectateurs » en langue française et de leurs variantes – « observateur », « censeur », « glaneur », « espion », « misanthrope », voire « spectatrice » – que J. Sgard estime à près de quatre-vingts jusqu'en 1789, dont 9 jusqu'en 1725, 30 de 1725 à 1750, 22 de 1750 à 1775 et 15 ensuite.[52] Le *Spectateur français* remplit lui-même le rôle d'enseigne, sinon de modèle, à un *Spectateur français* « pour servir de suite à celui de M. de Marivaux » (1770-1775)[53] publié à Paris par Jacques-Vincent Delacroix, ce qui prouve au moins que le périodique de Marivaux, d'ailleurs régulièrement réédité jusqu'en 1781, avait encore quelque réputation. Mais Marivaux avait-il le droit de créer un « journal » ? Certainement pas au regard de la législation française pour laquelle la presse était du domaine régalien. Dans les années de la Régence de Philippe d'Orléans, la concurrence que la petite presse hollandaise de langue française faisait à celle du Royaume conduisit le pouvoir à plus de souplesse. Les périodiques de Justus van Effen (1684-1735)[54] publiés à La Haye montrent la concurrence que les journaux moraux du Refuge faisaient à la presse française : auteur vraisemblable d'une contrefaçon augmentée du *Mercure* de Dufresny (1710-1713), van Effen donna dès 1711 un *Misanthrope* très inspiré du *Spectator* et plusieurs fois réédité,[55] puis le *Journal littéraire* (1713-1722), et, en 1723, adapté du *Guardian*, un *Mentor moderne ou Discours sur les mœurs du siècle* suivi la même année d'un *Nouveau Spectateur français ou Discours dans lesquels on voit un portrait naïf des mœurs de ce siècle* (1723-1725) qui ne cachait pas sa dette à l'égard de Marivaux (p.696-700) : ces périodiques à succès avaient une large diffusion en France. Cela explique sans doute quelques singularités de la publication du *Spectateur français*.

49. *DP1*, notice 1217, t. II, p.1094-97 (par Michel Gilot).

50. Voir la thèse de Lucette Desvignes-Parent, *Marivaux et l'Angleterre*, Paris, Klincksieck, 1970, qui ne résout pas la question.

51. *Le Spectateur ou le Socrate moderne*, maintes fois réédité.

52. *DP1*, t. II, p.1134.

53. *DP1*, notice 1218, t. II, p.1097-99 (par J. Sgard) (qui ignore la collection complète de 1770 à 1775 signalée par un libraire d'Avignon en 1996 : au total 15 tomes in-12 de 5 numéros).

54. *DP2*, notice 793, t. II, p.982-84 (par Lucette Desvignes).

55. Dont une édition moderne par James I. Schorr (Oxford, The Voltaire Foundation, 1986) (*SVEC* 248).

Le premier des vingt-cinq numéros du périodique parut chez le libraire parisien François Fournier au début du mois de juillet 1721. Cette unique « feuille d'impression » (soit 16 pages in-8°), comme l'indiquait l'avis du libraire, était ornée d'une « permission » du 29 mai signée du censeur de la Police, Passart : pratique normale pour une brochure de ce format qui n'avait nul besoin de la permission de la Chancellerie, nécessaire seulement au-delà d'une « feuille ». Aucun élément du titre ne signalait qu'il s'agissait d'un périodique. L'avis du libraire expliquait, de manière assez embarrassée, que l'ouvrage pourrait éventuellement paraître « parties par parties », voire « chaque semaine » sur une unique « feuille » (p.738-39). On notera que la dimension de cette première livraison du *Spectateur* fut fonction de l'obligation légale signalée : aucune transition claire n'est sensible au début de la feuille suivante. Le découpage est donc artificiel, et l'on peut supposer que la deuxième feuille fut rédigée en même temps que la première et mise en réserve. De fait, l'édition Fournier semble avoir totalement disparue, et l'on ne connaît qu'une réédition chez Guillaume Cavelier et fils, ... les libraires du *Mercure*, dont le numéro de juin-juillet 1721 fit une agréable publicité au *Spectateur* (p.684). L'explication n'est pas trop difficile à fournir : François Buchet,[56] privilégié du *Nouveau Mercure*, mourut brusquement le 30 mai 1721, le lendemain de la permission signée par Passart du *Spectateur* de Marivaux.[57] Outre ses fonctions à la Police, Passart était l'un des responsables des « nouvelles à la main », ces gazettes manuscrites clandestines que Buchet fournissait à certains de ses abonnés ![58] Il y eut de toute évidence un accord entre Buchet et Marivaux pour la publication du *Spectateur*. La disparition de Buchet amena une nouvelle direction au *Mercure*[59] et un privilège du 3 juillet partagé entre Dufresny, Louis Fuzelier – auteur connu de la Foire – et Antoine de La Roque,

56. *DP1*, notice 128, t. I, p.168 (notice de M. Gilot).

57. On donne à Passart des *Sentiments d'un spectateur français sur la tragédie d'* « *Inès de Castro* », brochure s.l.n.d. (1723) (BNF, Yf 6496) contre laquelle Marivaux s'éleva en usurpation d'identité et de « privilège » (!) dans la Vingtième Feuille du *Spectateur*. Les éditeurs de p.224, note 421, attribuent la brochure à Thieriot selon les déclarations de François Gacon. Marivaux semble avoir ignoré l'auteur de cette critique sanglante de la tragédie d'Houdar de La Motte. Elle fut republiée, avec le texte d'un ennemi de Marivaux, Guyot Desfontaines (voir plus bas), sous le titre de *Agnès de Chaillot, comédie, par Mr. Dominique [Pierre-François Biancolelli], avec les Sentiments d'un spectateur français [par Passart] et les Paradoxes littéraires sur* « *Inès de Castro* » *[par l'abbé P.-F. Guyot Desfontaines]* (La Haye, H. Du Sauzet, 1723).

58. Sur les « nouvelles à la main » de Buchet et Passart, voir notre *Répertoire des nouvelles à la main. Dictionnaire de la presse manuscrite clandestine. XVIe-XVIIIe siècle*, Oxford, Voltaire Foundation, 1999, p.139-40 (notice 1724.1).

59. *DP1*, notice 923, t. II, p.852-53 (par F. Moureau).

collectionneur et ami intime de Watteau (qui allait disparaître quinze jours plus tard).[60] Ce trio n'avait évidemment rien à refuser à Marivaux. La rédaction passa entre les mains – et dans la maison – de La Roque qui la dirigea jusqu'à sa mort en 1744. Le premier numéro du *Mercure* rénové parut sous la date de « juin-juillet » chez Cavelier père et fils : c'était précisément la livraison qui faisait la publicité du *Spectateur*. Le périodique cita encore la « feuille » de Marivaux en janvier 1722 quand les Cavelier en eurent pris le contrôle, réimprimé la première livraison et annoncé de nouvelles (p.684-85). L'histoire éditoriale du *Spectateur français* présente ensuite un intérêt moindre, même si le *Mercure* en donna, assez régulièrement, un « extrait » pour entretenir le goût du public (p.687-96). Tout en conservant son format et sa pagination, le statut de « feuille » ou « brochure » du *Spectateur* changea dès que les Cavelier, bientôt associés à d'autres libraires parisiens, le gérèrent : il prit celui de « livre » périodique et se retrouva normalement justiciable de la censure de la Chancellerie et de la permission signée d'un censeur royal, en l'occurrence le dramaturge Antoine Danchet, un ami des « Modernes » originaire de Riom, ce qui put évoquer quelque souvenir à Marivaux. De simple « brochure », le *Spectateur français* devenait, en dépit des édits, un ouvrage périodique à l'égal du *Mercure* (qui dut en toucher les bénéfices). Les émissions partagées entre divers libraires, les retirages et les rééditions prouvent que ce fut une excellente affaire.

Le *Mercure* de 1721 coûtait 25 ou 30 sols le numéro – le prix moyen d'un livre in-12 – le *Spectateur* se vendait 6 sols. Ce rapport de un à cinq n'a de sens que si on le compare à une mercuriale connue dans les années 1720 : le prix moyen de journée d'un manœuvre parisien (20 sols ou 1 livre) ou d'une entrée à la Comédie-Française (un peu moins de 2 livres, soit 40 sols)[61] montre que le *Spectateur* était un produit économique. Il reprenait d'ailleurs la politique des périodiques « à 8 sols », dont il est, de toute évidence, l'avatar le plus brillant. Ces périodiques conservés à très peu d'exemplaires eurent le plus souvent une existence éphémère. Ils représentent néanmoins dans la presse du début du XVIIIe siècle une tentative intéressante de journalisme personnel, savant ou moral auquel, pour son idée initiale au moins, le *Spectateur* de Marivaux se rattachait. L'invention de ces périodiques à prix réduit semble revenir au libraire parisien Pierre Ribou, éditeur connu de nouveautés littéraires : c'est du moins ce que suggère, en septembre 1703 (p.1701), un article des *Mémoires de Trévoux* jésuites. Le

60. F. Moureau, « De Watteau à Chardin : Antoine de La Roque, journaliste et collectionneur », *Mélanges en hommage à Pierre Rosenberg*, Paris, Réunion des Musées nationaux, 2001, p.349-55.

61. Claude Alasseur, *La Comédie-Française au 18e siècle. Etude économique*, Paris, La Haye, Mouton, 1967, p.57, 59, 77.

principe en était simple : parfois une lettre à une Dame pour les plus littéraires et une suite de pièces fugitives, de réflexions savantes, de comptes rendus présentée par le journaliste dans un format intermédiaire entre la brochure et le « livre » périodique.

Le modèle abouti en revint à l'une des illustrations du parti « moderne », Marie-Jeanne L'Héritier, conteuse et nièce de Charles Perrault : son *Erudition enjouée* (1703)[62] indique, dès le titre, le propos et le ton de cette lettre périodique à une Dame dont le *Mercure galant* de De Visé fit évidemment l'éloge. Mais ce « journal » de la fille spirituelle de Mlle de Scudéry vaut surtout, à nos yeux, par un féminisme militant très original à cette date et qui annonce, pour le milieu du siècle, celui d'une conteuse-journaliste non moins talentueuse, Mme Le Prince de Beaumont. Les autres périodiques « à 8 sols » sont le fait d'écrivains de moindre importance : Anthelme Tricaud et Adrien Martel,[63] mais qui varient le genre. Les *Essais de littérature, pour la connaissance des livres* (1702-1704)[64] du chanoine Tricaud sont, de fait, la première revue française consacrée à l'histoire du livre ancien et, plus secrètement, aux ouvrages hétérodoxes et libertins, ce qui lui permit d'échapper quelque temps à la censure. Pierre Ribou, qui en jalousait l'existence sinon le succès, débita en mai 1703 des *Essais critiques de prose et de poésie* à 8 sols,[65] restés anonymes, qui se proposaient, tout simplement, de faire « l'histoire critique » de la République des Lettres : l'unique numéro imprimé témoigne de cette ambition démesurée. Quant à Adrien Martel, c'est un personnage non moins singulier : riche amateur italophile, il fait le lien entre les journalistes « à 8 sols » du début du siècle et la presse de la Régence. Ses *Mémoires sur divers genres de littérature et d'histoire* (1722)[66] parurent quelques mois après les premières feuilles du *Spectateur*, auquel ils rendent d'ailleurs hommage (avril 1722, p.53). Au cours des mêmes mois, Martel est, sans doute aussi, l'auteur d'un curieux périodique personnel au titre latin de *Roderici Alexandri Opus nullum* (1722).[67] Approuvée par le censeur de la Police, Passart, cette feuille « à 6 sols » de 16 pages, qui saluait le *Spectateur* comme son « frère » (« Rien premier », p.3), mêlait badinage – les « disparates » (« Rien second », p.4, 6) – et érudition selon une formule dans laquelle Dufresny avait brillé autrefois. « Aujourd'hui, je

62. Editeur : Pierre Ribou. Prix : 8 sols. *DP1*, notice 384, t. I, p.360-61 (par F. Moureau).

63. Voir leurs notices dans *DP2*, t. II, p.691-92, 962-63 (par M. Gilot et J.-R. Armogathe).

64. Editeur : Jean Moreau. Prix : 8 sols. *DP1*, notice 401, t. I, p.379-80 (par J. Sgard).

65. *DP1*, notice 400, t. I, p.379 (par F. Moureau).

66. *DP1*, notice 905, t. II, p.835-36 (par M. Gilot).

67. *DP1*, notice 1196, t. II, p.1084-85 (par F. Moureau).

me donne pour ce que je suis : RIEN », concluait la préface de la première livraison (p.4). Le *Journal des savants* (août 1722) unit dans une même réprobation cette « feuille volante » et celles de Marivaux, dont les « libraires » avaient bien tort, selon lui, de se charger (p.691-92) :[68] on y verrait volontiers la réplique à la défense et illustration de la « feuille volante » en forme d'éloge paradoxal de la « morale [...] toute crue » et des « *in-folio* » faite par Marivaux en avril dans la Sixième du *Spectateur*, qui mettait en scène le narrateur-personnage dans la boutique d'un « libraire » (p.137-39).[69] Mais, en dehors même de considérations de fonds, ce type de périodique personnel ne correspondait plus, en vérité, aux ambitions de la librairie parisienne qui commençait à voir dans la presse, malgré les entraves de la censure et des monopoles, un enjeu économique important. Le temps de professionnels était venu avec les Desfontaines et les Desmolets qui concevraient le journalisme moderne comme un discours anonyme sinon anodin. Le *Spectateur français* et, d'une certaine manière, les autres journaux moraux que Marivaux publia ensuite sont un témoignage d'archaïsme dans la presse française du temps. L'innovation était ailleurs.

Le ton de confidence personnelle qui dépasse largement le procédé littéraire du narrateur « abstrait » n'est pas sans poser problème. On a pu voir, en général, dans le personnage du « spectateur » cinq fonctions : réflexion, regard, bavardage, folie et collecte.[70] La critique contemporaine releva, pour sa part, que l'auteur du *Spectateur français* tenait beaucoup à son anonymat,[71] comme si le « personnage » qu'il faisait dans son « livre » était

68. L'article est vraisemblablement de l'abbé Pierre-François Guyot Desfontaines, grand ennemi du « phébus » de la « nouvelle préciosité » et journaliste très mordant (*DP2*, notice 383, t. I, p.498-501, par J. Sgard). Si Desfontaines assuma seulement en 1723 la direction du *Journal de savants*, il fut, durant les années précédentes, au service de l'abbé Jean-Paul Bignon, protecteur et réformateur de ce périodique (*DP1*, notice 710, t. II, p.648, par J.-P. Vittu). Il venait d'ailleurs d'égratigner le *Spectateur* dans ses *Lettres de M. l'abbé* *** (p.690-91).

69. Dans la Septième Feuille publiée à la fin du mois d'août, Marivaux fait longuement allusion à « Messieurs mes critiques » et à leurs « expressions méprisantes » (p.143) : cela ne peut viser que le *Journal des savants*.

70. « Le journaliste masqué. Personnages et formes personnelles », *Le Journalisme d'Ancien Régime*, Pierre Rétat éd., Presses de l'Université de Lyon, 1982, p.285-313.

71. A. Martel écrit dans ses *Mémoires sur divers genres* (mars 1722) : « [...] l'auteur ne veut point être connu, mais, à la beauté de son style tout le monde croit y connaître M. de Marivaux » (p.688). La première édition où le nom de Marivaux apparaît sur la page de titre est celle de 1727 chez Pierre Prault. Le narrateur-personnage du *Spectateur français* est un vieillard misanthrope, qui évoque, à plusieurs reprises, son « âge avancé », ses « voyages » et une amitié de « plus de cinquante ans » (p.117, 206) : en 1721, Marivaux avait 33 ans et ne connaissait guère que Paris et l'Auvergne de son enfance ! L'auteur avance masqué à la différence de ce que faisait le « journaliste ».

sa propre personne : renversement délicieux pour un créateur au milieu des « porteurs de visages ». Le titre des périodiques suivants contribua encore mieux à la mise en scène d'un narrateur-personnage, « philosophe » et « indigent », qui reléguait de plus en plus dans l'ombre celui qui, dans la tradition périodique de la « lettre à... », faisait figure d'auteur : « Bref, je veux être un homme, et non pas un auteur », proclamera l'indigent philosophe (p.311) reprenant l'une des formules initiales du *Spectateur français*. Aussi bien *L'Indigent philosophe* (1727) que *Le Cabinet du philosophe* (1734) se présentent sous la forme d'une feuille hebdomadaire de 24 pages « à six sols » : Marivaux s'en tenait à une pratique éditoriale minimale en correspondance avec le caractère propre à ces « espèces de mémoires » (p.274). On notera que la division des périodiques en « feuilles » à pagination constante est la simple conséquence mécanique du mode d'« imposition » des « brochures » in-12 (16 et 8 pages) et qu'elle n'a pas de signification discursive particulière – rythme du texte ou rupture de thème ou de ton.[72] Ce fut d'ailleurs Passart et la Lieutenance générale de Police qui « permirent » l'impression des deux premiers cahiers de *L'Indigent* ; les suivants bénéficièrent d'un privilège de Chancellerie et d'une approbation du censeur Joseph Saurin, un géomètre ami du clan « moderne » (p.747). Un privilège du même type fut accordé au *Cabinet* (p.751) en faveur du libraire-éditeur Pierre Prault, l'approbation étant signée du censeur des théâtres, l'abbé Claude Cherrier, dit le Chimérographe, auteur « bizarre » d'un recueil de calembours, les *Polissonniana,* et d'un ouvrage dédié à « Bacha Bilboquet » :[73] Prault, qui venait de publier les deux parties liminaires de *La Vie de Marianne*, les annonçait d'ailleurs dans la première feuille du périodique. Ces détails montrent que la « feuille à six sols » n'était plus qu'une fiction publicitaire pour l'éditeur et pour l'administration de la Librairie, même si elle pouvait avoir une autre signification, esthétique ou éthique, pour un auteur qui ne manqua pas de prendre la défense de la « feuille » contre le « livre » à l'ouverture du *Cabinet du philosophe* (p.336-37).[74]

72. Même si le narrateur-personnage fait mine de ne pas traiter un sujet promis dans la « feuille » précédente (p.127).

73. *L'Homme inconnu ou les Equivoques de la langue*, publié chez Quillau en 1713, un an avant *Le Bilboquet* de Marivaux édité chez Pierre Prault.

74. Paradoxalement, les éditeurs des *JOD* (p.327) affirment que *Le Cabinet du philosophe*, contrairement au *Spectateur*, est « un petit livre formant d'emblée un tout ». L'examen technique de l'édition originale autorise à nuancer cette assertion ; sauf exception, chaque cahier comporte les indices périodiques habituels : annonce de la feuille suivante, « ours » du libraire en fin de livraison, référence à l'approbation et au privilège. Mais il est vrai que le volume est à pagination continue, que le découpage des textes ne respecte pas les cahiers et que la composition en un corps plus petit (p.214-16) permet de terminer heureusement la Neuvième Feuille

Notre objet n'est pas de proposer une nouvelle lecture des « journaux » de Marivaux, mais de montrer l'incidence d'une certaine forme de journalisme « littéraire » à la première personne sur la pratique marivalienne et d'en situer l'esthétique, sinon la morale, dans une sorte de « libertinage rocaille » tout à fait autonome par rapport à la tradition moraliste du siècle précédent. Nous entendons évidemment le terme de « libertinage » dans l'une de ses acceptions anciennes[75] et que Marivaux partage quand il qualifie ses « Lettres » au *Mercure* de « production d'un esprit libertin » (p.8), au sens que ce mot avait alors, dans le monde des arts,[76] d'esprit créateur, buissonnier, allant à l'aventure selon « le hasard des objets et l'occasion » (p.114) :[77] « Je continue au hasard, et je finis quand il me plaît » (p.8). Nous parlions plus haut de l'esthétique de la « bigarrure » et du « bizarre » commune aux beaux-arts d'un certain premier dix-huitième siècle « rocaille ».[78] Une lecture de *L'Indigent philosophe* et du *Cabinet du philosophe* qui intégrerait l'esprit « rocaille », comme les *Fables nouvelles* d'Houdar de La Motte le firent des eaux-fortes de Claude Gillot,[79] permettrait de ne plus voir en ces « journaux » une redite de La Bruyère ou un laboratoire pour le théâtre et le roman, mais une métamorphose originale de la littérature morale, moins normative que narrative, moins positive qu'interrogative, moins générale que diversifiée selon l'infinie variété du monde, moins construite que discontinue, moins ouvrage de « moraliste » que de « porteur de visages » comme les autres.

(quoique « le voyage au Monde vrai » se poursuive sur la feuille suivante...). Le libraire semble avoir imposé la forme périodique à un texte qui ne l'était pas nécessairement. Et Marivaux justifia le procédé.

75. Sur la sémantique du mot, voir notre article : « Libertinage » de l'*Encyclopédie philosophique universelle*. Volume II : *Les Notions philosophiques*, Paris, PUF, 1990, t. I, p.1481-82.

76. On sait que Watteau fut ainsi qualifié par ses contemporains ; nous avons fait la critique de cette expression appliquée au peintre dans « Watteau libertin ? », in F. Moureau et Margaret Morgan Grasselli éd., *Antoine Watteau (1684-1721); le peintre, son temps et sa légende*, Paris-Genève, Champion-Slatkine, 1987, p.17-22.

77. Autres occurrences : « [...] *libertinage des sentiments* d'un jeune homme », « Je me sens aujourd'hui dans un *libertinage d'idées* qui ne peut s'accommoder d'un sujet fixe » (p.123, 131); la page 780 signale deux autres occurrences dans le sens moderne. « Libertin » (même référence) est uniquement employé au sens moderne de « débauché » (F. Moureau et Alain-Marc Rieu éd., *Eros philosophe. Discours libertins des Lumières*, Paris, Honoré Champion, 1984).

78. On en trouvera maints exemples dans le catalogue de la récente exposition : *Claude Gillot (1673-1722). Comédies, sabbats et autres sujets bizarres*, P. Choné, F. Moureau, Ph. Quettier et E. Varnier éd., Paris, Somogy Editions d'Art ; Langres, Musée de Langres, 1999.

79. F. Moureau, « Les *Fables nouvelles* (1719) de La Motte ou comment s'en débarrasser », *Le Fablier*, n° 2, 1990, p.19-24.

Ce qui retient, dès l'abord, est la volonté de déguiser l'auteur-narrateur anonyme sous des oripeaux variés : « vieux rêveur » (p.123) misanthrope du *Spectateur*, silhouette picaresque de l'Indigent, nouveau vieillard (p.351), mais d'un tempérament tout autre dans le *Cabinet*. Ces masques évoquent évidemment les romans à la première personne,[80] ces romans-mémoires auxquels se consacrait aussi l'auteur de *La Vie de Marianne* et du *Paysan parvenu*. Mais ils signent aussi une manière d'être de certains écrivains contemporains de Marivaux pour qui l'anonymat était aussi une manière de ne pas être « auteur ». Dès ses premières œuvres, Marivaux refuse le jeu des préfaces propitiatoires. Celle de *La Voiture embourbée* (1714) est particulièrement éclairante à ce propos ; après une entrée en matière où il se force à cet exercice, il annonce : « [...] j'ai dit trop naturellement ce que je pensais ; je vais donc me masquer », préambule au retournement final : « [...] je ris encore du personnage que j'allais faire, si j'avais été obligé de soutenir ma préface ».[81] Jeu d'auteur qui se pique d'originalité ? Certes, pour le jeune « moderne » rien n'est trop « bizarre » quand il s'agit de se distinguer de l'académisme classique. Mais des expressions comme « trop naturellement », « me masquer », « personnage » renvoient à un statut singulier d'auteur en tant qu' « emploi » de roman comme il y a des emplois de théâtre. A la même époque, l'auteur des *Illustres Françaises* (1713), Robert Challes, qui vient de s'enfoncer dans un anonymat absolu avec les *Difficultés sur la religion*, utilise ce masque avec les journalistes hollandais qui l'interrogent sur son identité, en ne se dévoilant que sous le nom de « l'auteur des *Illustres Françaises* », sa vérité et son personnage.[82]

De ce point de vue, *Le Cabinet du philosophe* marque la renonciation de Marivaux à l'essentiel de ce jeu ; l'auteur-narrateur y disparaît presque entièrement au profit d'une convention presque trop grossière pour n'être pas quelque part volontaire chez un écrivain attentif à l'intrication de ses divers discours. La fiction de la « cassette » de manuscrits laissés par un « homme d'esprit » (p.335) se substitue à la promenade dans la mémoire personnelle proposée par les deux « feuilles » précédentes. Romans et utopies variés se nourrissaient depuis longtemps de ces « cassettes », de ces mémoires surpris, de ces correspondances volées[83] dont Marivaux

80. René Démoris, *Le Roman à la première personne : du Classicisme aux Lumières*, Paris, A. Colin, 1975.

81. *Œuvres de jeunesse*, p.314-15. Voir la satire des préfaces dans *l'Indigent philosophe* (p.312).

82. Lettres au *Journal littéraire* de La Haye (*Mémoires. Correspondance complète*, F. Deloffre et J. Popin, éd., Genève, Droz, 1996, p.521).

83. Telles la fiction du vieux manuscrit laissé à Antoine Furetière qui se présente comme l'éditeur du *Roman bourgeois* (1666), ou celle de la « valise » du voyageur d'où Gabriel de Foigny extrait *La Terre australe connue* (1676), etc.

avaient déjà fait usage dans le *Spectateur* où le narrateur bénéficiait d'une espèce de courrier des lecteurs, aussi fictif que d'autres : journal espagnol et « mémoire » d'une vieille dame (Quinzième, Seizième et Dix-Septième Feuilles), lettre et « aventures de l'Inconnu » qui occupent à peu près toute la fin de cette « brochure » périodique. Le procédé avait vieilli depuis que l'abbé Antoine de Torche avait dédié sa *Cassette des bijoux* à Mme de Montespan, déclarée « reine des Iles nouvelles » : « [...] c'est véritablement une cassette que j'ai vidée ».[84] Dans *Le Cabinet* ne subsiste que la « simplicité brusque et naïve » (p.335) du « philosophe », dont le portrait se fait à travers les manuscrits qu'il a laissés et dont « l'auteur » n'est que l'éditeur. Du journalisme – ou du roman – à la première personne, on passe à la fiction du document dont le roman par lettres du XVIIIe siècle fit son miel et, à l'occasion, sa justification morale. Ici, le procédé est encore dans l'enfance. Mais il est déjà un aboutissement : l'auteur-narrateur s'abstrait en apparence de son œuvre et s'exonère de répondre de son discours.

Car il n'y a rien de moins « moral » que les personnages de narrateur-commentateur mis en scène par Marivaux dans ses deux premières « feuilles ». D'un côté, un misanthrope cacochyme remâchant sa haine du monde et de la vie ; de l'autre, une figure largement et amplement dessinée de « gueux » cynique et plaisant, frère du *picaro* espagnol et du *zanni* de la *commedia dell'arte* qui annonce – soldat puis déserteur, et son « capitaine » – les défroques diderotiennes de Jacques et de son maître. D'Arlequin, l'Indigent a le goût de la « friandise » et du vin, des sauts et des gambades (p.277, 281), de Lazarillo et de ses descendants espagnols et français une totale indifférence à la morale quand le ventre crie famine (p.285). L'Indigent parvenu au statut supérieur de comédien, à l'occasion duquel Marivaux se souvient de l'atmosphère et de certains personnages plus picaresques que réalistes du *Roman comique* de Scarron,[85] se corrompt dans la société bourgeoise sans devenir pour autant un modèle de vertu. Voici les deux professeurs de morale que présenteraient ces « feuilles ». Cela prouverait ou que la morale n'est qu'hypocrisie, ou que l'hypocrisie est la seule morale sociale possible. Une formule singulière de Marivaux s'en éclairerait : « [...] l'hypocrisie, tout affreuse qu'elle est, sert à l'ordre » (p.364).

84. « Au Lecteur », *La Cassette des bijoux*, Paris, Gabriel Quinet, 1668, n. p.

85. Comédiens du dernier ordre et nymphomanes de province, *Pharsamon* s'inspire de près du ton du *Roman comique* (*Œuvres de jeunesse*, p.1172-73 : note des éditeurs). Dans la « Préface » de *L'Homère travesti* (*Œuvres de jeunesse*, p.961), Marivaux tient pourtant à distinguer sa conception du « burlesque » de celle de Scarron : « [...] il n'a donné qu'une forme à son burlesque ; tout est récit, c'est toujours l'auteur qui parle ; on le voit travailler, on ne le perd point de vue ». On retrouve dans ce jugement la notion marivalienne de l'auteur caché ou « abstrait ».

De quel « ordre » s'agit-il ? Les éditeurs modernes des « journaux » pensent que le terme doit s'entendre dans le sens malebranchiste de « morale, ordre institué par Dieu » : « De Malebranche élève fanatique », selon le vers de Jean-Baptiste Rousseau dans son Epître VIII : *A Thalie* (1734),[86] Marivaux use certainement du terme dans cette acception. En quelque sorte, le « spectacle » de la « vertu » feinte contribuerait à conforter cet ordre : « Un homme qui aime la vertu en force dix autres qui n'en ont point à faire comme s'ils en avaient » (p.364). Si le philosophe exprime « les idées fortuites que le hasard nous donne » (p.116-17), il n'en rend pas moins hommage dans ses diverses « feuilles », et quel que soit le narrateur, à une puissance divine, inexplicable certes en termes humains, mais qui rend scandaleux l'athéisme (p.426)[87] et lie la conscience morale à un Dieu sensible au cœur de l'homme droit.[88] Chez Marivaux, le sentiment religieux est présent dans le débat de l'esprit et du cœur, et l'écrivain n'a pas à l'égard du religieux l'indifférence mécanique de la plupart des philosophes éclairés de son époque – dont Fontenelle et Montesquieu : le seul reproche formé qu'il adresse à l'auteur des *Lettres persanes* est d'ailleurs de « badiner » en « homme d'esprit » avec la religion (p.153-54) :

> En fait de religion, ne cherchez point à convaincre les hommes, ne raisonnez que pour leur cœur : quand il est pris tout est fait. Sa persuasion jette dans l'esprit des lumières intérieures, auxquelles il ne résiste point (p.352).

Telle est la règle du philosophe, libre de toute religion imposée – « factice », dirait le Challes des *Difficultés sur la religion* – mais conscient d'un ordre supérieur que le « bon sens » prouve contre « l'esprit » : il s'agit là du vrai « libertinage », celui qui met l'individu en état de choisir en toute conscience par la « persuasion de la charité ».[89] *Le Cabinet du philosophe* est l'exact contemporain des *Lettres philosophiques* de Voltaire : on mesure l'abyme entre les deux écrivains, qui ne s'aimaient pas pour d'autres raisons.[90]

86. *Œuvres diverses*, Amsterdam, François Changuion, 1734, t. II, p.24.

87. Le débat sur l'existence possible d'une société viable d'athées court à travers toute l'époque, en particulier chez Pierre Bayle. En général, on pensait que non. Le néo-confucianisme athée des lettrés chinois, qui composaient l'administration de l'Empire du Milieu, contredisait cette opinion : le plus curieux est que l'idée provînt des *Lettres édifiantes et curieuses* des pères jésuites. « [...] s'il y en a, ce que je ne crois pas », écrit Marivaux des « incrédules, qu'on appelle athées ». Voir Alan Charles Kors, *Atheism in France 1650-1729* ; Volume I : *The Orthodox Sources of Disbelief*, Princeton, Princeton University Press, 1990.

88. Lettre de l'Inconnu dans la Vingt-et-unième Feuille du *Spectateur* (p.232-35).

89. W. P. Jacoebée, *La Persuasion de la charité. Thèmes, formes et structures dans les Journaux et œuvres diverses de Marivaux*, Amsterdam, Rodi, 1976.

90. Voltaire soupçonna Marivaux de méditer une réfutation des *Lettres philosophiques* : lettre à Thieriot du 4 mars 1736 (D1029).

Si feindre la vertu, c'est la propager et favoriser l'ordre du monde, que faut-il penser du spectacle humain ? On a déjà analysé dans les « journaux » la métaphore du spectacle, de l'opéra, de la « machine » (p.277),[91] il n'est pas inutile d'y joindre l'univers de la « singerie » dans lequel l'homme semble se mouvoir. La métaphore du singe humanisé est l'un des poncifs les plus connus de l'art rocaille. Audran, Gillot, Watteau, et même Chardin[92] avec son singe peignant l'homme et son singe savant « antiquaire »,[93] en diffusèrent les scènes les mieux variées : le singe est en quelque sorte le vrai visage de l'homme en société. La singerie marivalienne retourne la métaphore : c'est l'homme qui se fait singe. D'ailleurs tout est singe, grimace, dans notre univers, l'homme lui-même naturellement, mais aussi la « singerie » des auteurs (p.312) ou l'« adroite singerie » de la littérature (p.352).[94] Le « monde vrai », sujet de l'utopie singulière du *Cabinet du philosophe*, est, de son côté, un univers singe, puisqu'il s'agit de notre propre monde que nous ne reconnaissons pas, comme nous ne décelons pas le singe en nous-mêmes, qui est « l'homme vrai » (p.414) : derrière le masque, le mufle du singe. Notre pensée elle-même est singe ; ce que nous nous flattons d'appeler « esprit » n'est que le singe du « bon sens » : « [...] c'est ce singe-là qui est philosophe et qui nous donne souvent des visions au lieu de sciences » (p.317). L'obsession simiesque chez Marivaux n'est pas uniquement un *topos* d'époque, comme le singe emblématique du « régiment de la Calotte »[95] ou Momus et sa marotte :[96] Marivaux lui-même était traité de « singe de Fontenelle » par tel de ses adversaires. Le simiesque renvoie allégoriquement à une représentation du masque comme naturel social. Le masque participe de la nature existentielle de l'homme, c'est le « porteur de visages » qui en est l'artifice. Le « beau désordre de la nature » masque et suggère un ordre qui nous échappe : « [...] il n'y a qu'elle qui en a le secret, de ce désordre-là ; et

91. G. P. Bennington, « Les machines de l'opéra : le jeu du signe dans le *Spectateur français* », *French Studies* 36, 1982.

92. L'Affichard remarque en 1745 dans ses *Caprices romanesques* que Marivaux « écrit comme peint Chardin ; c'est un genre, un goût que l'on admire, et que personne ne peut atteindre » (cité p.961).

93. Deux pendants, peints vers 1735-1740, au Musée des Beaux-Arts de Chartres, gravés en 1743 par Pierre-Louis Surugue fils et ornés d'une lettre de Charles-Etienne Pesselier : « Le singe, imitateur exact ou peu fidèle / Est un animal fort commun / Et tel homme ici-bas est le peintre de l'un / Qui sert à l'autre de modèle ».

94. D'Alembert rapporte que Marivaux parlait du « bétail des singes littéraires » (« Eloge » (1785), *TC*, t. II, p.981).

95. Léon Hennet, *Le Régiment de la Calotte*, Paris, Librairie des Bibliophiles, 1886.

96. Dominique Quéro, *Momus philosophe. Recherches sur une figure littéraire du XVIIIe siècle*, Paris, Honoré Champion, 1995.

mon esprit aussi, car il fait comme elle, et je le laisse aller». En découle une idée que Marivaux exprimait à propos des «discours» humains et que l'on pourrait nommer le paradoxe du bizarre: «Cela fait un ouvrage bien extraordinaire, bien bizarre: eh! tant mieux, cela le fait naturel, cela nous ressemble» (p.310). Bizarrerie, désordre, tout ce qui «débauch[e le] jugement» (p.119) n'est que le fait de la nature et son cadeau à la fantaisie humaine:

> [...] être naturel [c'est] se ressembler fidèlement à soi-même, et ne point se départir ni du tour ni du caractère d'idées pour qui la nature nous a donné vocation; [...] en un mot, penser naturellement, c'est rester dans la singularité d'esprit qui nous est échue (p.149).[97]

Même si la pensée de Marivaux dessine, à l'occasion, des arabesques excessivement «libertines» ou abstraites et que – on l'a remarqué – son expression sinon sa pensée assagie du *Spectateur* au *Cabinet* conduit à diverses corrections tardives de ses «journaux»,[98] et à une certaine lassitude pour éclairer de l'humanité ce qui ne saurait l'être,[99] si une table des matières thématique fut néanmoins introduite dès la réédition de 1728[100] faisant de son recueil de «feuilles à six sols» un utile vade-mecum, le chantier «moral» ouvert par l'auteur ne va pas, de toute évidence, dans la direction de la philosophie sociale des Lumières. Ce que nous appelons le «libertinage rocaille» est avant tout une philosophie de l'individu contre le moule social, un «voyage» dans le cœur et l'esprit de chacun, périple sans autre fin que l'épuisement de l'analyse et la minutie de la broderie, une «rapsodie» (p.283, 303)[101] qui se défie de l'œuvre achevée, close, de la «feuille» qui n'en appelle plus d'autre. C'est aussi l'appétit de la vie savourée dans le quotidien des images et des sensations, le plaisir d'observer, celui de mimer le spectateur invisible et de laisser courir sa plume. «Ne remettons point à jouir» (p.428).

97. Ces expressions ont été malignement relevées dans le *Dictionnaire néologique* de Desfontaines.

98. F. Deloffre, *Une Préciosité nouvelle. Marivaux et le marivaudage*, seconde édition, Paris, Armand Colin, 1967, p.69.

99. Le six mois d'intervalle entre la Vingt-troisième et la Vingt-quatrième Feuille du *Spectateur*. Comme ses romans publiés par «parties», ses «journaux» à la feuille témoignent d'une singulière propension à rester inachevés.

100. Reproduite dans p.803-807.

101. Voir la définition qu'en donne le glossaire de p.788: «Mauvais ramas soit de vers, soit de prose». Furetière (*Dictionnaire universel*, 1690, s.v.) en procure une plus complète: «Recueil de plusieurs passages, pensées et autorités qu'on rassemble pour en composer quelque ouvrage. [...] *L'Iliade* d'Homère est appelée *rapsodie*. Quand on veut mépriser l'ouvrage d'un auteur, on dit que ce n'est qu'une *rapsodie*, qu'il n'y a rien de son invention.»

PETER FRANCE

Société, journalisme et essai : deux spectateurs[1]

PRENANT la plume dans une faculté britannique à la fin du XXe siècle, il est essentiel pour commencer de se défaire des associations d'idées qui, du moins dans les études littéraires, font de l'essai (*essay*) un des piliers de l'institution universitaire. La forme que l'on définissait jadis par opposition avec le pédant est devenu le territoire des écoles et des universités. L'essayiste belle-lettriste, le Lamb ou Hazlitt en puissance, est une figure démodée. Fort heureusement, il n'en va pas de même en France où la *dissertation* occupe le terrain académique alors que le mot *essai* garde encore des connotations de légèreté, de liberté, d'aisance – une écriture sans notes de bas de page. Les Français sont restés plus proches de l'essai classique.

L'essai a été (et reste) un genre sans théorie. Aucune poétique formelle n'en énonce les règles de composition. On n'en enseignait pas la technique dans les classes de rhétorique des collèges – voilà peut-être une des choses qui le rendait attrayant. Il semble par ailleurs qu'il n'y ait pas eu de corpus d'essais clairement délimité et reconnu comme tel par les contemporains qui aurait permis aux générations ultérieures d'établir une poétique rétrospective.[2] Devons-nous ne considérer comme des essais, par exemple, que les œuvres désignées comme telles par leurs auteurs ? Cela ne semble guère souhaitable. On désignait généralement les essais du *Spectateur* comme des « papiers » mais ils ont servi de modèles à une pratique qu'il faut bien appeler la rédaction d'essais.

L'une des seules évocations françaises de ce genre (ou non-genre) littéraire que j'ai pu découvrir parmi les textes des siècles classiques, est la brève entrée « Essai » de l'*Encyclopédie*. L'auteur souligne l'ambiguïté du terme :

> ce mot, employé dans le titre de plusieurs ouvrages, a différentes acceptions : il se dit ou des ouvrages dans lesquels l'auteur traite ou effleure différents sujets, tels

1. Cet article a paru en anglais sous le titre « Society, Journalism and the Essay : Two Spectators » dans *Continuum* 3, New York 1991, p.85-112. Nous tenons à remercier Catriona Seth qui a bien voulu traduire cet article.

2. Sur ceci et d'autres questions théoriques proches, voir J. Terrasse, *Rhétorique de l'essai littéraire*, Montréal, Presses de l'Université du Québec, 1977.

> que les essais de Montaigne, ou des ouvrages dans lesquels l'auteur traite un sujet particulier, mais sans prétendre l'approfondir, ni l'épuiser, ni enfin le traiter en forme et avec toute la discussion que la matière peut exiger. Un grand nombre d'ouvrages modernes portent le titre d'essai ; est-ce modestie de la part de l'auteur ? est-ce une justice qu'ils se rendent ? C'est aux lecteurs à en juger.

Montaigne est simplement cité ici comme l'un des exemples du premier type mais pour le public français il était certainement le modèle de ce type d'écriture rhapsodique et extrêmement personnel et aucun auteur français ne parvint à égaler sa réussite (le succès des essayistes anglais de la période romantique fut supérieur dans ce domaine). Dans une œuvre du XVIIe ou du XVIIIe siècle intitulée *Essai*, nous avons plus de probabilité de trouver quelque chose qui approche du second modèle proposé par l'encyclopédiste, une œuvre assez brève dans laquelle un thème sérieux est évoqué sur un mode relativement peu prétentieux. Mais la distinction proposée ci-dessus induirait en erreur le lecteur si elle laissait entendre qu'une séparation nette existe entre ces deux types. Comme l'ont indiqué les spécialistes de Montaigne,[3] ses structures en apparence relâchées peuvent être appréhendées en termes rhétoriques comme correspondant à ce que Ramus appelle la « méthode habile » – une forme de persuasion dans laquelle l'on ne voit pas la main de celui qui persuade. C'est pour cette raison que Montaigne auquel peu d'histoires de la philosophie concèdent une place, pourrait être cité comme modèle pour l'écrivain plus ouvertement philosophe. Le *locus classicus* est la réserve principale de Diderot vis-à-vis d'Helvétius dans son compte-rendu de *De l'esprit* qui est un traité plutôt qu'un essai.

> Il est très méthodique ; et c'est un de ses défauts principaux ; premièrement, parce que la méthode, quand elle est d'appareil, refroidit, appesantit et ralentit ; secondement, parce qu'elle ôte à tout l'air de liberté et de génie ; troisièmement, parce qu'elle a l'aspect d'argumentation ; quatrièmement, et cette raison est particulière à l'ouvrage, c'est qu'il n'y a rien qui veuille être prouvé avec moins d'affectation, plus dérobé, moins annoncé, qu'un paradoxe. Un auteur paradoxal ne doit jamais dire son mot, mais toujours ses preuves : il doit entrer furtivement dans l'âme de son lecteur, et non de vive force. C'est le grand art de Montaigne qui ne veut jamais prouver et qui va toujours prouvant, et me ballottant du blanc au noir et du noir au blanc... Si tout ce que l'auteur a écrit eût été entassé comme pêle-mêle, qu'il n'y eût eu que dans l'esprit de l'auteur un ordre sourd, son livre eût été infiniment plus agréable, et, sans le paraître, infiniment plus dangereux.[4]

3. Voir par exemple M. McGowan, *Montaigne's Deceits*, London, University of London Press, 1974.

4. Diderot, *Œuvres complètes*, éd. J. Assézat et M. Tourneux, 20 vols, Paris, Garnier, 1875-1877, t. ii, p.272-73.

C'est un conseil à un « auteur paradoxal », le promoteur d'idées hétérodoxes mais on pourrait également y voir le prélude à la poétique (ou à la rhétorique) de l'essai philosophique.

Plutôt que d'opérer une distinction claire entre deux traditions, il faut donc voir l'essai comme s'étendant sur un horizon long. D'un côté nous trouvons des ouvrages d'un niveau philosophique exigeant comme les « essais » de Locke ou de Condillac, de l'autre la masse des écrits plus personnels, autobiographiques ou anecdotiques. Une des caractéristiques de l'essai semble bien être sa capacité d'accueillir le privé et le public, le spécifique ou le général.

L'article de l'*Encyclopédie* ne dit rien de la forme particulière de l'essai. Les genres oraux proches, le sermon et la harangue, faisaient tous deux l'objet de discussions sans fin dans les manuels et cours de rhétorique et il se peut que l'enseignement ancien de la *dispositio* ait laissé des traces chez les essayistes. Il semble, cela dit, que la « règle » pour l'auteur d'un essai était de ne point en suivre. Cela peut entraîner, sur le modèle de Montaigne, un désordre cultivé, du moins en apparence, mais ce n'est pas nécessaire. Un trait est cependant commun à la plupart des essais, leur brièveté. L'essai ne doit pas ennuyer. Il ne s'agit pas d'un traité.

Bien plus important, dans la constitution d'un essai en tant que tel, qu'une matrice structurelle commune, est ce que les formalistes russes ont appelé son « angle » ou son « orientation » (*ustanovka*). Pour la période classique au moins, les visées du genre sont essentiellement d'ordre rhétorique : son but est avant tout d'établir une relation entre l'écrivain et son public (un écrivain qui, dans la plupart des cas, est un homme, l'essai paraissant être un genre essentiellement masculin). L'essayiste, comparé à l'auteur d'un traité scientifique, a le souci de paraître lui-même en tant qu'être humain s'adressant à d'autres êtres humains. A ces fins, une imitation de l'oralité est fréquente ; de nombreux essayistes suivent la consigne de Montaigne, « tel sur le papier qu'à la bouche ». Très souvent, l'intérêt de l'essai gît autant dans la création de cette relation informelle entre auteur et public que dans la question traitée. Mais si l'on distingue l'essai du traité par sa qualité personnelle, on le distingue généralement d'autres formes personnelles en particulier la poésie lyrique, à cause de la suprématie de la fonction persuasive. Discrètement, prudemment ou encore ludiquement, l'essayiste tente de nous dire quelque chose, d'affecter notre façon de penser. Son travail participe plus de la rhétorique que de la poétique.

L'essayiste ne se charge que rarement d'une véritable persuasion publique comparable à celle du prédicateur. Il ou elle agit de manière plus privée, par écrit, s'adressant à peu de personnes à la fois. L'essai est conçu pour être lu avant tout par des individus et puis, éventuellement, pour servir de point de départ à des débats au sein de petits groupes. Dans certains cas, avant tout dans celui du *Spectator* d'Addison et de Steele, on lisait les essais à voix haute lors de rencontres mondaines ce qui donnait lieu à des conversations et naissance à d'autres écrits. L'un des aspects centraux du genre est au demeurant de compter sur et de contribuer à certaines pratiques de sociabilité polie d'une grande importance en France comme en Grande-Bretagne au cours des dix-septième et dix-huitième siècles.

Esquisser ici le sens de la notion de *politeness* ou politesse – ainsi que de notions proches comme l'honnêteté et l'urbanité – dans l'image que les classes sociales cultivées de l'époque ont d'elles-mêmes, serait encore trop long.[5] Elle fit l'objet de débats sans fin. On opposait la politesse véritable à la fausse politesse. On distinguait l'honnête *politeness* britannique du vernis français superficiel d'un côté alors que de l'autre la politesse française était proposée comme modèle aux rustres britanniques. Pour les zélotes d'un christianisme puritain comme pour ceux d'une morale primitive, toute politesse était suspecte. Malgré cela, on peut considérer que la politesse est un élément clef de la civilisation (je prends ce dernier terme dans son sens actif pour désigner le processus qui rend civilisée et policée la barbare race humaine).[6]

La relation entre la littérature d'un côté, la politesse et la civilisation de l'autre, est pour le moins ambiguë, à l'image de certaines des tensions entre l'écrivain et le public ou le mécène. Cela dit, certains des genres littéraires les plus caractéristiques de l'époque sont de fait ceux qui participent de la sociabilité polie. En France, à l'époque classique, les différentes formes de théâtre jouaient un rôle central dans l'existence sociale à la fois en fournissant un lieu de rencontres à la mode (où les rituels de la salle pouvaient être aussi importants que le jeu des acteurs) et en proposant des modèles de parler élégant ou correct. Mais en faisant référence aux « formes de la sociabilité polie », j'ai en tête les genres dits mineurs (loin d'être mineurs en réalité) qui incorporent, dans leur organisation même, quelque chose de l'idéal du commerce poli tel qu'il était pratiqué dans les salons, cafés et clubs (le monde étant de plus en plus celui de la ville plutôt que de la cour). Nous pouvons songer ici aux genres préférés des salons le portrait ou la maxime, mais les trois formes centrales sont le dialogue, la lettre et l'essai. Tous furent très appréciés des auteurs français et britanniques de la fin du dix-septième et du dix-huitième siècle. Tous sont capables d'adresser des

5. Pour la France du XVIIe siècle, voir l'ouvrage de M. Magendie qui, bien qu'ancien, reste précieux, *La Politesse et les théories de l'honnêteté en France au 17e siècle*, Paris, PUF, 1925 ; pour l'Angleterre au tournant du siècle, voir L. E. Klein, *The Rise of Politeness in England 1660-1715*, Thèse, Johns Hopkins, 1983.

6. Pour une vue d'ensemble du sujet, voir N. Elias, *The Civilizing Process*, traduit par E. Jephcott, 2 tomes, Oxford, Blackwell, 1978-1982.

questions allant du négligeable au grandiose, du quotidien à l'abstrus. Et dans tous, la matière est versée dans un moule social où les valeurs courtoises de l'aisance et du naturel restent essentielles. L'ennemi est la pédanterie, l'assertion de soi dogmatique. L'idéal est bien exprimé dans un beau passage de l'introduction des *Dialogues concernant la religion naturelle* de Hume :

> Il est permis aux hommes raisonnables de ne point être d'accord là où personne ne peut raisonnablement être certain ; des sentiments opposés, même sans décision, offrent un divertissement agréable et, si le sujet en est curieux et intéressant, le livre nous transporte en quelque sorte en société et unit les deux plaisirs les meilleurs et les purs de la vie humaine, l'étude et la compagnie.[7]

Hume évoque ici le dialogue mais son union idéale de l'étude et de la société convient tout aussi bien à l'essai. De fait il est également l'auteur d'un bref essai intitulé « De l'Essai » (*On Essay-Writing*) qui propose des observations comparables. Il s'agit d'une œuvre de jeunesse qui est peut-être le reflet de son expérience et de ses lectures en France entre 1734 et 1737. Elle a été incluse dans l'édition de 1742 de ses essais[8] mais exclue par la suite de l'édition définitive. Mis à part son titre, elle ne dit rien de spécifique sur l'essai en tant que tel mais traite de la question des relations entre *étude* et *société* au sein de « la partie élégante de l'humanité qui n'est pas immergée dans une vie bestiale ». Hume observe que « la séparation des mondes de l'éducation et de la conversation paraît avoir été le défaut majeur de l'époque qui nous a précédée ». Une telle séparation réduit le commerce social à des frivolités alors que la culture se retrouve du côté d'une pédanterie barbare. Hume affiche pourtant sa satisfaction : « à notre époque », l'ancienne dichotomie a disparu, la société est devenue plus éduquée, l'étude plus mondaine. Et son propre rôle en tant qu'essayiste est d'être « un ambassadeur envoyé des domaines de l'étude à ceux de la conversation ». Ces derniers, qui plus est, sont gouvernés par les femmes. Si les essais sont écrits par des hommes, l'une de leurs caractéristiques est donc de s'adresser aux femmes qui sont « bien meilleurs juges de toute l'écriture polie que des hommes d'un degré d'entendement équivalent ». Cela est particulièrement vrai pour ce qui est d'une « nation voisine » qui n'est, bien entendu, autre que la France.

Il ressort des remarques de Hume que l'essai doit jouer un rôle de médiateur. Voilà qui soulève une question intéressante par laquelle le dialogue est également concerné. Le mot essai implique une mise à

7. Hume, David, *Dialogues concerning Natural Religion*, éd. N. Kemp-Smith, Oxford, Clarendon Press, 1935, p.158.

8. Hume, David, *Essays, Moral, Political and Literary*, éd. T. H. Green et T. H. Grose, Londres, Longmans, 1907, t.ii, p.367-70.

l'épreuve. Les contemporains de Hume, comme ceux de Montaigne, avaient en tête cette étymologie. De ce point de vue-là, l'auteur d'un essai est celui qui n'est pas tout à fait certain de ce qu'il avance, qui pense à voix haute, qui met à l'épreuve ses idées parmi ses égaux, proposant sans affirmer, mettant des pensées en marche plutôt que de livrer une doctrine. Or les observations de Hume indiquent également que cette forme sans pédantisme (comme le dialogue ou la lettre) est particulièrement appropriée à la vulgarisation. L'auteur d'un traité (comme le *Traité de la nature humaine* de Hume dont on connaît le peu de succès) peut se tourner vers l'essai dans sa recherche d'une forme qui rende des idées neuves plus acceptables aux amateurs. Voilà qui est loin des sondages exploratoires de Montaigne. L'essai peut donc glisser (ou être écartelé) entre découverte et pédagogie.

Une telle tension est perceptible dans les deux *Spectateurs* que je souhaite maintenant considérer à la lumière de ces observations préliminaires, le *Spectator* premier, celui d'Addison et Steele, et, surtout, le *Spectateur français* de Marivaux ; je n'évoquerai que brièvement le *Spectator* anglais avec ses six gros volumes auquel un bref essai (s'il s'agit bien ici d'un essai) ne peut rendre justice.

Ces deux textes, surtout celui d'Addison et Steele, mettent en évidence un élément essentiel dans le développement de l'essai, à savoir le rôle de la presse périodique. Des revues comme le *Mercure galant* ou le *Gentleman's Magazine* ont bien entendu joué un rôle essentiel dans la création et le maintien d'une culture polie de sociabilité. Cela dit, avant le *Tatler* et le *Spectator*, l'essai ne constituait pas un ingrédient important de ce type de journalisme. Avec le second de ces deux périodiques, en particulier, nous assistons à l'émergence d'un périodique qui se consacre parfois entièrement à un sujet unique. En d'autres termes, l'abonné du *Spectator* pouvait s'attendre à recevoir tous les jours, de mars 1711 à décembre 1712, un quotidien qui était plus ou moins un essai.

Les essais en question sont brefs – nous sommes loin de l'*Essai sur l'entendement humain* de Locke, même si un sujet unique peut être traité dans plusieurs numéros. Ils sont également de nature variée allant de réflexions sur des sujets graves à des échanges de lettres réelles ou fictives, des anecdotes ou des descriptions aussi bien pittoresques que satiriques de la vie contemporaine. Il est difficile de proposer des affirmations générales recevables à leur propos. Je me concentrerai, dans cette discussion, sur les 100 premiers numéros.

Le point de départ évident est le n° 10 dans lequel Addison met en avant les buts des auteurs. Il parle avec une ironie modeste du succès de ses « conférences matinales » puis, sans abandonner son ton de bateleur, il fait une déclaration sérieuse :

On disait de Socrate qu'il avait fait descendre la philosophie du ciel pour qu'elle demeure parmi les hommes ; mon ambition est que l'on dise de moi que j'ai extrait la philosophie des cabinets et des bibliothèques, des écoles et des collèges, pour qu'elle demeure dans des clubs et assemblées, à la table où l'on prend le thé ou dans les cafés.[9]

On voit en quoi cela anticipe sur ce que dira Hume dans « De l'essai ». Le monde de l'essai, du moins celui des essais du *Spectator*, est le monde social. Avec le café, bastion de la sociabilité masculine, nous trouvons, du côté des femmes, la table où l'on prend le thé et Addison indique bien, ici comme ailleurs, qu'il écrit avant tout pour un public féminin (« C'est particulièrement aux femmes que ce journal sera utile » [I : 46]). Ce qu'Addison et Steele proposaient à leurs lecteurs, tant hommes que femmes, c'était un nouveau modèle de conversation polie, non la conversation frivole ou immorale des cours mais un mélange approprié du sérieux et de l'aisance, du christianisme et de la mondanité. En cela, leur succès fut considérable. Le *Spectator* a été lu, débattu et imité par un large public dans toute la Grande-Bretagne et au-delà de ses frontières. On a affirmé, par exemple, que l'introduction de la « politesse addisonienne » au sein d'une société provinciale et attardée fut un des éléments principales des Lumières écossaises.[10] De la même façon, des « *Spectator clubs* » surgirent dans toute l'Angleterre ; l'un des plus documentés est celui de Spalding. Des hommes du monde s'y retrouvaient pour lire et débattre du *Spectator*.[11]

Dès le départ, le journal se présente non comme les écrits de deux auteurs mais comme l'émanation d'un club, club relié aux principaux cafés londoniens. Dans le numéro deux, nous faisons connaissance avec les membres individuels du club dans toute leur variété. Ils représentent la ville et la campagne et des types sociaux aussi divers que l'avocat, le commerçant, le soldat et l'homme du monde. Le *Spectator* incorpore ainsi dans son texte certains de ses lecteurs types même s'il ne s'agit que d'hommes. Ainsi que l'écrit Addison dans le n°34, « mes lecteurs... ont la satisfaction de découvrir que, quels que soient leur rang ou place dans la société, ils sont représentés au sein de ce club » (I : 142). L'essai invite à une participation imaginaire. Peu après le premier numéro, de véritables lecteurs commencèrent à répondre à l'invitation d'écrire à « *Mr. Spectator* ». Leurs lettres furent incorporées dans un texte d'une polyphonie croissante. De cette

9. *The Spectator*, éd. Donald F. Bond, 5 vols, Oxford, Clarendon Press, 1965, t.i, p.44.

10. Phillipson, N. « The Scottish Enlightenment », *The Enlightenment in National Context*, éd. R. Porter et M. Teich, Cambridge, CUP, 1981, p.19-40.

11. Ross, A. « The Rise of the Periodical in England », *The Modern World*, vol.iv : *Literature and Western Civilization*, éd. D. Daiches and A. K. Thorlby, Londres, Aldus Books, 1975, p.625-49.

manière, l'essai a pu devenir une espèce de dialogue ou un concert de voix un peu à la manière des *Lettres persanes*, cet ouvrage quasi contemporain, qui mêle voix et sujets dans une succession de textes courts qui pourraient presque être les numéros d'une revue.

Si, de cette façon, le *Spectator* contribue à une nouvelle forme de sociabilité, ses auteurs sont tout sauf indulgents vis-à-vis des diverses formes existantes. Le n°9, par exemple, commence ainsi : « On dit de l'homme qu'il est un animal social » et se lance dans une description satirique de « ces petites assemblées nocturnes auxquelles l'on donne communément le nom de clubs » (1 : 39), des exemples comiques étant le club des gros ou le *Humdrum club* qui regroupe d'ennuyeux hommes silencieux. De la même façon, le *Spectator* se charge souvent de mettre en évidence les ridicules de la société à la mode, ses théâtres, ses opéras et ses assemblées. Dans l'ensemble, la sociabilité est sans doute une vertu, si elle est convenablement composée. Il est cependant intéressant de noter que si le *Spectator* est censé représenter un groupe social, la figure du spectateur lui-même est montrée sous un jour tout à fait anti-social. Il est peut-être membre du club mais il n'y joue aucun rôle. L'essayiste, loin d'être l'ambassadeur de Hume envoyé du royaume du savoir vers les cercles mondains, est bien plutôt un espion. Sa *persona* est plus proche de celle du philosophe traditionnellement esseulé tel qu'on le voit dans les *Caractères* de La Bruyère – peut-être pas tant un misanthrope qu'un défenseur des vertus véritables d'union sociale, en tout cas, de fait, à bien des égards un excentrique et un marginal dans le monde de la société en tant que telle.

Nous pouvons observer cela en particulier dans le n°10. Le portrait de l'essayiste est en effet au centre même de l'essai. Nous savions déjà, grâce au n°1, que Mr. Spectator était un homme dans la force de l'âge, érudit et un peu bizarre, distingué par son silence, un voyageur parmi les hommes et les sociétés, connu de peu d'entre eux, sans engagement politique, « un spectateur de l'humanité plutôt que... le représentant d'une espèce » (1 : 4). Bien plus tard, dans le n°264, il révélera que, comme le spectateur de Marivaux, il a connu la déception amoureuse. Ce n'est pas un modèle d'homme social ! Et, dans le n°12, cette excentricité solitaire atteint un degré de bizarrerie grotesque. Il raconte sa première arrivée à Londres :

> Je me suis ensuite trouvé au sein d'une famille honnête et j'y ai vécu tout à fait heureux pendant plus d'une semaine. Mon hôte, homme de bonne et joyeuse nature, s'est alors dit qu'il me fallait de la compagnie et il s'est mis à venir dans ma chambre souvent pour que je ne sois pas seul. J'ai supporté cela pendant deux ou trois jours mais lorsqu'il m'a affirmé qu'il me croyait mélancolique, j'ai jugé qu'il était largement temps que je m'en aille. Ce soir-là, je me suis installé ailleurs... Je suis maintenant établi chez une veuve qui a de très nombreux

> enfants et se rend à toutes mes requêtes. Il me semble qu'en cinq ans nous n'avons pas échangé une seule parole. (1 : 52).

Il paraît y avoir ici une étrange contradiction entre l'impulsion de sociabilité qui caractérise l'essai du *Spectator* et le personnage choisi pour lui donner corps. Les deux peuvent peut-être être réconciliés au sein d'un détachement stoïque qui s'allie à l'accomplissement honnête des devoirs sociaux – le modèle cicéronien du gentleman anglais que l'on oppose au courtisan français. Le n°10 décrit de tels personnages, les « frères et parents » de Mr. Spectator :

> La fraternité des spectateurs qui vivent dans le monde sans avoir quoi que ce soit à y faire et, soit par leur fortune, soit par leur paresse naturelle, n'ont d'autre commerce avec le reste de l'humanité que de le regarder (1 : 45).

Ne pourrions-nous pas voir l'essai précisément comme un genre conçu pour ce type de personne qui a le privilège de vivre une vie de loisir contemplatif ? Si c'est le cas, un élément essentiel de sa poétique est la création de la *persona* du spectateur.

Lorsque l'on envisage la forme des essais du *Spectateur*, l'une des questions principales est celle de l'ordre. Il n'est pas simple de généraliser en la matière. Les sermons du samedi d'Addison sont tout à fait différents des morceaux plus pittoresques et comiques et sont construits, dans l'ensemble, plus en accord avec les normes rhétoriques traditionnelles. En tous les cas, on arrive à un équilibre entre chaos et excès de méthode qui (d'après Diderot) détruit la vie d'un écrit en le transportant du café au cabinet. Il me semble qu'il peut être utile ici d'analyser un essai même si un texte unique n'est pas réellement métonymie de l'ensemble.

Le n°94, daté du lundi 18 juin 1711, écrit par Addison, est en fait la suite de l'essai précédent, un discours bien construit sur le paradoxe de la brièveté de notre vie et notre difficulté à la remplir. Addison y propose différents moyens « utiles et innocents » d'occuper le temps y compris la poursuite du savoir qu'il laisse de côté pour approfondir la question au sein du n°94. Celui-ci commence, comme les autres, par une citation latine et, pendant tout le cours de l'essai, Addison mêle ses propres réflexions à celles d'autres écrivains. Après Martial, nous avons un bref rappel de Boyle puis une longue citation de l'*Essai* de Locke et une référence à la *Recherche de la vérité* de Malebranche. La première partie de l'essai passe rapidement de la question initiale (Addison refuse de s'engager sur des « sujets rebattus » comme l'utilité du savoir) à une spéculation proche qui est « moins habituelle et donc peut-être plus divertissante ». Celle-ci concerne la subjectivité de notre perception du temps et la façon dont nous pouvons la modifier par la concentration de celui qui perçoit sur un sujet à l'exclusion de tout autre ou, au contraire, en passant très rapidement d'un sujet à un autre. Addison sent alors le besoin d'abandonner la philosophie en faveur du conte et il narre l'une à la suite de l'autre deux histoires tirées des *Turkish tales*. Cela dit, au sein de chacun des deux contes, l'aspect philosophique est clairement mis en évidence et la seconde histoire conclut sur une moralité théologique. Ayant entraîné ses lecteurs vers le domaine de la légende, Addison les ramène explicitement vers le sujet de départ en leur laissant le soin d'établir les liens :

> Je laisse mon lecteur comparer ces fables orientales et les notions des deux grands philosophes que j'ai cités au sein de cet article ; en guise d'application, je souhaite simplement qu'il envisage comment nous pouvons prolonger notre vie au-delà de ses dimensions naturelles en nous appliquant diligemment à la poursuite du savoir. (1 : 401).

L'essai conclut ensuite sur un paragraphe de maximes sur le sage et le sot et sur un dernier paragraphe dans lequel une comparaison qui coule de source rapproche leurs points de vue respectifs sur la vie passée à un désert et à un jardin. Cet essai hautement philosophique peut ainsi s'achever sur les mots « quelque belle plante ou fleur ».

La construction de cet essai est frappante à plusieurs égards. En premier lieu, on observe son unité : il n'y a rien qui n'y soit sans rapport avec le thème central. En second lieu, pour équilibrer cela, il y a sa variété, du récit à la philosophie, de l'affirmation directe à la citation, de la maxime à la comparaison. Cela dit, avant tout, nous notons son déroulement simple et aisé. Les liens entre les paragraphes sont bien marqués mais sans que l'on y sente une organisation trop marquée. Prenons le début du second conte :

> Les *Turkish Tales* contiennent une jolie petite histoire qui évoque le célèbre imposteur Mahomet et n'est pas sans rapport avec le sujet qui nous concerne. Un sultan d'Egypte... (1 : 400).

Addison s'assure que son lecteur ne perd pas de vue « le sujet qui nous concerne » mais l'impulsion première semble être celle du conteur. L'ouverture très directe fait songer à une conversation. A la fin de l'essai, le lecteur a l'impression d'avoir été conduit dans une promenade distrayante et tranquille sur les terres de la haute philosophie et de la légende exotique sans jamais perdre de vue le thème principal de l'auteur.

Notons pour terminer le mélange quasi inévitable d'histoire (ou de description) et de réflexion au sein de l'essai. Les proportions varient à l'infini comme dans la fiction. L'histoire peut n'être qu'une brève illustration au sein d'un texte à dominante discursive comme elle peut envahir l'ensemble. Cela dit, dans la plupart des textes, le but de l'essai émerge moins de la déduction rationnelle que de la capacité du lecteur à mettre en relation exemple et idée. Nous verrons comment l'essai est manié, chez Marivaux, par un moraliste qui est, avant tout, dramaturge et romancier.

Certes, d'autres numéros du *Spectator* sont moins bien organisés que le n°94 mais Addison et Steele ne cèdent jamais à la tentation du *coq-à-l'âne* ou même du désordre relatif d'un Montaigne. Le n°46 est un exemple intéressant car Addison y parle directement de la rhétorique de la composition d'essais et, en particulier, de son *inventio*, la récolte de sujets. Il crée une scène comique à partir de ses notes de journaliste, « une feuille entière de notes qui paraîtrait un fatras sans queue ni tête à tout autre que moi ». Comme il le dit « ce sont mes spéculations qui, au départ (comme le monde au moment du chaos), sont dépourvues de lumière, de netteté et d'ordre ». Comme le Newton de Pope, Addison fera surgir de l'obscurité la lumière, l'ordre du chaos. Voici comment commence la liste :

> La maison de campagne de Sir Roger de Coverley. – Oui, car j'abhorre les longs discours. – Se demander si un bon chrétien peut être un magicien. – Le jour de la fête des saints Innocents, salière, chien de la maison, choucas, criquet. – M. Thomas Inkle de Londres sur le bon navire baptisé Achilles Yarico. – *Aegrescitque medendo*. – Fantômes. – La bibliothèque des dames. – Lion qui est tailleur de profession. – Dromadaire du nom de Bucéphale. (1 : 196-97).

Tout se passe comme si Addison proposait à ses lecteurs une énigme : faites-en un texte si vous le pouvez. Mais de fait, la moitié environ de sa liste n'est qu'une table des matières de quelques numéros antérieurs du *Spectator*. Pris dans leur ensemble, la collection d'essais forme en effet un salmigondis mais, dans chaque morceau les notes de départ ont été constituées en ensemble organisé de manière cohérente. Cet essai se place néanmoins sous le signe du chaos et Addison s'offre la liberté de conclure avec deux lettres séparées, deux vignettes sans rapport entre elles ni avec le reste de l'essai. Le *Spectator* est plus proche, ici, du principe de variété qui gouvernait son prédécesseur, le *Tatler* de Steele.

L'aspect du *Spectator* qui attira peut-être le plus d'éloges des lecteurs du dix-huitième siècle est le style. De nombreux témoignages nous permettent d'affirmer que les contemporains prirent l'élégance aisée d'Addison et de Steele pour un modèle (Bond, 1 : xcviii-ciii). C'est avant tout par le langage que l'essayiste réussit à imiter et à propager les qualités idéales des bons écrits et conversations polies, spirituels sans être ostentatoires ou absurdes, raisonnables sans être ennuyeux. Addison lui-même réfléchit souvent longuement sur de telles questions, par exemple dans la série de papiers (n°58 à 63) consacrés au vrai et au faux esprit. Sa doctrine peut paraître fade au goût moderne, à l'image de celle de l'un de ses modèles, le Père Bouhours.[12] Une fois de plus il n'est pas simple d'illustrer la pratique du

12. *De la manière de bien penser dans les ouvrages d'esprit* (1687). Voir des commentaires sur cet ouvrage dans mon article « Equilibrium and Excess », *The Equilibrium of Wit*, éd. P. Bayley et D. G. Coleman, *French Forum* 36, 1982, p.249-61.

Spectator à l'aide d'un exemple unique mais voici un passage où Steele moralise spirituellement dans un morceau relativement formel et impersonnel. Il provient du n°64 :

> L'affectation habituelle parmi les hommes qui leur fait vouloir paraître plus importants qu'ils ne le sont, fait que le monde entier imite les habitudes de la cour. L'on voit la dame qui, la veille seulement, était aussi bigarrée que l'arc-en-ciel, devenir, à l'heure décrétée pour le deuil, aussi sombre qu'un nuage. Ce caprice n'affecte pas simplement ceux dont les moyens peuvent soutenir tout changement de tenue, ou ceux-là seuls dont les revenus exigent la frivolité des apparences nouvelles, mais aussi ceux qui ont juste assez pour se vêtir. Une de mes vieilles connaissances qui n'a que quatre-vingt-dix livres par an, qui tient profondément en lui-même à la vanité d'être un homme à la mode, fait d'intenses efforts pour respecter la mortalité des princes. Il s'est fait un nouveau costume noir à la mort du roi d'Espagne, il l'a retourné pour le roi du Portugal et il garde la chambre pour l'instant pendant qu'on le dégraisse pour l'empereur. Dans son extravagance, il gère bien ses moyens et pour un souverain de territoires mineurs, il ne fait que rajouter un bouton noir sur son costume gris sombre ; il ajoute une bande de crêpe noir à son chapeau pour un prince dont il a admiré les exploits dans la gazette. Quels que soient les compliments de condoléance présentés en ces occasions, ceux qui portent véritablement le deuil sont les merciers, soyers, dentelliers et chapeliers. Un prince d'une disposition clémente et royale songerait à la perspective de sa mort avec une grande angoisse s'il envisageait le nombre de personnes que ce seul accident réduirait à la misère. Il y verrait une importance suffisante pour demander que lors de l'annonce de son décès, l'honneur ne lui soit rendu que par les membres de la maison princière dont il est issu. Il verrait dans le deuil général bien qu'à un degré moindre la même cérémonie que celle pratiquée par les nations barbares qui mettent à mort les esclaves pour qu'ils puissent accompagner les obsèques de leurs rois. (1 : 276).

On décerne ici plusieurs caractéristiques du style du *Spectator* : la référence à des lieux communs généralement admis (les hommes affectent d'être supérieurs à ce qu'ils sont), l'illustration au moyen d'exemples qui vont du général (« la dame ») au particulier (« une de mes vieilles connaissances »), l'utilisation des pronoms personnels « vous » et « je » (ainsi que l'on peut s'y attendre, le « nous » est également fréquent même s'il ne figure pas dans l'extrait cité), le goût des phrases bien équilibrées (« Cette humeur... les habiller »). Un esprit ludique, ironique est répandu dans le passage, mis en évidence notamment par la vision de la dame « aussi bigarrée que l'arc-en-ciel » et « aussi sombre qu'un nuage », dans le contraste entre la « mortalité des princes » et les embarras financiers des hommes à la mode, dans le détail physique comique des transformations subies par les tenues de deuil et dans les leçons ironiques aux princes contenues dans les trois dernières phrases qui culminent dans la comparaison extravagante mais stimulante entre la mise à mort d'esclaves et la banqueroute des sujets. Les phrases sont toutes bien formées ; sans être relâchées, elles ne sont pompeuses que par dérision. Par endroits, la langue est très simple (« he is very much put to it »), mais jamais vulgaire. Rien ici n'est abrupt ou choquant, obscur ou complexe. L'essayiste est présent sans s'imposer ; il offre à son lecteur un divertissement simple mais agréable. Le texte ne déroute pas, il est poli.

Le *Spectator* fut immédiatement l'objet d'admiration, de traductions et d'imitations dans le reste de l'Europe. En 1717, le *Journal littéraire de La Haye* faisait observer que les Français n'avaient rien de comparable (Bond 1 : xcvi). En 1721, Marivaux releva le défi avec son *Spectateur français*. Il ne s'agissait pas de ses premiers pas dans le monde du journalisme. Outre plusieurs pièces et fictions burlesques, il était déjà l'auteur d'un certain nombre d'articles pour le *Mercure galant*, en particulier les *Lettres sur les habitants de Paris* (1717-1718). Ces croquis de la vie parisienne, inspirés en grande partie par les *Caractères* de La Bruyère, anticipent le *Spectateur* en prenant la forme d'un salmigondis voulu de notes, anecdotes, portraits et réflexions. Ils se présentent comme une correspondance univoque et Marivaux maintient la fiction de véritables lettres, s'adressant continuellement à sa dame de province et exploitant pleinement le désordre du genre. Il convient également de se souvenir qu'en 1719-1720 il avait fait paraître dans le *Mercure* ses *Lettres concernant une aventure* qui préfigurent certaines de ses pièces et romans ultérieurs ; par ailleurs, parmi ses comédies, si *Arlequin poli par l'amour* (1720) est antérieur au *Spectateur*, les premières de *La Surprise de l'amour* (1722), *La Double Inconstance* (1724), *Le Prince travesti* (1724) et *La Fausse Suivante* (1724) eurent toutes lieu pendant la vie du journal. En d'autres termes, le *Spectateur français* est l'œuvre d'un homme qui poursuit activement une carrière de dramaturge et de romancier.

Marivaux lança son journal en mai 1721 en annonçant son intention de publier un numéro par semaine. Il échoua lamentablement : impatient ou non, le public dut attendre plus de six mois la deuxième livraison, après cela la périodicité du *Spectateur* fut pour le moins irrégulière ; il y eut en tout vingt-cinq numéros dont le dernier parut en janvier 1724. Par la suite, Marivaux revint à ce type de publication périodique avec *L'Indigent philosophe* (sept numéros à intervalles relativement réguliers entre mars et juillet 1727) et *Le Cabinet du philosophe* (douze livraisons, probablement toutes rédigées d'avance et publiées de façon hebdomadaire au cours du printemps de 1734). Toutes ces œuvres furent réunies au sein de volumes collectifs et c'est généralement ainsi que le lecteur moderne les appréhende. Dans ce qui suit, je vais essentiellement évoquer le *Spectateur* dans la mesure où l'existence d'un modèle anglais nous invite à comparer les deux séries. Que devint l'essai périodique entre les mains de Marivaux ?

Pour commencer, la nature extrêmement sporadique de la publication empêcha ce dernier de nouer avec son public des relations comparables à celles d'Addison et de Steele avec le leur ; impossible, en France, d'avoir des clubs *Spectator* comme celui de Spalding. Il est vrai que Marivaux suit le modèle anglais en incluant dans ses « feuilles » des lettres, mais celles-ci sont pour la plupart, de toute évidence, l'œuvre de l'auteur. Plutôt qu'une indication d'une quelconque participation du public, elles sont le produit d'une verve conteuse qui allait engendrer *La Vie de Marianne* et *Le Paysan parvenu*. Il n'y a pas, non plus, la moindre fiction d'un club dont les conversations trouveraient un écho au sein des essais. Le Spectateur se meut dans un monde de salons, de théâtres et d'autres assemblées publiques du genre mais il ne semble pas y être à sa place. Voici, par exemple, comment commence le n° 10 :

> Je me souviens qu'un jour, dans une promenade publique, je liai conversation avec un homme qui m'était inconnu. L'air pesant et taciturne que je lui trouvais ne me promettait pas un entretien fort amusant de sa part ; il éternua, je lui répondis par un coup de chapeau ; voilà par où nous débutâmes ensemble. Après cela vinrent quelques discours vagues sur la chaleur, sur le besoin de pluie, qui n'étaient qu'une façon de se dire avec bonté l'un à l'autre : *Je n'oublie pas que vous êtes là.*[13]

La scène est assez différente d'un café convivial. Deux étrangers se trouvent réunis par hasard ; ensemble ils observent et évoquent le monde à la mode. Dans les deux ou trois pages qui suivent, après les débuts peu prometteurs de la conversation, nous voyons la nouvelle connaissance rencontrée au hasard par le *spectateur* démentir son apparence balourde et se lancer dans un discours animé sur la coquetterie et la vertu des femmes ; le rôle du *spectateur* décroît progressivement car son interlocuteur dit ce que Marivaux veut dire. La conversation est édifiante à la fois dans son contenu et dans la contradiction entre l'apparence du principal locuteur et son véritable caractère, ainsi que le fait observer Marivaux à la fin de son texte :

> Il se leva là-dessus et me quitta, en me souhaitant le bonsoir. Je le conduisis des yeux, tout aussi loin que je pus, et depuis ce temps-là, j'ai toujours été sur le qui-vive avec les physionomies massives. (162)

Les deux personnages se quittent donc et le *spectateur* délaisse la « promenade publique » pour s'intéresser à une histoire d'amour malheureuse racontée par lettres au cours de trois numéros successifs par une correspondante fictive. La conversation entre les deux hommes aura donc été un commentaire général sur le tableau psychologique peint dans les lettres. L'intention de Marivaux est moins de donner un modèle de sociabilité polie que d'examiner des domaines d'émotion privée.

13. Marivaux, Pierre de, *Journaux et œuvres diverses*, éd. F. Deloffre et M. Gilot, Paris, Garnier, 1969, p.160.

Addison et Steele ont créé leur propre public en lui donnant des exemples de discours moral poli. Le but de Marivaux est autre. Il peut compter sur l'existence d'un lectorat, un groupe comparable à celui qui lit le *Mercure galant*, et il se sert de l'essai périodique en grande partie pour poursuivre une série d'enquêtes sociales ou psychologiques. Son attitude (ou celle de son spectateur) envers ses lecteurs paraît moins pédagogue que celle d'Addison. Pourtant il est, comme tout essayiste, très conscient des liens entre écrivain et lecteur. Le premier numéro donne le ton : « Lecteur, je ne veux point vous tromper, et je vous avertis d'avance que ce n'est point un auteur que vous allez lire ici » (114). La posture de l'amateur honnête homme est traditionnelle. Elle rappelle au lecteur français Montaigne ou encore Pascal avec son célèbre « On s'attendait de trouver un auteur, et on trouve un homme. » A l'instar de nombreux essayistes, Marivaux cultive l'impression d'un homme qui s'adresse de façon informelle à ses semblables sur un pied d'égalité. Il entraîne le lecteur dans le débat avec des phrases comme « j'en conviens », « dira-t-on », « voici comment », ou avec des jeux de questions et de réponses. Il y a une sorte d'oralité « en direct » dans un passage comme celui-ci :

> Supposons à présent que cet homme ait de l'esprit. Croyez-vous en vérité que ce qu'il sent en se retirant ne valût pas bien ce que l'auteur le plus subtil pourrait imaginer dans son cabinet en pareil cas ? Allez l'interroger, demandez-lui ce qu'il pense de ce grand seigneur... (116)

Il est intéressant toutefois de voir que juste après le passage cité, le destinataire est un tout autre *vous* et que l'auteur lui parle sur un ton bien différent :

> Grands de ce monde ! si les portraits qu'on a faits de vous dans tant de livres étaient aussi parlants que l'est le tableau sous lequel il vous envisage, vous frémiriez des injures dont votre orgueil contriste, étonne et désespère la généreuse fierté de l'honnête homme qui a besoin de vous. Ces prestiges de vanité qui vous font oublier qui vous êtes, ces prestiges se dissiperaient, et la nature soulevée, en dépit de toutes vos chimères, vous ferait sentir qu'un homme, quel qu'il soit, est votre semblable. (116)

Notez la répétition oratoire de « ces prestiges ». Ici, comme ailleurs dans les livraisons ultérieures, Marivaux abandonne la *persona* de l'observateur décontracté pour devenir un prédicateur éloquent. L'apostrophe remplace la conversation polie.

De fait, l'une des caractéristiques du *Spectateur* de Marivaux est l'absence d'une seule voix dominante. L'on remarque non seulement des changements de ton frappants de la part de l'homme qui est censé s'adresser à nous, mais encore une disparition de la figure de l'auteur pendant de longs passages lors desquels la prise en charge discursive est abandonnée à toute une série d'autres locuteurs ou auteurs (tous fictifs peut-on supposer). En premier lieu nous trouvons ceux dont la conversation est rapportée comme la personne rencontrée par hasard dans le n°10, la jeune victime du n°4 ou le cordonnier philosophe du n°5. Il y a ensuite les nombreux auteurs de lettres, la jeune femme qui combat la tentation dans le n°2, la femme malheureuse des n°9, 10 et 11, l'auteur de la lettre comique sur Homère (qui rappelle les *Lettres persanes*) dans le n°9 et nombre d'autres. Par la suite, des journaux ou mémoires ont tendance à remplacer les lettres. Les n°15 et 16 nous livrent le journal supposé d'un visiteur espagnol à Paris, les 17 et 19 le « Mémoire de ce que j'ai fait et vu pendant ma vie » d'une vieille dame sage, les 21, 22, 24 et 25, l'autobiographie d'un « inconnu ». La voix propre du *spectateur* est progressivement couverte par celle des autres. Il est vrai que les essais d'Addison et de Steele contiennent de nombreuses voix mais toutes sont subordonnées à la présence continue de *Mr. Spectator* qui les présente, les évoque et prend lui-même longuement la parole.

Cet aspect du *Spectateur* rappelle les *Lettres persanes* qui sont contemporaines du périodique. Comme Montesquieu, Marivaux se prévaut de la forme épistolaire pour faire intervenir des locutrices et narratrices. Une part considérable de son ouvrage traite de l'expérience que les femmes font de l'amour au sein de la société de l'époque. Même si l'essayiste est généralement un homme, cette technique permet au moins en apparence l'inclusion d'une perspective autre. L'on remarque cependant également que les autres locuteurs du *Spectateur* se font souvent l'écho des attitudes et du ton de la figure de l'auteur initial, en particulier dans leur goût des réflexions philosophiques. Ainsi, comme les narrateurs des romans de Marivaux, la vieille dame des numéros 17-19 mêle narration et commentaire. Pour ce qui est de l'Espagnol des n°15-16, il est en partie une convention pratique, comme les Persans de Montesquieu, permettant de livrer une vision « extérieure » de Paris. Nous le voyons d'abord à sa fenêtre, regardant ce qui se passe dans la rue et notant les effets comiques du vent sur les coiffures. Son texte en vient pourtant rapidement à ressembler aux compositions du *spectateur* lui-même avec leur mélange caractéristique de scènes, de conversations et de réflexions. Le « journal » s'adresse à un « vous » (ou « mon cher ») auquel parle l'auteur comme le *spectateur* parle à ses lecteurs (« Ajustez cela comme vous pourrez ; je vous rends compte de mes impressions »). Dans le n°16, Marivaux complique encore les choses ; pour commencer, l'Espagnol nous emmène à une réunion d'affaires, nous lisons sa description des gens qu'il rencontre mais ensuite, au sein même du journal, il a une discussion longue et passionnée avec un ami français qui finit par abréger ses « discours édifiants ». Le journal continue alors avec une conversation entendue par hasard, les pensées qu'elle provoque puis le compte-rendu d'un dîner au cours duquel le comportement des enfants donne lieu à un passage didactique sur l'éducation qui n'est guère à sa place au sein de la fiction du journal d'un voyageur. Marivaux sent la nécessité pour son auteur de présenter ses excuses :

> Pardon, mon cher, de toutes mes réflexions ; j'avais un père qui m'apprit à réfléchir, et qui ne prévoyait pas que je dusse un jour faire un journal et le gâter par là. (205)

De toute évidence, dans ce passage, la voix insistante de Marivaux le spectateur a pris le pas sur la voix fictive qui la masquait.

Pour ce qui est de la *persona* du spectateur lui-même, Marivaux s'y attarde moins qu'Addison et Steele, mais il suit dans les grandes lignes son modèle. Son *spectateur* est dans la force de l'âge, malheureux en amour, solitaire par habitude. Il a le détachement philosophique qui convient au rôle : « mon âge avancé, mes voyages, la longue habitude de ne vivre que pour voir et que pour entendre, et l'expérience que j'ai acquise, ont émoussé mon amour-propre sur mille petits plaisirs de vanité, qui peuvent amuser les autres hommes » (117). Nous le voyons, dans le n°5, dans le rôle de l'observateur philosophe, regardant le spectacle de la rue avec une curiosité toute scientifique :

> J'ai voulu parcourir les rues pleines de monde, c'est une fête délicieuse pour un misanthrope que le spectacle d'un si grand nombre d'hommes assemblés ; c'est le temps de la récolte d'idées. Cette innombrable quantité d'espèces de mouvements forme à ses yeux un caractère générique. A la fin, tant de sujets se réduisent en un ; ce n'est plus des hommes différents qu'il contemple, c'est l'homme. (132-33)

Le *flâneur* baudelairien peut aussi venir à l'esprit. L'inactivité est une des caractéristiques de l'observateur de Marivaux.[14] Il n'a aucun travail à faire, aucun désir de s'assujettir à une quelconque discipline : « je n'ai jamais pris la peine de soutenir une conversation, ni de défendre mes opinions, et cela par une paresse insurmontable » (117). On peut bien se demander si cette affectation de paresse ne déplace pas le *spectateur* du monde des honnêtes gens vers quelque chose de nettement moins social. Certes, l'inactivité est la marque de l'aristocrate mais c'est aussi celle du sauvage – l'homme naturel de Rousseau ou encore Vendredi à l'opposé de l'industrieux Robinson. L'important est que ce point de vue offre l'éloignement maximal des prétentions du monde social dont la satire est l'une des principales tâches de l'essayiste. Le Spectateur peut donc se muer en Diogène, ce personnage qui défiait et fascinait le dix-huitième siècle policé. On peut rappeler la figure du philosophe dans *Le Neveu de Rameau* qui commence par une

14. *The Idler* (le paresseux) est, comme on le sait, le titre choisi par le Dr Johnson pour l'un de ses périodiques inspirés du *Spectator*. Le *lounger*, le *rambler* et d'autres du genre existaient également.

contemplation calme des particularismes des hommes mais est conduit par la dialectique de son argumentation à endosser le rôle du cynique mangeur de racines. Marivaux a peut-être offert ici un modèle à Diderot car il est fascinant de voir comment son *Spectateur français* est suivi de *L'Indigent philosophe*. Le locuteur, dans ce second périodique, n'est plus l'homme du monde respectable bien que solitaire, mais un joyeux clochard qui mendie son pain quotidien à des centaines de lieues de Paris, le centre de la politesse, et qui exhibe sa liberté des contraintes tant de la société que de la littérature. Dans les numéros 5 et 6, le masque de Diogène est clairement indiqué par le leitmotiv répété : «Je cherche un homme» et, dans le premier numéro, nous lisons cette proclamation du mode de vie asocial du gueux :

> Je n'ai point d'amis qui me viennent voir, mais en revanche je vais voir tout le monde dans les rues, je m'amuse des hommes qui passent, et quand je vois passer un coquin que je connais, je le méprise, sans avoir la peine maudite de lui faire encore des compliments, et de le traiter comme un homme estimable, comme je le ferais si j'étais dans le monde. (278)[15]

Avec cette liberté, l'essayiste peut, bien entendu, écrire comme il lui plaît, suivant ses caprices plutôt que les attentes du public. Comme le *spectateur*, il veut être un homme, pas un auteur : «je ne vous promets rien, je ne jure de rien ; et si je vous ennuie, je ne vous ai pas dit que cela n'arriverait pas ; si je vous amuse, je n'y suis pas obligé» (311). Il est difficile de dire s'il faut y lire une manière agréablement anti-pédante ou une transgression des normes de la politesse ; la première hypothèse est probablement la bonne.

Dans *L'Indigent philosophe*, nous avons non seulement pour locuteur principal un clochard, mais encore, dans les numéros 2, 3 et 4, il nous présente un autre personnage, un aventurier à la Rameau, qui raconte le côté pittoresque de sa vie. Le résultat est une perspective doublement cynique sur la société de l'époque ; deux marginaux s'unissent pour choquer et se moquer du lecteur. A eux deux, ils poussent à sa limite extrême la *persona* détachée de l'essayiste. Il ne faut pas croire pour autant que l'adoption d'un masque de Diogène conduit à l'abdication de la tâche du moraliste. Loin de là. De fait, comme Jean-Jacques ou Diderot, l'indigent est un moraliste invétéré. Marivaux aime à se jouer des gens sérieux et il se rit joyeusement de ses propres prises de position moralisatrices, pourtant les leçons morales traditionnelles sont clairement mises en évidence : «je leur apprends, moi, de dessus mon escabeau, qu'il n'y a rien de si simple que ce qu'on appelle vertu, bonne morale, ou raison» (278-79).

15. On peut comparer ce personnage à l'Arlequin très libre dans ses paroles de comédies comme *La double inconstance* qui, lui aussi, est un personnage masqué. Dans la comédie comme dans l'essai, l'utilisation du masque permet l'expression de sentiments que l'on réprime parfois dans le monde.

Il va de soi que le clochard de *L'Indigent philosophe* n'est pas la même figure que le *spectateur* mais il développe les qualités en apparence antisociales (mais de fait vertueuses) qui étaient celles de son prédécesseur. Comme lui, le *spectateur* est un personnage qui a bon cœur, est sensible et conscient des souffrances des autres. Il passe rapidement de la moquerie de la fausse vertu et de la fausse grandeur à l'indignation face à l'injustice. Lorsque Marivaux fait dire à son narrateur de lui-même, au début du n°5, qu'il est misanthropeil fait sans aucun doute allusion au personnage ambigu d'Alceste, mais il n'est jamais question pour le *spectateur* de devenir ridicule. Il est essentiel, pour utiliser un terme rhétorique, que l'*ethos* de l'essayiste reste positif. Le public poli doit pouvoir lui faire confiance.

Nous avons vu la manière dont les personnages des essais de Marivaux exhibent leur indolence, la transformant en vertu naturelle. En termes formels, cela conduit à un laisser-aller que nous trouvons de manière comparable dans tous ses périodiques et qui l'éloigne d'Addison et Steele qui, eux, sont plus méthodiques. Il est plus proche du modèle proposé par Montaigne. Il n'y a aucun doute que ceci correspond à une esthétique dûment choisie de la bigarrure. Marivaux revient maintes fois sur cette idée. Le *spectateur* soutient qu'il écrit sans plan, laissant le hasard dicter ce qu'il écrit et la manière dont il le raconte : « Je ne destine aucun caractère à mes idées ; c'est le hasard qui leur donne le ton » (117). Lorsque l'envie lui prend de changer de sujet, c'est ce qu'il fait. Dans le n°23, en réponse à un ami qui l'exhorte à en faire autant, il répond volontiers et dans des mots dont la syntaxe décousue paraît offrir l'image de la liberté qu'il réclame :

> Changeons donc... aussi bien je sens que cela me divertira moi-même, car enfin, il faut que le jeu me plaise, il faut que je m'amuse ; je n'écris que pour cela, et non pas précisément pour faire un livre ; il me vient des idées dans l'esprit ; elles me font plaisir ; je prends une plume et les couche sur le papier pour considérer plus à mon aise et voir un peu comment elles feront. (245)

Un tel désordre a deux justifications. Non seulement le public ne s'ennuie pas, mais encore l'écrivain peut suivre le fil de ses pensées plus librement et donc de façon plus productive. Eviter un plan est efficace sur le plan rhétorique, ainsi que le fit remarquer Diderot, mais peut aussi être une aide à la découverte. Il me semble que chez Marivaux, c'est ce dernier but qui est recherché. Sa principale défense du désordre, jointe à une critique de la méthode formelle, figure dans le n°6 de *L'Indigent philosophe*. Revenant sur les numéros antérieurs, l'écrivain en fait observer la « plaisante bigarrure », le contraste incongru en apparence entre les moralités du n°5 et le cynisme picaresque des livraisons antérieures : « Cela fait un ouvrage bien extraordinaire, bien bizarre : eh ! tant mieux, cela fait naturel, cela nous ressemble » (310). La nature est donc une autorité légitimant le désordre, le désordre relatif du parc à l'anglaise qui s'oppose au parterre formel. Marivaux continue ainsi :

> Regardez la nature, elle a des plaines, et puis des vallons, des montagnes, des arbres ici, des rochers là, point de symétrie, point d'ordre, je dis de cet ordre que nous connaissons, et qui, à mon gré, fait une si sotte figure auprès de ce beau désordre de la nature ; mais il n'y a qu'elle qui en a le secret, de ce désordre-là ; et mon esprit, car il fait comme elle et je laisse aller. (310)

Il néglige donc les règles, il dédaigne la méthode qui consiste à se cantonner à un sujet unique et à un plan : « je veux être un homme, et non pas un auteur. » C'est l'ancien leitmotiv de l'essayiste – un homme et non un auteur – mais l'avantage de cette prise de position n'est pas simplement social ou même esthétique, mais bien épistémologique. Suivre la nature conduit à la vérité.

En pratique, le journalisme de Marivaux est moins bigarré que tout ceci ne laisse entendre. L'exception est *Le Cabinet du philosophe* présenté comme une collection de notes, de fragments du carnet d'un philosophe, « des morceaux détachés, des fragments de pensée sur une infinité de sujets » (334). Même ici, pourtant, le principe du mélange n'est pas poussé très loin et les cinq dernières livraisons sont consacrées à une narration continue, le voyage vers le « monde vrai ». Si nous envisageons les feuilles individuelles plutôt que la collection dans son ensemble, le manque d'unité du *Spectateur français* est moins visible ; une remarque au début du n°23 à propos de l'éventualité de lire l'ensemble des textes « dans le volume » indique bien que Marivaux avait les deux options en tête. Le groupe de vingt-cinq numéros conserve certes quelque chose de la « plaisante bigarrure » à laquelle il fait allusion dans *L'Indigent philosophe*. Pour ce qui est des essais envisagés un par un, bon nombre possède tout au moins l'unité d'une narration continue qui, dans certains cas comme les numéros 17 à 19, peuvent ne souffrir pratiquement aucune interruption d'une feuille sur l'autre. Cela dit, la continuité narrative n'offre pas nécessairement de garantie de cohérence ; l'autobiographie du musicien dans *L'Indigent philosophe* a toute la diversité du roman picaresque ou comique. Ce genre de dérive à travers diverses situations et les réflexions qu'elles provoquent s'observe également dans le journal espagnol des numéros 15-16 du *Spectateur* ou dans deux des premiers essais, les numéros 3 et 4, qui offrent de bons exemples de la construction ouverte adoptée par Marivaux à l'inverse des oraisons d'Addison. Mais attardons-nous sur la feuille n°5.

Le morceau débute par une déclaration de liberté, la liberté de ne point tenir une promesse faite auparavant au public. Le *spectateur* va suivre ses envies : « Je me sens aujourd'hui dans un libertinage d'idées qui ne peut s'accommoder d'un sujet fixe » (une fois de plus, le lien entre pensée vagabonde et « libertinage » fait songer au *Neveu de Rameau*). Il erre ainsi dans les rues de Paris, observant les foules lors de l'entrée dans la ville de l'Infante qui doit épouser le jeune Louis XV. L'essai assume la forme d'une série de rencontres et des pensées qui en surgissent. Nous pourrions le schématiser ainsi :

(a) Observations générales sur la race humaine.
(b) Rencontre avec un cordonnier ; sa philosophie terre à terre.
(c) Analyse de l'admiration populaire des décorations dans les rues.
(d) La relativité des valeurs esthétiques.
(e) Les gens sont comme des tableaux, mal jugés en fonction de leur place dans la société.
(f) Le roi passe et est acclamé par les foules.
(g) Apostrophe aux « princes de la terre » : faites du bien et soyez aimés.
(h) Conversation comique : la vanité de l'homme politique amateur.
(j) Observations morales sur la critique hargneuse.

L'essai finit non parce que l'on est arrivé à une quelconque conclusion, mais bien parce qu'il risque de devenir ennuyeux : « je pense que je ferai bien de quitter la plume ; je sens que je m'appesantis » (137).

Ce morceau a l'unité d'une journée à Paris mais le récit change brusquement de direction au moins deux fois et Marivaux indique ces ruptures très clairement au sein de son texte (ex. : « Quelqu'un que j'ai entendu parler alors, d'un ton de voix extrêmement haut, a mis fin à mes réflexions [136] »). Il est certes possible d'isoler des fils conducteurs qui unissent les différentes parties, avant tout la question de la valeur, tant esthétique que morale, mais il n'y a aucun sens d'un développement méthodique. Il ne semble pas non plus qu'il faille voir dans le désordre une quelconque intention persuasive. Les valeurs propres de l'auteur émergent certes du texte mais l'on a le sentiment, ainsi que l'affirme Marivaux, de lire les notes et réflexions d'un homme, non le discours d'un prédicateur. L'essai semble plus un baromètre personnel qu'un exercice pédagogique.

Dans ce cas, ce qui permet à Marivaux d'éviter d'avoir l'air de philosopher est le fait que l'essai revêt la forme d'une narration. L'aspect le plus frappant du *Spectateur* et de ses successeurs est d'ailleurs la prédominance du narratif sur le discursif. Il est vrai que dans de nombreux essais, la narration d'anecdotes ou d'histoires, à la première ou à la troisième personne, occupe une place importante. Même les essais les plus philosophiques laissent généralement une place à une narration en guise d'illustration. Or, dans la plupart des essais, comme dans le *Spectator* anglais, ainsi que nous l'avons vu, cela est subordonné à la voix de l'essayiste qui réfléchit. Il peut devenir conteur mais ce n'est qu'à court terme ; peu après, le mode discursif se réaffirme. On peut bien se demander, en liaison avec ce modèle, si Marivaux écrit bien des essais au vu de la fréquence et de la longueur de ses excursions vers la narration (ou les scènes dramatiques dans *Le Cabinet du philosophe*). Sur l'ensemble des morceaux du *Spectateur*, une minorité seulement peut réellement être décrite comme une série de pensées plutôt qu'une séquence d'événements : les feuilles 1, 7, 8 et 23 (les numéros 3 et 5 étant des « promenades » au sens rousseauiste). Il est intéressant de noter que tous ces textes traitent de la rédaction d'essais et de questions de style et de critique.

Ainsi que l'on peut s'y attendre, le n°1 est introductif, donnant aux lecteurs une idée de ce qui va suivre. Ici aussi, cependant, le narratif surgit rapidement. La première page est une défense du style de composition caractérisé par le hasard et le naturel. Rétrospectivement nous sommes invités à y voir le résultat d'une rencontre de fortune : « Tout ce que je dis là n'est aussi qu'une réflexion que le hasard m'a fourni. Voici comment... » C'est l'occasion pour le *spectateur* de se lancer dans la description d'une scène de la vie sociale dans laquelle un homme pauvre mais honnête souffre de l'arrogance insolente d'un riche seigneur. A son tour, l'histoire est entremêlée constamment des pensées du *spectateur*. La vue du pauvre homme provoque instantanément une généralisation éloquente à la manière de La Bruyère :

> Hélas ! disais-je en moi-même, l'honnête homme est presque toujours triste, presque toujours sans biens, presque toujours humilié ; il n'a point d'amis, parce que son amitié n'est bonne à rien ; on dit de lui : C'est un honnête homme, mais ceux qui le disent, le fuient, le dédaignent, le méprisent, rougissent même de se trouver avec lui ; et pourquoi ? C'est qu'il n'est qu'estimable. (115)

Il en va de même pour le riche. Ces réflexions sont partie intégrante de la narration ; elles sont présentées comme ce que le *spectateur* a pensé à ce moment-là (« c'était donc dans de pareilles pensées que je m'amusais avec moi-même »), mais elles ne sont guère distinctes de l'observation générale de l'auteur faite peu après : « Quand on demande des grâces aux puissants de ce monde, et qu'on a le cœur bien placé, on a toujours l'haleine courte » (116).

Mettant fin à cette saynète, Marivaux se lance directement dans une discussion avec son lecteur et une apostrophe aux « grands de ce monde » (citée plus haut, 115). L'histoire qui avait pour but d'illustrer la valeur de l'expérience réelle dans la génération d'idées intéressantes a de fait également donné naissance à des observations morales sur le pouvoir et la richesse. Ce n'est qu'après s'être laissé aller à ces remarques que le *spectateur* revient à son point de départ avec ce qui semble bien être une parodie de la langue des philosophes :

> Je conclus donc du plus au moins, en suivant mon principe : Oui ! je préférerais toutes les idées fortuites que le hasard nous donne à celles que la recherche la plus ingénieuse pourrait nous fournir dans le travail.

L'exemple montre que, pour Marivaux, narration et discours sont quasi inséparables. « Tout me devient matière à réflexion » (117) affirme ainsi son *spectateur*. Toutes les maximes générales sous-entendent une narration, toute narration peut être vue selon les catégories de la pensée morale.

Le procédé le plus habituel dans le *Spectateur* est un transfert de la narration à un tiers qui raconte son histoire à la première personne. En général, une espèce d'introduction éditoriale précède ce récit qui s'accompagne encore de commentaires qui peuvent être prolongés et éloquents (comme dans le n°4 qui est essentiellement une harangue adressée aux hommes riches sans cœur) ou, au contraire, relativement laconiques comme dans le cas du journal espagnol qui occupe les numéros 15 et 16 (il n'y a guère besoin, ici, d'un commentaire car la personnalité du narrateur est telle qu'il prend simplement la place du *spectateur*). Dans le n°13, et c'est exceptionnel, le *spectateur* ne propose aucune introduction ; le lecteur est précipité directement dans une histoire antique : « Le fameux Scythe Anacharsis, au jour surpris par une nuit obscure, aperçut une maison bâtie au bas d'une montagne. Il vint y demander l'hospitalité, et ce fut le maître de la maison, » décrit à la fois comme « sage » et comme « misanthrope », un avatar du *spectateur* en quelque sorte. Son histoire est pleine d'observations morales et le conduit à exprimer son désenchantement face à la conduite des hommes qui explique son choix traditionnel d'une vie de solitude philosophique. Nous retrouvons le même schéma qui aboutit à une retraite vertueuse chez la vieille dame des numéros 17 et 19. Sa vie fait intervenir, avec les habituelles réflexions omniprésentes des évocations spirituelles et souvent subtiles de paroles, d'actions et de motivations.

> Je suis vieille, ceux qui liront ceci doivent me pardonner les réflexions par où je commence... Voilà mon exorde ; ce qui me reste à dire va m'engager d'abord à des détails plus amusants et me ramènera ensuite aux réflexions les plus sérieuses. (208)

Que le *spectateur* s'exprime en son nom propre, ou qu'il remette la parole narratrice à un tiers, les pensées de Marivaux sont incapables, semble-t-il, de se contenir à l'intérieur des limites d'un essai discursif. Ses textes discursifs occupent une zone frontière entre l'essai tel qu'on le comprend ordinairement et le roman. On classe habituellement ces genres comme tout à fait séparés, l'un appartenant à ce que l'on désigne parfois comme « littérature d'imagination », l'autre à la prose discursive.[16] L'exemple de

16. A ce propos, voir la passionnante étude de G. Bennington, *Sententiousness and the Novel*, Cambridge, CUP, 1985.

Marivaux met en évidence la fragilité de telles distinctions, fragilité qu'illustrent encore certains des textes les plus intéressants de la littérature du XVIIIe siècle – on pourrait citer comme exemples l'*Emile* de Rousseau et les contes et dialogues philosophiques de Diderot, sans oublier des classiques anglais comme *Tom Jones* ou *Tristram Shandy*. On peut se demander, pour tous ces textes, quelle autorité accorder à toute voix qui prétend tirer des conclusions générales à partir des actions narrées. Si l'essayiste traditionnel se présente non comme une figure d'autorité, mais comme un individu qui met à l'épreuve ses propres idées face à un public intelligent, cette approche « expérimentale » devient plus évidente encore lorsque le récit est attribué à un narrateur que l'on distingue de l'essayiste. Le lecteur est attiré dans une toile d'observations sociales ou d'aventures fictives qui l'invitent à s'embarquer vers des pensées personnelles plutôt qu'à suivre le discours convaincant d'un philosophe bonhomme.

Dans la mesure où le spectateur français parle moins en son nom propre que ne le fait son homologue anglais, il est plus difficile d'envisager le langage de Marivaux que celui d'Addison et Steele. Pour dire les choses autrement, son langage est celui du dramaturge qui parle presque toujours par personne interposée. Malgré cela, le *spectateur* et ses divers narrateurs écrivent et parlent de façon relativement distincte et il convient d'en dire quelques mots.[17] En premier lieu, Marivaux est tout aussi conscient de son langage que le sont Addison et Steele. Il l'est même plus car il sait que son style pourrait paraître bizarre à certains lecteurs. Dans plusieurs passages, il tente de contrer les critiques hostiles sur ce point et se prévaut d'une position individuelle. L'affectation est au centre du débat. Un point de vue typiquement hostile figure dans les *Mélanges historiques et critiques* du 15 février 1722 (686-87) ; le critique évoque la lettre de la femme affligée publiée dans la seconde feuille du *Spectateur* :

> Il n'y a pas eu deux voix sur cette lettre. L'affectation s'y fait sentir à chaque mot, et ce n'est jamais ainsi que s'exprimera une femme partagée entre des sentiments si différents. Dans cet état on ne court point après l'esprit, on ne recherche point les antithèses.

Des observations similaires furent faites au cours de nombreuses années et Marivaux en conçut de l'irritation ; il ressentait particulièrement l'accusation d'une « course à l'esprit ». Il se défend non seulement au sein des n°7 et 8 du *Spectateur*, mais encore dans un article « Sur la clarté du discours » qui figure dans le *Mercure* (52-56) et encore dans le n°6 du *Cabinet du philosophe*. Sa défense est intéressante.

Le point essentiel est une protestation qui porte contre la tyrannie de la

17. On a beaucoup écrit sur le style de Marivaux. Voir en particulier l'étude de F. Deloffre, *Marivaux et le marivaudage*, 2e édition, Paris, Les Belles-Lettres, 1967.

convention présentée sous le masque d'une exigence de clarté. Pour Marivaux, la clarté est plutôt « l'exposition nette de notre pensée au degré précis de force et de sens dans lequel nous l'avons conçue » ; qui plus est, « si la pensée ou le sentiment trop vif passe toute expression, ce qui peut arriver, ce sera pour lors l'exposition nette de cette même pensée dans un degré de sens propre à la fixer, et à faire entrevoir en même temps toute son étendue non exprimable de vivacité » (52). Les auteurs n'ont pas à être intimidés par ceux qui les accusent de tenter d'être trop astucieux. Dans la plupart des pays, écrit le *spectateur*, « la plupart des auteurs nous ont moins laissé leur propre façon d'imaginer que la pure imitation de certain goût d'esprit que quelques critiques leurs amis avaient décidé être le meilleur » (145). Une fois de plus, Marivaux proclame son droit d'être lui-même, d'être naturel, même si sa façon d'être naturel frappe les lecteurs comme contre-nature. Il est au demeurant évident que cette attitude s'oppose à celle du *Spectator* anglais. Pour Addison et Steele, l'écriture est proche de la langue ordinaire du beau monde ; l'écrivain veut amuser son public mais de façon retenue, sans choquer le goût commun. La position de Marivaux est plus individualiste voire plus subversive. A l'instar de son dialogue théâtral, son style journalistique, loin d'être frivolement ludique, surprend souvent le lecteur par l'étrangeté d'une découverte inattendue.

Il n'est point aisé de démontrer rapidement ce que ceci implique en pratique. Souvent, lorsque la relation entre lecteur et écrivain l'exige, les narrateurs de Marivaux adoptent un style vigoureux voire harangueur. A d'autres moments, ils badinent. Nous ne trouvons que rarement les tons mesurés des « sermons » d'Addison. Les passages les plus originaux sont peut-être ceux dans lesquels des attitudes et motifs complexes sont analysés avec finesse. On trouve de nombreux passages de ce genre dans les œuvres de fiction et ils ont leur équivalent dans les comédies ; en voici un bref exemple, digne d'une Nathalie Sarraute, extrait d'une anecdote dont le *spectateur* est narrateur. Il tente de panser la vanité blessée d'un *bel-esprit* en puissance qu'il vient de contredire :

> Il était une heure sonnée, c'est l'heure à peu près où l'on dîne, j'étais à jeun, lui de même peut-être, mais il ne sentait plus cela ; il s'agissait de venger son esprit, cet intérêt-là était plus pressé que celui de son estomac, et je n'avais pas lieu d'espérer qu'il pût s'apercevoir qu'il avait appétit.

D'un autre côté, je n'avais point de poitrine à commettre avec la sienne ; mais comment quitter cet homme ? Quoi, lui dire que le cœur me manquait d'inanition, que le dîner m'attendait ? et lui dire cela, dans quelle conjoncture, au milieu d'un raisonnement qu'il allait faire, qu'il faisait déjà, et où il n'y allait pas moins pour lui que de se purger auprès de moi du reproche de n'être pas le plus judicieux de tous les hommes, d'un raisonnement en vertu duquel il attendait réparation, d'un raisonnement dont la justice et la force devaient faire taire tous mes besoins ; non, je ne voyais point de moyens honnêtes de m'esquiver ; j'avais blessé mon homme dans son amour-propre, et le laisser là sans lui donner secours, c'était l'assassiner, lui ôter l'honneur, c'était être barbare. D'ailleurs une autre réflexion m'embarrassait encore : s'il allait m'induire aussi à prendre le parti de mon esprit, que sait-on qui peut arriver ? il y a quarante ans que je fais le métier de philosophe, et que je persécute mes faiblesses, mais je n'en suis pas plus sûr de moi ; l'état où je suis, c'est comme une santé de convalescent, il ne faut presque rien pour causer une rechute (248-49).

L'utilisation ironique d'un langage fort (« barbare », « assassiner ») peut rappeler les piques de Steele à propos des tenues de deuil, mais ce qui impose à tout le passage la marque de fabrique de Marivaux, c'est la description prolongée et spirituelle des sentiments des deux personnages concernés (il ne s'agit que d'un extrait d'une section plus longue). On est frappé de la façon dont les phrases longues, avec leur accumulation de propositions, pénètrent les esprits des interlocuteurs avec le magnifique jeu du physique et du psychologique, l'utilisation soigneuse et astucieuse, à la fin, de la métaphore filée inattendue des « faiblesses ». Faut-il dire, comme les critiques de Marivaux, qu'il « court après l'esprit » ? Si oui, il le trouve. Un passage comme celui-ci est plus exigeant mais aussi plus enrichissant que le sens commun sans affectation associé souvent à la langue de l'essai.

Nous retrouvons la question de la sociabilité. Au sein des essais du *Spectator*, alors que les modes du monde sont raillées de façon divertissante, il y a une tentative nette de création d'une moralité sociale dans laquelle politesse et élégance sont réconciliées avec les vertus chrétiennes et les vertus bourgeoises. Le style et la composition des essais les rendent aptes à prendre le rôle d'un aiguillon quotidien pour la discussion et un modèle de comportement et de conversation polis. De bonne grâce, les auteurs assument le rôle d'éducateur divertissant, l'ambassadeur de Hume qui passe du cabinet au café, au club, à la table où l'on prend le thé. Il s'agissait clairement de satisfaire un besoin ; Addison et Steele étaient, à leur façon, ce que Gramsci aurait pu appeler les intellectuels organiques de la Grande-Bretagne « augustan » (classique).

Il n'en allait pas de même pour Marivaux. Ses essais périodiques, si l'on peut ainsi les baptiser, ont un ton et une fonction qui diffèrent de leur modèle apparent. Ses valeurs morales sont sans aucun doute sociales et, si son *spectateur* est un « misanthrope », ce n'est pas parce qu'il est indifférent au bien-être de la société. Mais la *persona* de l'essayiste n'est guère membre potentiel d'un club ; Marivaux accentue le détachement de l'écrivain qui était déjà présent chez le spectateur anglais, en le poussant du côté du rôle traditionnel du philosophe isolé, un Diogène dans la société mondaine du jour. La concentration sur la narration, tout en satisfaisant le goût éminemment social de l'anecdote, tend encore à éloigner l'essai de la sagesse sentencieuse et à le rapprocher de l'exploration des bizarreries psychologiques. Et la langue toute personnelle n'a pas manqué de froisser les contemporains. Il ne faut pas pour autant voir Marivaux comme un marginal ou un rebelle. Il continue d'agir dans les normes de la culture polie (comme le fera Jean-Jacques). Mais plutôt que d'être un facteur dans la constitution et la consolidation de cette culture, son journalisme a tendance à fonctionner comme un ferment critique et dissolvant.

Peut-on expliquer cette différence (que j'ai sans doute exagérée pour bien la mettre en valeur) simplement en termes de tempérament individuel ? Marivaux était certainement un écrivain remarquable et original, à la différence d'Addison et de Steele. La France ne manquait pas, par ailleurs, d'essayistes sociaux plus conventionnels. Je souhaiterais néanmoins proposer, très prudemment, une hypothèse finale, une hypothèse si large qu'il serait difficile de la prouver ou de l'invalider (mais c'est là l'essence même de l'essai). En Grande-Bretagne, à la suite de troubles civils bien plus importants que tout ce qu'avait connu la France au dix-septième siècle, l'on tentait de mettre en place une culture de consensus de l'après 1688, modérée, pratique, civilisée et polie et l'essayiste pouvait y prendre part. La France, au contraire, était une société plutôt stable avec une culture polie dominée par la cour et qui était en place depuis un certain temps. N'était-il pas plus tentant et valorisant pour l'auteur, au sein d'une telle culture, d'adopter le rôle critique plus indépendant que le journalisme de Marivaux incarne ou du moins ébauche ?

MARIE-HÉLÈNE COTONI

Usage du distinguo et art du dédoublement dans le *Cabinet du philosophe*

«Double registre», «effets de miroir», «visages et masques», «l'écrivain et son double», «réversibilité»: autant de termes devenus courants quand il s'agit du théâtre ou des romans de Marivaux.[1] Autant de termes qu'on peut appliquer, aussi, à tel ou tel passage de ses *Journaux*, comme cela a déjà été le cas quand William Rogers a étudié dans le *Spectateur français* la thématique du masque et du miroir,[2] ou quand Catherine Gallouet-Schütter, en y analysant le double registre, montre qu'un sentiment d'altérité, que l'expérience d'une aliénation sont à l'origine d'une attitude de «spectateur».[3] Michel Gilot, pour sa part, a décelé dans l'ami sensé du narrateur, intervenant dans les *Lettres sur les habitants de Paris,* «le premier né de ces doubles désinvoltes qui hanteront

1. Rappelons seulement les titres les plus explicites : «Marivaux et la structure du double registre» de J. Rousset, *Studi francesi,* 1957, p.58-68 et *Forme et signification,* Paris, 1962, p.45-64; «Illusion et réalité dans les romans de Marivaux», de J. Parrish, *Modern Language Notes*, mai 1965, p.301-306; «Le Jeu de la vérité et les jeux du langage dans le théâtre de Marivaux» de J. Scherer, *Marivaux*, Paris, 1966, p.21-26; «La surprise et le masque dans le théâtre de Marivaux» de R. Pomeau, *The Age of the Enlightenment,* Edinburgh and London, 1967, p.238-51 ; «L'unité du double registre chez Marivaux», de W. Ince, *Les chemins actuels de la critique*, Paris, 1967, p.147-56 ; *Le thème de l'être et du paraître dans l'œuvre de Marivaux* de H. Schaad, Zurich, 1969; «Masque et identité dans *Le Paysan parvenu*», de L. Levin, *SVEC* 79, 1971, p.177-92 ; *Le Masque et la parole. Le langage de l'amour au XVIIIe siècle*, de Ph. Stewart, Paris, 1973 (ch.4, p.123-47); *Masques et jeux dans le théâtre comique en France* d'Y. Moraud, Lille, 1977 ; «Identity and its vicissitudes in *La Double Inconstance*» de M. Moriarty, *French Studies*, juillet 1989, p.279-91 ; «Marivaux, le masque, l'habit et l'être», de J. D'Hondt, *Marivaux d'hier, Marivaux d'aujourd'hui*, Paris, 1991, p.121-30.

2. «Marivaux: the mirror and the mask», *L'Esprit créateur* (Minneapolis) I,4, Winter 1961, p.167-77.

3. «L'invitation au voyage ou la dynamique du double registre dans les *Journaux* de Marivaux», *Transactions of the 8th international congress on the Enlightenment, SVEC*, 304, 1992, p.1203-07.

4. *Les Journaux de Marivaux. Itinéraire moral et accomplissement esthétique*, Lille, 1974, p.143.

ses Journaux »,[4] a relevé les « jeux de miroir » auxquels l'écrivain se complaît en faisant apparaître, dans des feuilles du *Spectateur,* l'Espagnol ou l'Inconnu,[5] et a mentionné les multiples retours du thème de l'aliénation sociale. L'opposition entre « l'ordre de la charité » et « l'ordre de l'orgueil », que W. Pierre Jacoebée a vu systématiquement se répercuter sur les plans éthique et esthétique, entre également dans cette thématique.[6]

Or en lisant le *Cabinet du philosophe,* œuvre de la maturité, probablement rédigée de façon suivie pendant l'été 1733 et constituant donc un tout, malgré la diversité des sujets abordés et des genres expérimentés, il m'a semblé que, d'une manière plus continue que dans les précédents journaux, était mise en œuvre une réflexion fondée sur le dédoublement et le distinguo.[7] Mais si elle englobe les aspects mentionnés ci-dessus, elle ne s'y limite pas. Je tenterai donc de montrer comment cette démarche s'applique à des thématiques et à des modes d'expression très divers et concerne aussi bien l'invention narrative que l'approfondissement psychologique ou la subtilité argumentative, avant de suggérer ce qu'elle peut révéler de l'« esprit » de Marivaux et de sa vision du monde en 1733.

Cette méthode, décelant des divergences soit à l'intérieur d'un ensemble, soit à l'intérieur d'un être, met en lumière tantôt l'altérité, tantôt la dualité des objets d'observation. Pour la pratiquer avec plus de rigueur, pour mieux voir et mieux argumenter, le Philosophe en vient à se dédoubler lui-même, comme le Spectateur se faisait « spectateur » de *lui*-même et « des autres », ou comme l'Indigent se regardait dans un miroir « comme on regarde un tableau ».[8] Cette démarche repose toujours sur la volonté d'aller, le plus loin possible, au-delà des apparences, en poursuivant parfois l'approche dichotomique jusque dans le déroulement sinueux des phrases.

Aussi peut-on juger emblématique le début du *Cabinet du philosophe,* où Marivaux s'invente des doubles : c'est un ami, en effet, qui, dans les deux premières pages, présente l'ouvrage, prétendu posthume, de cet « auteur clandestin » (335) et invite le lecteur à y voir un « spectacle » peu commun. Il lui révèle sa personnalité cachée (c'était un polygraphe), qui ne transparaissait aucunement dans son image publique, puisqu'il n'avait jamais diffusé ses œuvres. L'opposition de ses deux facettes est suivie d'un nouveau distinguo. Comme il n'a cherché qu'à exprimer nettement ses pensées, sans « cette envie secrète que les autres écrivains ont de briller et de

5. *Les Journaux de Marivaux*, p.290.

6. *La Persuasion de la charité*, Amsterdam, 1976.

7. Michel Gilot a déjà remarqué, à propos des *Lettres sur les habitants de Paris* que Marivaux, tout naturellement, « tend à multiplier les classifications ». Mais dans cet ouvrage il relève particulièrement des triades (*Les Journaux de Marivaux*, p.133).

8. *Journaux et œuvres diverses*, éd. F. Deloffre et M. Gilot, Paris, 2001, p.232 et 281. Les références entre parenthèses renverront à cette édition.

plaire» il est immédiatement différencié des auteurs que le souci de l'opinion «déguise» (336), dont le vrai visage reste masqué. L'auteur et son double, révélant la double image de cet auteur, qui, toutefois, ne s'est pas laissé, comme d'autres, aliéner par l'amour-propre : quelques lignes ont suffi pour nous donner une idée des analyses dichotomiques à venir. Et par deux fois a déjà été brièvement suggéré que c'est le regard des autres qui rompt l'unité d'un être.[9]

Car ce qui rend l'unité et la transparence illusoires c'est surtout le conflit entre l'être et le paraître, inhérent à toute vie sociale. Il se manifeste constamment dans les *Journaux*, comme nous le préciserons dans quelques notes. Déjà les *Lettres sur les habitants de Paris* invitaient à distinguer entre l'apparent et l'authentique, quand il s'agissait, par exemple, de dévotion, de simplicité ou de modestie. Mais le *Voyage au monde vrai*[10] est entièrement consacré à ce thème : des hommes avec qui nous vivons nous savons «ce qu'ils paraissent et non pas ce qu'ils sont» (389). On ne s'étonne donc pas que le narrateur apprenne à déceler chez les hommes un double langage et distingue, tout au long de son initiation, les multiples signes qui démentent, à leur insu, les paroles prononcées.

En revanche, pourquoi Marivaux dédouble-t-il notre monde, en inventant la fable d'un « monde nouveau » qui, on le verra vite, n'est que le reflet du nôtre ? C'est pourtant la fiction, imaginée d'abord par son Mentor, que le narrateur va maintenir, pendant une bonne partie de son récit. Tandis qu'il se plaignait de ne connaître que des hommes qui « se contrefont », son ami lui a proposé, en effet, d'en connaître «qui ne se contrefont point» (395). Plutôt que d'évoquer seulement un voyage intérieur qui changerait le regard de son héros sur le monde, le scripteur crée une illusion d'altérité : les hommes du Monde vrai, déclare-t-il, «diffèrent d'avec nous» dans un seul point «qui les rend absolument d'autres hommes» : «ils se montrent toujours leur âme à découvert, au lieu que la nôtre est toujours masquée» (389). Cette invention permet donc d'abord, par l'antithèse, de souligner, dans notre monde, l'importance du déguisement. Mais elle est maintenue lorsque cet autre monde se révèle aussi opaque que le nôtre. N'est-ce pas parce que le sentiment d'altérité détermine plus facilement une attitude de spectateur, et qu'aux charmes du voyage imaginaire va pouvoir s'ajouter la saveur de multiples comédies ? Que des effets de surprise nous rendront plus attentifs à la dualité des hommes ? En inventant un double de notre

9. Même s'il ne s'agit pas encore du «regard de la malignité» dont parlera Rousseau, ni de l'enfer du *Huis clos* sartrien.

10. Voir sur ce texte M. Roelens, « Utopie, allégorie, roman, dans *Le Monde vrai* de Marivaux», *Revue des Sciences humaines*, 155, 1974, p.411-23. Il écrit : « La figure narrative fondamentale est celle du Double où le Même (pays, lieux, personnages) est à la fois le Même et l'Autre, l'étranger, le différent» (p.418).

monde, Marivaux redouble sa démonstration. Ce feint dépaysement, qu'il maintient quelque temps, ne fait qu'agrémenter par une plus grande richesse narrative, par une *vis comica* propre à la représentation théâtrale, le constat suivant : « dans chaque homme, il y en a deux pour ainsi dire : l'un qui se montre, et l'autre qui se cache », l'un qu'on voit « aujourd'hui », l'autre « qui aura son tour » (390).

Car avant même d'aborder ce monde fictif, ce monde « qui est exactement le double du nôtre » (397), le narrateur avait été démystifié grâce aux livres de son guide. Il était vite parvenu à interpréter les faux propos qu'ami et maîtresse lui avaient tenus, comprenant que « ce qu'ils pensent dans le fond de l'âme perce toujours à travers ce qu'ils disent et ce qu'ils font » (397). Marivaux a donc distingué deux moyens d'accès au Vrai, en attribuant une fonction identique aux livres et au voyage.[11] Le voyage initiatique pourrait donc, ici, paraître inutile, puisqu'il double une expérience déjà faite, puisque, désillusionné grâce à ses seules lectures et à ses réflexions, le narrateur peut lire aussi, désormais, dans le cœur des hommes. En outre, une fois atteint l'« ailleurs » promis, l'avertissement de son sage compagnon montre bien que les habitants de ce pays inconnu ne vont en rien différer des compatriotes qu'ils viennent de quitter : « Méfiez-vous d'eux comme s'ils étaient faux ; servez-vous avec eux des lumières que vous avez acquises » (398). Et dès la première rencontre le narrateur se livrera à un exercice de traduction : « Il est vrai que ce ne sont pas là positivement les expressions dont il se servit ; mais je rapporte sa pensée » (399).

Cependant, malgré des expériences réitérées, malgré les avis de son Mentor, qui l'informe que tous les habitants de ce pays nouveau « sont exactement le double des personnes du nôtre » (411), que le nouveau Paris « n'est pas disposé autrement que le nôtre » (412), que « cette France où nous sommes est exactement pareille à la nôtre » (414), le naïf voyageur a du mal à admettre que si « tout se passe dans ce monde-ci comme dans l'autre » (415) c'est parce que ces deux mondes n'en font qu'un. Mais sa crédulité permet, en maintenant la fable de l'altérité, de multiplier les petites scènes destinées à montrer l'être derrière le paraître, puis à dénoncer, de plus en plus gravement, la duplicité humaine. Ce n'est qu'après avoir déchiffré les hommes d'un « ailleurs » fictif que le narrateur, prenant conscience qu'il se trouve dans sa propre maison, exercera sa lucidité sur des doubles jeux qui le concernent bien davantage.

Après la comédie de l'amitié, jouée par le vaniteux Folville, les provocations amoureuses de Mlle Dinval, les éloges trompeurs qu'une femme donne à une autre afin de gagner son procès, les respectueuses attentions

11. Dans *Le Miroir* aussi, les réflexions nées de la lecture précèdent le dépaysement allégorique.

dont une aubergiste entoure ses hôtes, pour qu'en étant bien « traités » ils soient également bien « volés » (414), le narrateur va, en rentrant chez lui, de surprise en surprise. Il découvre à ses familiers un visage inconnu : l'austérité de sa gouvernante masquait un goût vif du plaisir ; l'affectueuse inquiétude de son cousin cachait des manœuvres pour capter un héritage ; la soudaine politesse d'un homme de condition, jusque là plein de morgue, dissimule l'appât du gain, et l'apparente intégrité d'un ami « irréprochable » pare de chatoyantes couleurs un discours intéressé.

Parce que son regard sur les hommes a changé, le narrateur retient non pas « leurs expressions, mais leurs pensées que j'entendais clairement » ; sans tenir compte des paroles artificieuses, il déchiffre le langage non verbal de ceux qu'il observe : « la tournure de leurs discours », « l'air qu'ils ont en parlant », « leur ton », leur geste », « leurs regards » (401).[12] Ceux de Mlle Dinval, qui fixe le voyageur, puis baisse les yeux quand il la surprend, sont l'équivalent d'une déclaration d'amour : « c'est afin que vous concluiez que je prends plaisir à vous voir, mais que par pudeur je voudrais bien que vous ne le vissiez pas » (402). La main qu'on dégante, « mille petites singeries de modestie » (403) sont interprétées comme autant d'invitations à pousser plus loin les déclarations galantes.

Si les aveux des domestiques, dont le maître a surpris la double vie, paraissent d'abord mettre au jour un contraste un peu trop schématique entre l'être et le paraître, de subtils détails affinent ce dédoublement et soulignent l'aspect théâtral de la vie sociale. Au portrait de la gouvernante, qui avait montré, tour à tour, austérité feinte et goût du plaisir, le narrateur

12. Ce travail d'interprète n'est pas nouveau. Ainsi, dans la quatrième feuille du *Spectateur français*, l'auteur restituait le discours dur et corrupteur adressé par un homme riche à une jeune fille sans ressources (« Je te vois comme une bonne fortune qui vient s'offrir à ma débauche [...] Veux-tu du pain ? Deviens infâme et je t'en accorde »), avant de préciser : « Est-ce là ce que vous avez dit à cette fille ? Si ce ne sont pas là vos paroles, du moins ce sont vos pensées » (p.131). Dans la huitième feuille, c'est la description méchamment satirique d'une femme par une rivale qu'il faut interpréter : « Je vis en un mot que j'avais très savamment entendu la langue que parle l'amour-propre dans une jolie femme qui en peint une belle » (p.152). Les *Lettres contenant une aventure* mentionnaient déjà « la conversation » qu'ont des amoureux grâce à leurs regards et leurs serrements de mains (p.80) et « le langage muet » des « petites façons » (p.94). Enfin, dans *L'Indigent philosophe*, l'apprenti comédien relate comment un mari jaloux, surprenant les regards qu'il venait d'échanger avec sa femme, « avait entendu à merveille les demandes et les réponses » (p.290). On sait quel rôle important joue ce langage non verbal dans les romans. En ce qui concerne *Le paysan parvenu*, et les messages que constituent, par exemple, la posture, les gestes, les regards de Mme de Ferval et les silences ou les sourires de Jacob, on peut se reporter à mon article, « Les *égarements* de deux néophytes dans le monde : La Vallée et Meilcour », *RHLF*, janvier-février 1996, p.45-70.

ajoute, en effet, une savoureuse comédie qui illustre par des applications concrètes l'opposition fondamentale : pendant l'absence du narrateur, elle a simulé la langueur, le dégoût afin de mieux satisfaire son goût des réjouissances. « De cette manière, avoue-t-elle, vous auriez payé mes divertissements, en ne croyant payer que des drogues, des médecines et des bouillons » (417).

Pareillement, le cocher a inventé la fable d'un père moribond, situation qui l'obligeait à se faire remplacer dans son service par un ami, dans la seule intention de multiplier ses gains par deux. Il est resté à son poste, « car vous m'aviez dit que vous payeriez mon ami, sans rien rabattre de mes gages : et cela est cause que j'ai été mon ami moi-même » (418). Ce dédoublement final s'ajoute à la double image de ce personnage : fils aimant et ivrogne sans scrupule. Les masques se superposent. La comédie sociale devient carnavalesque.

Marivaux poursuit alors, dans le détail des phrases, ses variations sur le thème du dédoublement : la lettre réelle, et hypocrite, du cousin est mise en parallèle avec le discours supposé où il dévoile ses manœuvres pour brouiller l'héritier et le testateur. Dans les propos de l'homme de condition plein de morgue, prêt à céder sa fille pour de l'argent, s'entremêlent paroles prononcées et paroles pensées, au point d'aboutir à un galimatias contradictoire et incohérent, qui souligne l'hiatus entre signifié et signifiant dans le langage mondain (435) :

> Il y a deux personnes qui me la demandent en mariage ; et cela n'est pas vrai ; mais je vous le dis, afin que vous me répondiez là-dessus. […] Elle est avec sa mère. Et à propos de sa mère, elle ne vous a vu que deux fois ; vous savez qu'elle passe pour une femme judicieuse ; et vous êtes, de tous les hommes de votre âge, celui dont elle a la plus grande idée ; ce que je vous dis pourtant à tout hasard, et sans savoir ce qu'elle en pense ; car elle ne m'en a jamais ouvert la bouche.

Enfin, degré suprême dans l'art du mensonge, l'ami apparemment intègre s'efforce de se tromper lui-même, quand il donne de mauvais conseils au narrateur : « Je suis parvenu à croire que vous ferez fort bien de faire si mal » (436-37).

Pourtant, malgré ces signes révélateurs, Marivaux maintient des équivoques, parce que la dualité ne se réduit pas toujours au jeu des bienséances ou à l'hypocrisie, et qu'un discours peut être une réserve inépuisable de sens. Quelquefois l'être ne perce pas à jour ses propres motivations. Ainsi on ne saura jamais si Mlle Dinval aimait vraiment le narrateur ou si elle était éblouie parce qu'il apportait de Paris « les bons airs du grand monde » (404).[13] Mais

13. Le maintien de cette ambiguïté avait été relevé par M. Roelens (« Utopie, allégorie, roman », p.418) et par M. Gilot (*Les Journaux de Marivaux*, p.718). Il l'est également par A. Deneys-Tunney, « Les *Journaux* de Marivaux et la critique du langage », *Marivaux et les Lumières, L'éthique d'un romancier*, p.89-101.

celui-ci pousse l'analyse plus loin que ne le fait l'héroïne, en distinguant, au milieu de la confusion des sentiments, les deux mobiles possibles, entre lesquels Marivaux a l'habileté de ne pas trancher.[14]

Le dédoublement de ce qui était jugé arbitrairement simple, le distinguo qui amène à découvrir par étapes ce qui est complexe, permettent d'aller au-delà des apparences, et souvent de lever les masques. Or le jeu amoureux se prête particulièrement au double langage ; et Marivaux l'a analysé dans d'autres pages du *Cabinet du philosophe*, en distinguant, dans un mouvement de va-et-vient, la situation du locuteur et celle du récepteur. Dédoublant le discours de l'émetteur, il décèle dans un signifiant « galant », *je vous aime madame*, un signifié « brutal », *Madame, je vous désire* (337).[15] En quatre exemples il montre alors les signes qui, selon la nature de chacune, sont une réponse au sens caché – preuve qu'il a été perçu – : yeux baissés, rougeur, minauderies redoublées, geste mettant la main en valeur. En dissociant dans le discours amoureux « sens impur » et « expressions honnêtes », les femmes manifestent leur duplicité tout autant que le locuteur. D'un côté, « la pudeur vous passe le sens en faveur des paroles »

14. Cette authentique complexité de l'être humain apparaissait déjà sous d'autres formes quand Marivaux, dans les *Lettres sur les habitants de Paris*, montrait un homme partagé entre des intérêts divergents, tiraillé entre sa position sociale et son appartenance religieuse : « On est chrétien, mais on est marchand. Ce sont deux contraires, c'est le froid et le chaud, il faut vivre et se sauver » (p.17). Flatté dans sa vanité, un marchand ordinairement peu scrupuleux peut aussi se transformer momentanément, comme par « un coup de baguette », en « un tout autre homme » (p.251-52) et se comporter avec une parfaite probité. Un débiteur récalcitrant peut se montrer créancier complaisant, et le narrateur de conclure : « Qu'est-ce que c'est que l'homme ! Quel assortiment de vices comiques, avec les plus estimables vertus ! » (p.192). Et comment démêler les sentiments des dévotes qui ont si souvent recours à un directeur et ont besoin « de la créature pour aimer le Créateur » (p.224), puisque « l'âme s'y méprend elle-même et qu'elle n'est jamais plus profane que quand elle paraît scrupuleuse » (p.32) ?

Dans le domaine esthétique aussi, des manifestations ambiguës se font jour, quand aux réactions dictées par l'esprit s'ajoutent celles qui sont produites par la sensibilité. Ainsi, à la représentation d'une tragédie de La Motte, Marivaux évoque un spectateur « qui la critiquait, pendant qu'il larmoyait en la critiquant : de sorte que son cœur faisait la critique de son esprit. Deux dames spirituelles lui répondaient de la bouche : Vous avez raison, et de leurs yeux pleurants, lui disaient : Vous avez tort ! » (p.205)

15. Ce double langage était déjà cité, dans la dix-septième feuille du *Spectateur français*, quand le narrateur évoquait les tendres sentiments qui l'unissaient à une vieille amie, cinquante ans plus tôt : « Je ne sais de quoi cette dame et moi nous nous étions avisés de traiter l'amour sur ce pied-là ; car dès lors, les sentiments n'étaient plus à la mode, il n'y avait plus d'amants, ce n'étaient plus que libertins qui tâchaient de faire des libertines. On disait bien encore à une femme : Je vous aime, mais c'était une manière polie de lui dire : Je vous désire » (p.206).

(338). De l'autre, c'est le signifié profond qui retient leur attention : « une femme ne vous sait bon gré du : *Je vous aime* qu'à cause qu'il signifie : *Je vous désire* » (337). Marivaux exprime de façon piquante comment leur interprétation sélective, dans ces « jeux entre l'avoué et l'inavouable »,[16] révèle leur propre dualité : il discerne, en effet, en elles une « âme » qui apprécie un désir brutal, et des « oreilles » qui exigent une expression pudique (338). Aussi le moraliste, après cette analyse, sera-t-il amené à conclure que, dans une telle société, le vice même, galamment traduit, peut paraître aimable.

Pour son étude des relations sentimentales entre les deux sexes, Marivaux s'est particulièrement intéressé à la coquette, dans ses *Journaux* comme dans son théâtre. Il va la montrer successivement agent et objet passif. Au distinguo qui définit son approche des hommes – elle sait « plaire » mais est incapable d'« aimer » (374) – succède donc la conséquence paradoxale : c'est parce qu'elle n'aime pas qu'« on l'aime tant ». Procédant par retournement de situation, le moraliste propose alors une vérification par le cas inverse : celui d'une femme aussi aimante que charmante, dont la tendresse finit, généralement, par effacer les charmes. Voilà démontré que l'amour reçu est inversement proportionnel à l'amour donné.

Pour expliquer le comportement de la coquette, le moraliste va alors examiner deux motivations possibles : les exigences de sa propre nature et les exigences de son entourage, c'est-à-dire de ses soupirants. Or l'auteur de *La Réunion des Amours* (1731), qui a si bien su distinguer l'amour-sensualité et l'amour-tendresse,[17] ne trouve chez les coquettes « ni tempérament ni cœur » (374). Un strict parallèle, avec des reprises de termes formant un enchaînement synonymique ou antonymique (« sages »/« sagesse », « manquer »/« garder ») mène à chercher chez leurs adorateurs la raison de leurs complaisances. La phrase rebondit alors sur de nouveaux distinguo pour montrer, chez les coquettes, une ruse de l'esprit là où on croirait à une défaillance du corps, et pour conclure que la satisfaction de besoins physiques ne concerne que leurs amants : « Leurs bontés, toujours rares, ne sont pas des faiblesses, ce sont des prudences. Elles n'ont pas besoin d'être faibles ; mais vous avez besoin qu'elles le soient un peu » (374).

Cette distinction entre la femme, dominant grâce à son sang-froid, et l'homme, dominé par une folle passion, donne lieu à une petite scène de comédie où la coquette joue son rôle d'amoureuse sans rien éprouver, à la

16. Expression empruntée à F. Deloffre, *Une Préciosité nouvelle, Marivaux et le marivaudage*, Paris, 1955, reprise par M. Gilot, *Les Journaux*, p.718.

17. Voir aussi, dans *L'Amour et la Vérité* les plaintes de l'Amour contre son brutal frère, ainsi que l'opposition, déjà citée, entre « amants » et « libertins » dans la dix-septième feuille du *Spectateur français*, p.206. Clarice, dans *Le Chemin de la Fortune*, déplore également d'être courtisée par des hommes qui « ne sont qu'amoureux et point tendres » (p.361).

manière du grand acteur que peindra Diderot dans son *Paradoxe sur le comédien*, tandis que son amant est assimilé à plusieurs reprises à un dément. Et même, raffinement dans le « double registre », notre observateur nous la montre en train d'observer sa victime, comptant ses serments, ses soupirs, ses silences, ses regards : « *Voyons*, dit-elle, jusqu'où ira sa folie ; *contemplons* ce que je vaux dans les égarements où je le jette ! » (374)[18] Toutefois, cette position dominante n'empêche pas que la coquette reste un personnage divisé, puisque, d'une part, ses manifestations de tendresse sont factices et que, d'autre part, le seul plaisir qu'elle ressent est de l'ordre du paraître : « Ma vanité doit être bien contente : il faut que je sois prodigieusement aimable ; car il est prodigieusement fou » (374).

En outre Marivaux s'amuse, en un bref coup de théâtre, à renverser la situation en corsant encore le spectacle : ce « fou » est peut-être doublé d'un « fripon » qui joue, lui aussi, la comédie et s'exclame, parallèlement, en aparté : « Ah ! que je suis aimable, et qu'elle est folle ! » On se perd dans ces jeux de miroirs...

Les coquettes règnent dans le monde des apparences.[19] La réalité – en l'occurrence leur identité de coquettes – leur est donc inaccessible. Elle est également inaccessible à ceux qui les entourent, puisqu'ils sont séduits par leurs artifices : « On ne trouve point coquette une femme qui plaît, on ne la trouve qu'aimable » (375). Nous voilà, par ce nouveau distinguo, revenus au point de départ de cette analyse, qui aboutit à démonter le mécanisme d'un jugement vicié : comme la coquette ne sait que plaire, on l'aime ; or comme on l'aime, on ne la trouve pas coquette. La conclusion s'impose : les coquettes ne sont jamais reconnues comme telles par les hommes. C'est bien celle que propose Marivaux, en choisissant un exemple extrême : « Je n'aime pas les coquettes, vous dit un homme qui fait le délicat en fait de femmes ; et de toutes les femmes, la plus coquette, c'est celle qu'il aime et qu'il adore » (375). La reprise des termes en chiasme, le phénomène d'échos soulignent l'opposition entre le dire et le faire. Si cet univers a suscité autant d'intérêt chez Marivaux, c'est probablement parce qu'il y a vu un de ceux où, chacun étant prisonnier des apparences, la recherche du Vrai demandait le filtrage le plus subtil.

18. Les mots sont soulignés par moi.

19. On peut se reporter à la mise en scène de la rivalité de deux coquettes, p.371-74. Mais déjà les *Lettres sur les habitants de Paris* faisaient entendre des coquettes qui poussaient le raffinement jusqu'à paraître en négligé, « cette abjuration simulée de coquetterie » (p.28) : « Je me sauve, je suis faite comme une folle. » Et l'auteur traduisait leurs pensées plus ou moins confuses : « Je sais combien je suis aimable et touchante en cet état ; mais je dois paraître ne pas le savoir ; c'est une grâce de plus, que d'en avoir tant et de les ignorer » (p.29). De son côté, l'héroïne des *Lettres contenant une aventure*, en relatant ses diverses manœuvres auprès des hommes, avoue « la préférence que je donne au plaisir d'être aimée, sur celui d'aimer moi-même » (p.97).

Car la coquetterie n'est pas perçue comme une attitude individuelle, mais comme un phénomène global dont la société française, régie par les hommes, est responsable. La coquetterie est, en effet, présentée comme une des rares ressources laissées aux femmes, dans les pages intitulées *Des femmes mariées*. Or c'est d'abord en décelant deux attitudes contradictoires dans le sexe masculin que le porte-parole des femmes, qui souligne les oppositions par nombre d'effets rhétoriques, fait le procès d'un ordre social contestable : les hommes, d'un côté, jugent indiscutable la « faiblesse » féminine. De l'autre, ils exigent de leurs compagnes des prodiges de vertu dont ils sont eux-mêmes bien incapables. C'est cette incohérence interne qui enferme les femmes dans un système où n'existe aucun équilibre entre leurs droits et leurs devoirs. Le scripteur en vient donc à montrer l'absurdité d'un ordre établi par l'homme, où les lois lui donnent une suprématie qui ne correspond à aucune supériorité morale, puisque, comme le disent les femmes, ils ont « l'audace de nous mépriser comme faibles, pendant qu'ils prennent pour eux toute la commodité des vices, et qu'ils nous laissent toute la difficulté des vertus » (377).[20] Est ainsi dévoilé l'hiatus entre la valeur morale et la reconnaissance sociale.[21]

Un hiatus comparable, une semblable incohérence de la société apparaissent à travers les réflexions sur la pauvreté, où sont distinguées la souffrance liée aux misères physiques et la souffrance qui découle de l'opinion : « Mille gens [...] ne feraient point d'efforts criminels pour sortir de leur pauvreté, si elle n'était que fatigante ; mais elle est honteuse » (362). En effet la société ne sait plus dissocier biens matériels, valeurs morales et considération. Les pauvres se trouvent donc devant une aporie. Quoi qu'ils fassent, ils sont exclus. Ou bien ils sacrifient la morale pour acquérir des biens matériels et, par là, la reconnaissance sociale ; mais ils risquent de tout perdre. Ou bien ils sacrifient tout le reste à leur intégrité morale, mais ils n'ont aucune existence sociale. Cette confusion des valeurs entraîne chez leurs juges, représentants de l'opinion, un comportement irrationnel. Les reprises de termes occupant la même place dans deux phrases parallèles, tandis que les deux relatives sont sémantiquement antithétiques, l'union

20. Rappelons que *La Nouvelle Colonie* avait été représentée en 1729.

21. Marivaux procède de même quand il distingue, par exemple, l'honneur et les honneurs. Pensons à l'Acte III, scène 4 de *La Double Inconstance*, mais aussi à la vingt-deuxième feuille du *Spectateur français*, qui montre que même la méchanceté et l'imposture suscitent des éloges « quand on est environné d'honneurs » (p.242). L'Indigent philosophe, évoquant un « homme titré », « devant qui tout le monde se courbe », ajoute : « Les conventions l'ont fait un Grand, c'est-à-dire qu'elles lui ont donné le privilège d'être encore plus petit que les autres. S'en sert-il ? Je n'en sais rien ; mais c'est une terrible chose de n'avoir pas besoin de mérite pour être respecté » (p.308).

inadéquate des mots « punissent » et « courage » font mieux percevoir cette contradiction interne : « Ils punissent de mort celui qui est convaincu d'avoir fait un crime pour cesser d'être pauvre, et punissent de mépris celui qui a le courage de rester pauvre.

Quel monstrueux mélange de démence et de raison, de dépravation et de justice ! » (362)

L'approche dichotomique permet donc à Marivaux d'explorer, cachées sous une surface uniforme, les ramifications de l'ordre social où le paraître, l'opinion introduisent mauvaise foi, hypocrisie, fausses valeurs. En répondant à son discours de réception à l'Académie française, l'archevêque de Sens avait d'ailleurs loué l'habileté de l'écrivain à débusquer l'amour-propre : « Dans vos feuilles philosophiques vous en avez dépeint tous les traits, creusé toutes les subtilités, démasqué toutes les adresses : vous l'avez poursuivi jusque dans ses retranchements les plus cachés, la fausse humilité, la modestie hypocrite, et la fastueuse sincérité » (453).[22]

Il n'est pas de domaine à l'abri de l'opinion. Même dans le domaine religieux, elle tient sa partie, remarque Marivaux quand il découvre que certains de ses contemporains sont partagés entre la crainte du ridicule et la crainte de Dieu, que chez eux le jugement des hommes supplante le souci du salut : « Il y a des gens qui se damnent, dans la seule crainte du ridicule qu'il y a dans le monde à vouloir se sauver » (341). Là encore substituer des valeurs de représentation aux valeurs spirituelles, comme, dans le cas précédent, aux valeurs morales, mène à un paradoxe : « Croirait-on qu'à respecter les idées des hommes, il serait plus honteux d'être converti que d'être un fripon ? » Rappelons que, selon la distinction opérée par le Philosophe, la

22. Marivaux, en effet, a dénoncé l'affectation dans ses manifestations les plus inattendues. Et comme « la modestie réelle et vraie n'est peut-être qu'un masque parmi les hommes [...], qu'il est difficile de ne pas prendre pour un visage » (p.314), il a particulièrement usé de subtilité pour démasquer les faux modestes : de ceux, ridicules, qui « font vanité de n'être pas vains » (p.314) et rapportent naïvement des exemples de leur modestie, à ceux, plus hypocrites, qui, sous prétexte d'antipathie vertueuse pour l'immodestie, s'en prennent aux mérites des autres. Car « cela fatigue leur amour-propre, et non pas leur raison » (p.315).

Plus généralement l'écrivain multiplie les anecdotes qui montrent comment, dans la vie sociale, le « masque », souvent cache « le visage » (p.135). Ici c'est un honnête homme, pauvrement vêtu, qui est méprisé par la jeune fille qu'il courtise, jusqu'à ce qu'un riche habit le métamorphose : « Ce n'était plus le même homme. On n'avait plus des yeux que pour lui » (p.319). Là c'est un jeune garçon qui, par le constant éloge qu'il fait de lui-même, parvient à gagner « une réputation à la vérité équivoque » (p.196), mais peut-être efficace auprès des dames. *L'Indigent philosophe* relate « les singeries » d'un seigneur, « histrion qui fait le fort et qui ne l'est pas » (p.280). Ce « pauvre martyr de l'orgueil » (p.279) finit par mourir, pour avoir voulu paraître inébranlable devant la perte de son fils unique et de la moitié de son bien.

conversion n'exige pas de sacrifier la raison, mais seulement « les raisonnements d'un esprit si borné qu'il ne se connaît pas lui-même » (342).

Dans les rencontres sociales, Marivaux va reprendre explicitement l'opposition entre être et paraître, quand il distingue l'homme « fier » et l'homme « glorieux » : « Il suffit au glorieux d'avoir contenté les autres : c'est assez pour lui que ses actions *paraissent* louables. L'autre veut que les siennes le *soient* à ses yeux mêmes ».[23] L'un a des vraies vertus dans l'âme ; l'autre en joue qu'il n'a pas, et qu'il ne se soucie pas d'avoir » (380).[24] Or savoir différencier l'amour-propre légitime de l'amour-propre corrompu est vital ; car l'homme fier est « un bon ami », tandis que l'autre n'aime les gens que pour leur rang, leur fortune, leur éclat : « Vous n'êtes rien pour lui ; vous ne valez pas votre habit : il l'aime mieux que vous, quand il est magnifique. » Puis l'observateur attentif fait encore bifurquer son lecteur vers un autre chemin : « Distinguez pourtant le fanfaron du glorieux » : on peut se fier davantage au premier qui, s'il accorde trop d'importance à la forme, peut cependant avoir un fond respectable.[25]

La pratique du distinguo est donc indispensable au moraliste s'il veut être utile à ses contemporains en levant les masques, en dévoilant les désordres que cache ce qu'on appelle ordre. Toute sa démarche consiste à voir clair et à éclairer son lecteur.[26] Le ton didactique est alors à nouveau

23. Les mots sont soulignés par moi.

24. On peut trouver, pour ces acceptions, positive ou négative, des mots « fier » et « glorieux », des corrélations avec le domaine religieux. Marivaux écrit, en effet, dans *Le Cabinet du philosophe* : « L'homme est glorieux, et on ne doit pas s'en étonner. Il n'était fait que pour avoir un maître, qui est Dieu ; et le péché lui en a donné mille, dont la supériorité lui est toujours étrangère et douloureuse, quelque nécessaire qu'elle lui soit aujourd'hui.

Cette supériorité même, ceux qui l'ont sur les autres n'en sont pas plus heureux ; ils n'étaient pas faits pour une place que le péché est cause qu'ils occupent ; ils devaient être mieux qu'ils ne sont.

Les gens pieux, ceux qui servent Dieu, sont, de tous les hommes, les plus fiers et les plus superbes ; car ils n'ont que Dieu pour maître, ils n'obéissent qu'à lui-même en obéissant aux hommes » (p.364-65).

25. Marivaux est souvent revenu sur les diverses nuances de ces comportements. Une anecdote du *Spectateur français* montrait comment un homme fier avait tout obtenu d'un orgueilleux en étant assez raisonnable pour flatter sa faiblesse (p.199). *L'Indigent philosophe* évoque le cas d'un homme qui, tant qu'il fut dans une condition médiocre, « ne pouvait souffrir l'orgueil des grands seigneurs » et s'humiliait lui-même, uniquement « par orgueil prudent » (p.308). Mais il se montra le plus orgueilleux des hommes en devenant un homme en place.

26. Sur une morale fondée sur la raison chez Marivaux, voir D. J. Culpin « Morale et raison dans la pensée de Marivaux », *RHLF*, n°4, 1987, p.627-37. Cet article, qui se réfère fréquemment aux *Journaux* a été repris dans *Masques italiens et comédie moderne*, sous la direction d'A. Rivara, Orléans, 1996, p.121-32.

employé quand il différencie finesse et raffinement qu'« il faut avoir de bons yeux pour distinguer » (346), la première étant un don naturel, alors que l'autre est le résultat d'un effort. A nouveau l'opinion, par ignorance ou par envie, pratique l'amalgame,[27] méprise un certain degré d'esprit, car elle est gênée par « une si grande finesse de vue » ; « on vous croit obscur et non pas fin » (345). Dans cette analyse subtile, un peu désenchantée, des désavantages qu'on éprouve à avoir trop de finesse d'esprit, on sent combien l'écrivain est personnellement concerné, après les nombreuses attaques de Desfontaines, en particulier. C'est précisément tout le travail de dévoilement, d'approfondissement qui est mis en question : « Peignez la nature à un certain point ; mais abstenez-vous de la saisir dans ce qu'elle a de trop caché, sinon vous paraîtrez aller plus loin qu'elle, ou la manquer » (345-46).

Dans ses pages sur le style, Marivaux revient sur le reproche qu'on lui fait d'ajouter aux choses qu'il peint « des finesses qui n'y sont pas » (387), sans comprendre que « l'homme qui pense beaucoup [...] remarque des choses d'une extrême finesse, que tout le monde sentira quand il les aura dites ; mais qui, en tout temps, n'ont été remarquées que de très peu de gens » (386). Il y répond en proposant, fidèle à sa manière, un examen détaillé de chaque pensée, qui distinguerait si son expression est diffuse ou non : « Pourrait-on la former avec moins d'idées qu'elle n'en a qui la composent, et par conséquent l'exprimer avec moins de mots, sans rien ôter de sa finesse, et de l'étendue du vrai qu'elle embrasse ? » (387)

Car le distinguo, la nuance subtile sont aussi des moyens de clarification psychologique ; les analyses du *Cabinet du philosophe*, comme celles des précédents *Journaux*,[28] sont de parfaits exemples de cette méthode. Ainsi la deuxième feuille dépeint à petites touches la naissance de l'amour chez les hommes d'un caractère constant. Dans le tableau des relations avec l'être aimé, chaque coup de pinceau modifie légèrement les effets du précédent, afin de mieux reproduire cette relation sentimentale dans ce qu'elle a de spécifique : « Ils se passeraient de le retrouver, le retrouvent pourtant avec plaisir ; mais avec un plaisir tranquille ; s'en sépareront encore sans aucune

27. Rappelons-nous que le conte de fées de la première feuille du *Cabinet du philosophe* distinguait déjà les différentes sortes d'esprit.

28. Pensons aux reproches, si précisément définis dans la dixième feuille du *Spectateur français*, de la jeune femme trahie par son amant. Pensons aux souffrances d'un père abandonné par son fils : « C'est ici où les expressions me manquent ; c'est ici où mon cœur est saisi, où je souffre ce qui n'est point douleur, ce qui n'est point désespoir, mais quelque chose de plus cruel que tout cela » (p.187). Pensons aux analyses subtiles qui montrent une femme partagée entre l'indignation vertueuse et le désir de plaire : « Je sortis dans une situation d'esprit que je ne puis bien exprimer. [...] je fus scandalisée aussi, mais en hypocrite, car je n'étais pas fâchée qu'on m'eût donné le scandale » (p.212).

peine, mais plus contents de lui. Ensuite ils pourront le chercher ; mais sans savoir qu'ils le cherchent » (342). La fin de cet amour est analysée avec les mêmes correctifs, les mêmes différenciations par rapport aux stéréotypes : « Cessez-vous de l'aimer ? vous le blessez mortellement ; mais il sera affligé à peu près comme il est amoureux ; c'est-à-dire sans bruit, sans faire d'éclats. Sa douleur ne sort presque point ; il pourrait mourir de sang-froid » (343).[29]

Nous pourrions nous attarder également sur les fluctuations du moraliste quand il s'agit de trouver la meilleure méthode pour garder un amour. La distinction entre ceux qui paient pour être aimés et ceux qui sont aimés pour eux-mêmes montre que les doutes qu'ils éprouvent sans cesse entretiennent l'amour des premiers, « au lieu que la certitude d'être aimé nous distrait du désir de l'être ».[30] Cette nouvelle distinction, selon laquelle la quiétude ne laisse pas de place au désir, inciterait à troubler l'autre en se montrant « ingrat » ; au risque de plonger l'être aimé dans la douleur. A la cruauté est donc préférée l'adresse : « Pour entretenir l'amour qu'on a pour nous, il est bon quelquefois d'alarmer la certitude qu'on a du nôtre » (345). « Soyez constant avec art, je veux dire, qu'il ne soit jamais bien décidé si vous le serez, ni même si vous l'êtes » (344). Ce faisant, Marivaux propose donc de jouer la comédie du détachement, de se dédoubler entre être aimant et être distant. N'est-ce pas avouer qu'une totale sincérité est impraticable dans les relations humaines ? N'est-ce pas renoncer au mythe de la transparence absolue ?

Là encore les différenciations sont un moyen d'affiner l'analyse, de voir le plus juste possible. Il s'agit bien d'un travail d'« anatomiste du cœur », d'une tâche qui prouverait « la divisibilité de l'âme à l'infini ».[31] Les *Journaux* montrent comment sonder le cœur humain et en développer « tous les replis ».[32]

Pourtant, quelquefois, le Philosophe a du mal à voir clair en lui-même, comme l'indique précisément le métadiscours du début de la troisième feuille. Le balancement des phrases le montre partagé sur la valeur de ses réflexions : « je suis, d'avance, d'accord avec ceux qui n'en feront point de cas, et je suis aussi de l'avis de ceux qui les croiront bonnes » (351). Les interrogations directes ne l'éclairent pas davantage sur les lecteurs à qui il les destinait : « Est-ce pour moi seul ? mais écrit-on pour soi ? » Honnête-

29. On pourrait relever dans bien d'autres passages les corrections, les nuances introduites par « mais », « et non pas », « pourtant ».

30. Cf. *Lettres contenant une aventure* : « Rien ne nuit tant à l'amour que de s'y rendre sans façon. Bien souvent il vit de la résistance qu'on lui fait » (p.87).

31. *Mémoires du Président Hénault*, cité par M. Gilot, *Les Journaux de Marivaux*, p.844.

32. La Dixmerie, *Dialogue entre Marivaux et Mlle de Scudéry*, cité par M. Gilot, *Les Journaux de Marivaux*, p.846.

ment, il distingue deux comportements qui ont coexisté en lui : sans montrer lui-même ses textes, il n'ignorait pas qu'on pourrait les voir.

Les distinctions peuvent même permettre le constat d'une aporie, dans une réflexion sur le travail propre à l'écrivain : l'idéal d'excellence qu'il se propose risque de nuire à cette excellence même, en entraînant « d'industrieuses façons de l'Art » (352). Une fois de plus, le souci de l'opinion entrave l'authenticité. De subtils distinguo tentent alors de définir l'effet produit par l'œuvre qui en résulte : curiosité, voire admiration intellectuelle, sans attachement cependant : l'âme « ne s'y livre point, elle s'y amuse » (352).[33] C'est en discernant, chez un auteur, deux motivations généralement confondues que Marivaux exprime, par un paradoxe comportant des répétitions en chiasme, les tensions antinomiques inhérentes au travail littéraire : « Je crois que ceux qui font des livres les feraient bien meilleurs, s'ils ne voulaient pas les faire si bons ; mais, d'un autre côté, le moyen de ne pas vouloir les faire bons ? Ainsi, nous ne les aurons jamais meilleurs » (351).[34]

En outre, un moraliste qui ne croit guère à la permanence du « moi » remarque aussi combien l'écoulement du temps entraîne de nuances entre l'être présent et l'être passé ; si bien que « les réflexions se sentent des différents âges » (335). Il constate la modification de son « moi » quand il se prend à réfléchir, à près de soixante ans, à la destinée de ses œuvres, commencées trente-cinq ans plus tôt : « Je ne me souviens point qu'en les

33. La contamination du domaine religieux par la vanité permet les oppositions les plus frappantes : « Je trouve que la plupart des prédicateurs ne sont que des faiseurs de pensées, que des auteurs.

Lorsqu'ils composent leurs sermons, c'est la vanité qui leur tient la plume, et la vanité a bien de l'esprit ! Mais tout son esprit n'est que du babil » (p.352). Cf. les effets d'un très éloquent sermon sur l'humilité rapportés par *Le Spectateur français* : « Il est vrai qu'en le lisant je n'ai pas été un moment tenté de la vertu qu'on y prêche ; mais en revanche je l'ai trouvée très élégamment prêchée » (p.195).

34. Cf. la distinction du début du *Spectateur français* entre « réfléchir en auteur » et « penser en hommes » (p.114), reprise dans *L'Indigent philosophe* (p.311). Ce texte se poursuit en parodiant les préfaces d'auteurs gonflés de vanité, qui simulent l'humilité pour mieux plaire au public. La duplicité aboutit, à nouveau, à un galimatias contradictoire : « Je n'ai point d'esprit, j'en ai plus qu'un autre ; on aurait pu mieux faire que moi, personne ne l'entend mieux ; soyez indulgent, admirez-moi ; mon sujet me surpasse, il ne me surpasse point » (p.312). Enfin, dans *Le Miroir*, Marivaux prend l'exemple de Chapelain, que sa réputation transforma en « misérable pédant » : « point de vers sur lequel il ne s'appesantit gravement pour le mieux faire, point de raffinement difficile et bizarre dont il ne s'avisât. Il conclut : « Je voyais que Chapelain moins estimé en serait devenu plus estimable » (p.538). Il l'oppose aux « hommes absolument supérieurs » que le public doit, au contraire, encourager : « Ce n'est qu'en les admirant un peu d'avance qu'il les met en état de devenir admirables » (p.538).

écrivant j'aie jamais songé qu'elles seraient lues, sinon à présent qu'apparemment j'y songe, puisque je m'avise d'avertir que je n'y ai pas songé » (351). La reprise du même verbe, soumis à l'alternance du passé et du présent,[35] les symétries et les contrastes dans les attitudes du sujet parlant suggèrent l'opposition entre comportement actuel et comportement d'antan. L'introspection par dédoublement du sujet, par objectivation du moi montre une fois de plus que l'effort de lucidité n'aboutit pas forcément à des certitudes.

Plus globalement, l'épisode symbolique où une femme mûre ne reconnaît pas, dans le miroir que lui tend un magicien, son visage de jeune fille traduit aussi avec finesse la dualité d'un être humain naturellement inconstant qui, tels de nombreux personnages du théâtre marivaudien, se débat quelque temps entre ses résolutions passées et ses intérêts présents, puis fait peu de cas d'un amour « qui s'en est allé »,[36] juge vite « indiscrets » les serments de naguère,[37] et ivre de « joie », le soir, oublie ses justes craintes du matin.[38]

Qui dit miroir dit dédoublement, *réflexion,* retour sur soi. Or Marivaux a usé du miroir dans chacun de ses trois *Journaux*. Après la jeune coquette, à l'origine des observations du *Spectateur français*, après l'Indigent qui regarde « le vrai portrait de l'homme sans souci » (281), voilà la femme qui refuse de réfléchir à l'écoulement du temps. Enfin, dans *Le Miroir*, c'est en examinant une des deux glaces qui couronnent la Nature que l'écrivain aperçoit ce qui pourrait constituer, selon nous, le programme de son propre travail analytique : « toutes les façons possibles de penser et de sentir des hommes, avec la subdivision de tous les degrés d'esprit et de sentiment, de vices et de vertus, de courage et de faiblesse, de malice et de bonté, de vanité et de simplicité que nous pouvons avoir » (535). C'est du regard sur ce miroir que naîtra la réflexion sur les apports culturels de tous les siècles.

Il arrive que cette volonté de rigueur, dans les discours argumentatifs aussi, s'accompagne d'un dédoublement du scripteur : la démarche binaire

35. Sur les reprises de termes dans la phrase d'analyse et sur les retouches correctives, voir F. Deloffre, *Une préciosité nouvelle, Marivaux et le marivaudage*, Paris, 1955, 6ème partie, chapitre 2.

36. *La double inconstance* III 8, éd. F. Deloffre, Paris, 1980, p.312.

37. On peut penser aussi bien aux *Surprise de l'amour* qu'aux *Serments indiscrets* et au *Prince travesti.*

38. Voir la première et la dernière scènes du *Jeu de l'amour et du hasard*. Sur la fragmentation du temps, pensons aussi à l'analyse de la dame âgée, dans la dix-septième feuille du *Spectateur français* : « Je vis seulement dans cet instant-ci qui passe ; il en revient un autre qui n'est déjà plus ; où j'ai vécu, il est vrai, mais où je ne suis plus, et c'est comme si je n'avais pas été » (p.207). Cf encore, dans *L'Indigent philosophe* : « Nous quittâmes la ville : il y avait bien de la différence entre moi qui en sortais, et moi qui y étais venu » (p.291).

peut donner l'impression d'une ambivalence, d'une pensée qui se cherche, se corrige. Avant de commencer la relation de son voyage au Nouveau monde, le locuteur se dédouble en narrateur heureux et lecteur réticent, qui pèse avantages et désavantages dans la découverte qu'on lui propose. Pour le convaincre, le narrateur va multiplier les distinguo. A un apprentissage progressif et douloureux de la duplicité des hommes, évoqué sur un rythme ternaire, où les désillusions répétées mènent à la misanthropie, il va opposer, en une série de symétries, sa démonstration bienfaisante : « Je vais instruire votre esprit sans affliger votre cœur ; je vais vous donner des lumières, et non pas des chagrins ; vous allez devenir philosophe et non pas misanthrope » (391).

Quand le récit est commencé et le double registre introduit avec l'Etranger qui va mettre en scène le voyage imaginaire, le narrateur lui-même se dédouble. Affligé, après sa triste expérience de la duplicité des hommes, d'être condamné à fuir toute amitié comme tout amour, il réplique aux propos rassurants de son Mentor en imaginant un homme qui lui refuserait sa confiance et qu'il ne pourrait qu'approuver.

Pour analyser plus finement l'attitude des femmes à qui on fait la cour en voilant un désir brutal par des propos galants, le locuteur se dédouble encore en moraliste, convaincu de la connivence féminine, et en lecteur, persuadé de l'authentique naïveté des auditrices. On retrouve donc à plusieurs reprises chez Marivaux une attitude que Michel Gilot a définie comme « une certaine capacité de dédoublement et de distanciation vis-à-vis de soi-même, cette nécessité qu'il éprouve d'envisager le contre après avoir fougueusement plaidé le pour et de retourner toutes ses armes contre son propre esprit ».[39] Le critique relève chez lui les mêmes « retours » fulgurants que chez Pascal et assimile cette binarité à un rythme simple : « systole et diastole ».[40]

Le camarade de l'Indigent philosophe peut bien se moquer des *distinguo* des docteurs de Sorbonne, quand il entreprend une apologie sans réserve du vin « qui réjouit la bile » (291). Mais l'écrivain, pour sa part, lorsqu'il aborde la représentation des complexités psychologiques ou de la comédie sociale, fait un grand usage des distinctions subtiles, dans le souci de ne pas « énerver » ses pensées, comme il le disait déjà dans le texte *Sur la clarté du discours*, par des « scrupules de clarté » (55) qui les fausseraient en les simplifiant à l'excès. Plus on constate que, selon une formule de l'Indigent, « les hommes sont tous méchants parce qu'ils sont tous vains » (323), plus ils se servent de « singeries adroites et déliées », d'« impostures si bien concertées qu'on ne sait presque pas où les prendre pour les couvrir de

39. *Les Journaux de Marivaux*, p. 113.
40. *Les Journaux de Marivaux*, p. 154.

l'opprobre qu'elles méritent» (315), plus il importe de faire tomber les masques.

Le distinguo, qui peut s'accompagner du dédoublement du moraliste, pour introduire une distance satisfaisante, ou de celui de l'objet observé, pour mieux en dénoncer les mensonges ou les contradictions, est donc une réplique d'honnête homme à la confusion des valeurs et des mots. L'écrivain refuse d'être dupe des simulacres. Les distinguo, qui en ont impatienté plus d'un, sont aussi au service d'une recherche de clarification psychologique qui ne soit pas appauvrissante, d'une exploration approfondie de voies qui s'ouvrent indéfiniment sur de nouveaux carrefours, même si l'explorateur sait que la vérité dont il s'approche restera insaisissable.

Dans le portrait qu'il traçait de Marivaux, l'abbé Trublet avait vanté « sa sagacité pour démêler des choses que d'autres confondraient» (731). Et l'exemple qu'il en donnait reposait justement sur un dédoublement.[41] Géomètre, mathématicien,[42] dialecticien « qui prend un plaisir grave à déceler le jeu des ressorts qui meuvent les êtres»,[43] « architecte » :[44] tel semble bien être l'auteur du *Cabinet du philosophe*, malgré sa liberté d'allure, la juxtaposition apparemment capricieuse des thèmes et des genres littéraires et son esthétique de la mobilité. Chez lui coexistent imagination et rigueur analytique, esprit de géométrie et esprit de finesse.

Les réflexions, comme les narrations, presque toutes allégoriques, manifestent sa soif de lucidité. Le dramaturge qui a écrit *L'Amour et la Vérité* et *Les Sincères* s'y montre plus que jamais épris d'authenticité. Par des distinguo à tous les niveaux de sa réflexion, dans les maximes comme dans les récits ou les analyses psychologiques, par le dialogisme, qui permet de peser le pour et le contre, ou d'affiner le regard critique, par le dédoublement des personnages ou de leurs propos, qui aide à dévoiler ce qui pervertit les êtres ou la société qu'ils composent, il veut se montrer lucide, afin, comme le narrateur du *Monde vrai*, de mieux vivre avec les hommes en

41. Aux critiques qui, chez Madame Geoffrin, tombaient sur J.-J. Rousseau et la « coquinerie » de sa misanthropie, de sa singularité, de ses paradoxes, Marivaux rétorqua : « Son amour-propre est un coquin ; mais lui il peut être un honnête homme » (p.731).

42. M. Gilot a vu dans *Le Paysan parvenu* « une structure mathématique à la fois rigoureuse et tout à fait simple », « Remarques sur la composition du *Paysan parvenu* », *Dix-huitième siècle*, 2, 1970, p.182. Voir aussi la définition, qu'il rappelle, de l'écrivain, d'après les *Lettres au Mercure sur les habitants de Paris*, « un architecte né ».

43. *Les Journaux de Marivaux*, p.868. Voir *Le Spectateur français* : « Je ne fais que débrouiller le chaos de leurs idées ; j'expose en détail ce qu'ils sentent en gros » (p.126).

44. Voir aussi Michèle Mat, « L'intrigue et les voix narratives dans les romans de Marivaux », *Romanische Forschungen* 89, 1977, p.26-31.

toute connaissance de cause. Bien que le Philosophe auquel il prête sa plume ait pris ses distances avec les lecteurs, plus que les scripteurs des deux autres *Journaux*, nous supposerons que Marivaux cherche également, par ses propres voies, à les éclairer.

Si l'on peut admettre que l'art de persuasion, chez cet écrivain, repose sur l'antithèse fondamentale entre ordre du monde (lié aux ténèbres, au mensonge, à l'orgueil, à l'esclavage) et ordre de la charité (lié à la lumière, à la connaisance, à l'humilité et à la liberté), il est plus difficile de nommer cet art « rhétorique du cœur ou de la sensibilité ». Il est encore plus contestable d'exclure même, finalement, le terme « rhétorique », pour mieux affirmer, dans cet art de persuasion, l'absence de théories ou de règles.[45] L'examen du *Cabinet du philosophe* me semble montrer que, dans sa recherche de la vérité, de l'amour et de la lumière originels, parce qu'il vivait dans le monde et s'adressait à des gens du monde, l'auteur, également expert en anecdotes pathétiques et en exhortations ferventes, a utilisé toutes les ressources de l'esprit.

Les liens, sur ce plan, entre les *Journaux* et le reste de l'œuvre sont évidents. « L'archipel », voire *La Fausse Suivante*, reproduisent certaines découvertes du moraliste.[46] Mais sa méthode a fait aussi apparaître les limites de la lucidité et de la sincérité dans la société des hommes, les hésitations, l'interprétation plurielle lors de certaines explorations. Souvent alors, l'homme de théâtre et le romancier qu'il a été, a préféré laisser toute leur ambiguïté aux attitudes ou aux discours mondains que l'auteur des *Journaux* avait le souci de dédoubler.

45. Jacoebée, *La Persuasion de la charité*, p.36, 37.

46. Rappelons que *La Fausse Suivante* date de 1724, *L'Ile des esclaves* de 1725, *L'Ile de la raison* de 1727, *La Nouvelle Colonie* de 1729.

JENNY MANDER

L'écriture personnelle dans les *Journaux*[1]

> «Je viens d'acheter quelques feuilles de papier pour me mettre par écrit, autrement dit pour montrer ce que je suis, et comment je pense et j'espère qu'on ne sera pas fâché de me connaître» *L'Indigent philosophe* (avril 1727).[2]

LA LITTÉRATURE du dix-huitième siècle abonde en récits à la première personne, ou, pour utiliser la terminologie de Gérard Genette, en narrations homodiégétiques.[3] Ce type de narration est l'une des caractéristiques du «nouveau» roman de cette période. Comme Jean Rousset le fait remarquer: «il n'y a plus qu'une forme qui soit féconde, la première personne. C'est sur le *je* que les écrivains de cette époque fondent leur nouveau roman».[4] Or la narratologie et la critique modernes ont coutume de présumer que la présence d'un narrateur comme personnage dans ces récits homodiégétiques implique automatiquement que le récit soit raconté d'un point de vue subjectif.[5] Selon Genette cette focalisation interne s'impose *a priori* à toute narration à la première personne «et ne peut être évitée que par infraction, ou contorsion perceptible».[6] Donc, à la lecture de ce genre de textes, on s'attend à ce que la narration ait les contours personnels et psychologiques qui établissent une asymétrie entre la première personne et les autres. Le narrateur doit être présenté, pour ainsi dire, de l'intérieur et ne jamais être décrit ni désigné objectivement de l'extérieur. Quant aux autres personnages, le récit doit, inversement, se tenir rigoureusement à une perspective externe et toute pénétration psychique à leurs égards constitue une transgression.

1. Publié pour la première fois en anglais dans *Circles of learning: narratology and the eighteenth-century French novel*, *SVEC* 366 (1999), p.91-117. Nous tenons à remercier Mme Michelle Courtney qui a bien voulu traduire cet article.
2. Pierre-Carlet de Chamblain de Marivaux, *Journaux et œuvres diverses*, éd. F. Deloffre et M. Gilot (Paris 1988), p.276. Toute référence renvoit à cette édition.
3. «Discours du récit: essai de méthode», dans *Figures III* (Paris 1972), p.65-278.
4. «L'emploi de la première personne chez Chasles et Marivaux», *Cahiers de l'association internationale des études françaises*, 19 (1967), p.103-104.
5. Voir, pour une étude détaillée de ce phénomène, surtout avec référence aux théories de Gérard Genette, Roland Barthes, Mieke Bal et Ann Banfield, *Circles of learning*, p.28-41.
6. Genette, *Nouveau Discours du récit* (Paris 1983), p.52.

Cette attente de la part du lecteur a dominé l'interprétation moderne de Marivaux, et tout particulièrement ses deux romans-mémoires : *Le Paysan parvenu* et *La Vie de Marianne* où les « lois » de focalisation homodiégétiques ne sont pas respectées, tout particulièrement dans les passages où Jacob ou Marianne s'examine objectivement et font référence à eux-mêmes à la troisième personne ; stratagème qui a rendu perplexes les critiques et qui les a forcés à avoir généralement recours au concept du disfonctionnement de la personnalité pour expliquer ce point de vue externe.[7] Cependant, une étude attentive de l'écriture personnelle que l'on rencontre dans le journalisme de Marivaux pourrait nous permettre d'examiner sous un jour différent la narration à la première personne au début du dix-huitième siècle.

Il ne faut pas oublier que la caractérisation littéraire est intimement liée aux conceptions historiques de l'époque relatives à l'identité de la personne. Si l'on tente d'établir un critère pour juger l'écriture de Marivaux, il ne semble pas excessif de suggérer que le lien entre la narration homodiégétique et le point de vue subjectif que présume la narratologie repose sur des vestiges d'une perspective essentiellement romantique que le philosophe Charles Taylor décrit comme « expressivisme ».[8] Pour Taylor, l'expressivisme est devenu « one of the cornerstones of modern culture. So much so that we barely notice it [la pierre angulaire de la culture moderne. A tel point que nous n'en sommes guère conscients] ». Il signale que bien que l'expressivisme soit une notion tellement banale et fondamentale de nos jours, il n'est en réalité que relativement récent, et aurait été absolument incompréhensible dans le passé.

Taylor continue en expliquant que la notion moderne d'expressionisme repose sur une nouvelle et plus profonde conception de l'individu, qui souligne non seulement le caractère unique de chaque individu (qui n'est guère en elle-même une notion nouvelle), mais aussi que nous devons chacun vivre selon nos différences et devons être jugés selon nos propres critères. Et, point plus important encore, cette nouvelle conception de l'identité accorde un rôle primordial à l'imagination créatrice et se développe avec une nouvelle philosophie de la langue. La vision expressiviste de la notion du moi va donc de concert avec une nouvelle perception de la nature et de la valeur de l'art ; une œuvre d'art n'est plus abordée selon la théorie aristotélicienne de mimésis, mais comme une viscérale expression du moi, et en vient finalement à être considérée comme un moyen privilégié qui nous permet d'explorer notre propre subjectivité. Cette mutation

7. Voir *Circles of learning*, chapitre 5, p.118-51.

8. Charles Taylor, *Sources of the self: the making of the modern identity* (Cambridge 1989), p.368-90.

esthétique, souvent notée par les historiens, commence à se manifester au cours du dix-huitième siècle.[9] Mais où se situe Marivaux par rapport à cette esthétique nouvelle ?

Il est certain que Marivaux se penche longuement sur le problème du style personnel et va beaucoup plus loin que tous ses contemporains dans sa recherche du style de chaque individu.[10] De plus, en ce qui concerne la place qu'il donne à la narration dans ses romans, il attire lui-même l'attention sur la préséance qu'il donne au discours du narrateur par rapport à l'intrigue; par exemple, dans l'« Avertissement » à *La Vie de Marianne*, il note : « On ne veut dans les aventures que les aventures mêmes, et Marianne, en écrivant les siennes, n'a point eu égard à cela. Elle ne s'est refusée aucune des réflexions qui lui sont venues sur les accidents de sa vie. » Il est vrai que les lecteurs du dix-huitième siècle étaient surpris de l'importance donnée au discours narré. Desfontaines se plaignait par exemple : « Qu'est-ce qu'une personne qui s'interrompt à chaque instant elle-même, sur la plus petite circonstance, pour moraliser sans nécessité ? N'est-il pas contre l'essence de la narration de faire ainsi à chaque mot de longues réflexions ? Si la brochure étoit *purgée de ses moralitez* [...] il n'y resteroit pas six pages. Ces moralitez ne doivent être que l'accessoire, & elles sont le principal, contre toutes les regles de la nature » (*Le Pour et contre* 2, 1733, p.345). Cependant, en dépit de la place privilégiée que Marivaux accorde à la voix du narrateur, nous présente-t-il cette voix dans le cadre spécifique de l'expression d'un point de vue subjectif ?

« Le style d'un homme »

Les personnages des *Journaux* de Marivaux se dissocient, à maintes reprises, de la profession d'auteur ;[11] ils se présentent tout simplement comme des hommes qui écrivent. Dès les premières lignes du premier

9. Voir, sur l'évolution de cette nouvelle esthétique, M. H. Abrams, *The Mirror and the lamp : Romantic theory and the critical tradition* (Oxford 1971). Voir aussi G. Matoré et A. J. Greimas, « La naissance du « génie » au XVIIIe siècle », *Le Français moderne* 25 (1957), p.256-72 ; Ken Frieden, *Genius and monologue* (Ithaca, N.Y. 1985) ; *Genius : the history of an idea*, éd. Penelope Murray (Oxford 1989).

10. Voir Frédéric Deloffre, *Une Préciosité nouvelle : Marivaux et le marivaudage* (Paris 1971), p.223. Mylne indique aussi qu'avant 1700 le dialogue dans les romans est formel et stylisé, mais sous l'influence de Chasles, de Crébillon fils et de Marivaux, le roman des premières années du XVIIIe siècle commence à acquérir un style de conversation plus familier et plus naturel (V. Mylne, « Dialogue as narrative », dans *Studies in eighteenth-century French literature*, éd. J. H. Fox, M. H. Waddicor and D. A. Watts (Exeter 1975), p.173.

11. Voir, pour une analyse de postures anti-auteur dans le roman du XVIIIe siècle, *Circles of learning*, p.79-81

numéro du *Spectateur français*, qui date du 29 mai 1721, le journaliste informe ses lecteurs d'une manière catégorique : « ce n'est point l'auteur que vous allez lire ici » (*Journaux et œuvres diverses*, p.114). Dans le sixième numéro de *L'Indigent philosophe* (juin 1727), l'écrivain souligne : « je veux être un homme et non pas un auteur » (p.311). De même dans *Le Cabinet du philosophe*, publié en 1734, le style du journaliste se caractérise comme « le style d'un homme » par opposition au style d'un auteur (p.335). Le style de l'auteur est présenté comme s'écartant de la vérité. *Le Spectateur français* accuse l'auteur de faire preuve de « plus de souplesse d'esprit que de naïveté et de vérité », et continue en objectant à « je ne sais plus quel goût artificiel » dans la manière dont l'écrivain associe les idées (p.114). D'après *Le Cabinet du philosophe* le style de l'auteur est un style emprunté qui se cache comme un déguisement, et il ajoute : « je ne dis pas que ce soit mal fait ; mais vous ne voyez pas là l'homme comme il est » (p.335-36). C'est, par-dessus tout, le naturel et le vrai visage de l'homme ou de la femme que Marivaux s'efforce de révéler dans son écriture, et c'est pour cela qu'il commence par rejeter le langage artificiel qui, selon lui, est communément adopté par les autres auteurs de préférence au style naturel et personnel d'écriture.

Réagissant contre la rigide application des règles littéraires, règles qu'on l'accusait fréquemment de ne pas respecter, Marivaux presse l'écrivain de ne pas imiter le style littéraire d'un autre écrivain. Car comme il l'affirme dans le huitième numéro du *Spectateur français* du 8 septembre 1722, c'est l'imagination de chaque écrivain – « leur propre façon d'imaginer », qui est intéressante, plutôt que « la pure imitation de certains goûts d'esprit que quelques critiques de leurs amis avaient décidé le meilleur » (p.145). Marivaux exhorte tous les écrivains à rester fidèles à leur style personnel et à écrire naturellement, comme il ou elle pense. Quelques pages plus loin, il définit ce mode véridique et naturel d'écriture de la façon suivante (p.149, c'est nous qui soulignons) :

> Ecrire naturellement, [...] être naturel n'est pas écrire dans le goût de tel Ancien ni de tel Moderne, n'est pas se mouler sur personne quant à la forme de ses idées, mais au contraire, *se ressembler fidèlement à soi-même*, et ne point se départir ni du tour ni du caractère d'idées pour qui la nature nous a donné vocation ; qu'en un mot, penser naturellement, *c'est rester dans la singularité d'esprit qui nous est échue*, et qu'ainsi que chaque visage a sa physionomie, chaque esprit aussi porte une différence qui lui est propre.

Marivaux encourage donc un style d'écriture qui serait tout aussi personnel que le visage de l'écrivain.[12]

12. Dans le troisième numéro du *Spectateur français* du 17 janvier 1722, Marivaux souligne la diversité des physionomies : « Je regardais passer le monde ; je ne voyais pas un visage qui ne fût accommodé d'un nez, de deux yeux et d'une bouche ; et je

La référence à la différence, la singularité, l'individualité, et surtout à l'imagination que l'on trouve dans les citations ci-dessus à l'égard du style personnel, nous permet peut-être d'avancer la possibilité que Marivaux s'exprime dans le contexte d'une esthétique basée sur le concept de la libre expression subjective. Cependant, de même que D. J. Culpin nous avertit que les idées philosophiques de Marivaux, si on les comprend bien, doivent être placées dans le contexte de la tradition rationaliste,[13] je voudrais suggérer que les déclarations de Marivaux sur le style personnel doivent être placées dans le contexte du rationalisme linguistique. La première remarque qui ressort d'une étude sur la notion du style personnel chez Marivaux c'est qu'il ne s'agit pas là d'un idiolecte, c'est-à-dire qu'il n'est pas caractérisé par un vocabulaire ou une grammaire particulière.

Le rationalisme linguistique

Marivaux a souvent été raillé pour son style inhabituel. Desfontaines, se moque non seulement de la « préciosité » de Marivaux dans des comptes rendus de ses romans,[14] mais insiste aussi sur son ridicule en allant jusqu'à relever tous les néologismes de l'écrivain dans ce qu'il appelle un *Dictionnaire néologique*.[15] Le commissaire Dubuisson est lui aussi tout aussi critique à l'égard du style personnel de Marivaux, et à de nombreuses occasions dans sa correspondance avec le marquis de Caumont, condamne ce qu'il désigne sous le nom de « métaphysique » et de « jargon » de l'expression marivaudienne.[16] En effet, d'autres romanciers ont reproché à Marivaux son style

n'en remarquais pas un sur qui la nature n'eût ajusté tout cela dans un goût différent », *Journaux et œuvres diverses*, p.124.

13. D. J. Culpin, *Marivaux and reason : a study in early Enlightenment thought* (New York 1993), p.5.

14. « Je ne dis rien du style. Il est étonnant qu'après le dégoût que le public a marqué pour cette façon d'écrire des plus ridicules (et il est nécessaire de le dire hautement), on y revienne encore » (*Le Pour et contre* 2, 1733, p.347 ; cité dans Deloffre, *Une Préciosité nouvelle*, p.148).

15. Pierre-François-Guyot Desfontaines, *Dictionnaire néologique à l'usage des beaux esprits du siècle* (Amsterdam 1731).

16. Par exemple, Caumont écrit sur la quatrième partie de *La Vie de Marianne* : « La quatrième partie de *Marie-Anne*, par M. de Marivaux. Je ne puis que répéter pour cette brochure ce que j'ai dit des précédentes, de la loquacité et de la métaphysique. Si M. de Marivaux n'avait fait que le *Paysan parvenu* dans ce goût, on le regarderait comme un livre unique et il aurait du moins le mérite de la singularité, mais qu'il ait beaucoup travaillé et que tous ses ouvrages soient du même ton, en vérité c'est se moquer » (*Lettres du commissaire Dubuisson au marquis de Caumont : 1735-1741*, éd. A. Rouxel, Paris 1882, p.200). Il est intéressant de noter que le style de ces romans est attribué directement à Marivaux et non aux narrateurs fictifs.

étrange. Par exemple, quand la protagoniste d'une nouvelle ayant pour titre *Lettre d'Angélique*** à Thérèse**** commence à imiter le style des lettres qu'elle reçoit d'un ami de Paris, son oncle, reprenant les critiques de Dubuisson, considère son style métaphysique et précieux, et l'attribue directement à des erreurs linguistiques dues à la mauvaise influence du *Spectateur français*, de *La Vie de Marianne* et du *Paysan parvenu*.[17] Bien que Marivaux considère son style personnel comme une manière naturelle d'écriture, ce style est souvent considéré comme très artificiel.

Cependant, Marivaux trouve des alliés pour l'adoption de son idiome qui passe pour unique chez de grands auteurs des siècles précédents, tels que Montaigne, La Bruyère et Pascal. Prenant Montaigne en exemple, Marivaux montre comment de célèbres écrivains ont souvent adopté un style singulier, qui allait de pair avec l'extraordinaire niveau de leurs réflexions (*Journaux et œuvres diverses*, p.388 : c'est nous qui soulignons) :

> Si Montaigne avait vécu de nos jours, que de critiques n'eût-on pas fait de son style ! car il ne parlait ni français, ni allemand, ni breton, ni suisse. Il pensait, il s'exprimait au gré d'une âme singulière et fine [...] c'est cette singularité d'esprit, et *conséquemment* de style, qui fait aujourd'hui son mérite.

Cette déclaration tirée de l'essai intitulé « Du Style », publié dans le sixième numéro du *Cabinet du philosophe*, n'associe pas simplement le style de Montaigne à sa façon de penser ; elle présente son style comme une conséquence directe de sa manière de penser. En vérité, dans cet essai, le journaliste se plaint que les critiques attachent trop d'importance à la question du style au détriment de la façon de penser, et ajoute, de manière assez surprenante (p.381) : « Ce n'est point dans les mots qu'un auteur qui sait bien sa langue a tort ou raison ». Il poursuit en affirmant qu'une personne qui parle sa langue maternelle, et donc en possession d'un large vocabulaire, risque peut-être de penser faux, mais il exprimera toujours bien ces fausses pensées :

> C'est un homme, qui, comme je l'ai déjà dit, sait bien sa langue, qui sait que ces mots ont été institués pour être les expressions propres, et les signes des idées qu'il a eu ; il n'y avait que ces mots-là qui pussent faire entendre ce qu'il a pensé, et il les a pris. Il n'y a rien d'étonnant à cela ; et encore une fois, je ne songe point à lui en tenir compte : ce n'est pas là ce qui fait son mérite, et c'est d'avoir bien pensé que je le loue ; car pour les expressions de ses idées, il ne pouvait pas faire autrement que de les prendre, puisqu'il n'y avait que celles-là qui pussent communiquer ses pensées.

S'il nous voulons mieux comprendre ces déclarations sur la nature des rapports entre les pensées et les mots, nous devons nous tourner vers le

17. Charles-Etienne Presselier, *Lettre d'Angélique*** à Thérèse**** (La Haye 1739).

travail des grammairiens de Port-Royal dont l'influence était sans parallèle tout au long du dix-septième ainsi que du dix-huitième siècle.[18] Il est deux textes qui sont essentiels sur ce débat : la *Grammaire générale et raisonnée* d'Antoine Arnauld et Claude Lancelot, qui fut publiée pour la première fois en 1666, à laquelle il faut ajouter *La Logique, ou L'art de penser*, écrite deux ans plus tard par Arnauld et Pierre Nicole.

La *Grammaire générale et raisonnée* se présente comme une enquête sur les principes de l'éloquence et la nature de la langue. Influencée par Pascal, Descartes et Saint Augustin,[19] elle se base sur une théorie particulière de l'esprit, cherchant, comme l'indique le titre, à expliquer les différentes propriétés du langage en fonction de la pensée humaine, qui est considérée comme indépendante du langage : « On ne peut compendre les diverses sortes de signification, qui sont enfermées dans les mots, qu'on n'ait bien compris auparavant ce qui se passe dans nos pensées, puisque les mots n'ont esté inventez que pour les faire connoistre » (p.24). La généralité de la *Grammaire* est en relation inverse avec la rationalité. Selon cet ouvrage, le langage étant l'expression de la pensée et tout le monde étant censé partager les mêmes facultés intellectuelles, il y est démontré que toutes les langues partagent les mêmes propriétés – propriétés inhérentes à la rationalité de l'esprit de l'homme. La connaissance de la structure de la pensée permettrait d'expliquer les différentes catégories qui existent et les règles des grammaires de toutes les langues.[20]

18. Voir, sur l'influence de la grammaire rationaliste, Daniel Droixhe, *La Linguistique et l'appel de l'histoire (1600-1800) : rationalisme et révolution positivistes* (Genève 1978) ; Ellen McNiven Hine, « Condillac and the problem of language », *SVEC* 106 (1973), p.34-36.

19. Voir, sur l'influence cartésienne sur la grammaire de Port-Royal, Noam Chomsky, *Cartesian linguistics : a chapter in the history of rationalist thought* (Londres 1966) ; Michel Foucault, préface à son édition de la *Grammaire générale et raisonnée* (Paris 1969) ; et Marc Dominicy, *La Naissance de la grammaire moderne* (Bruxelles 1978).

20. Comme l'indiquent Roy Harris et Talbot J. Taylor, un exemple très clair de la conséquence de traiter la structure du langage comme isomorphe avec la structure de la pensée est relevé dans la distinction établie dans la *Grammaire* entre les noms et les adjectifs, désignés comme « noms substantifs » et « noms adjectifs » (*Landmarks in linguistic thought : the Western tradition from Socrates to Saussure*, Londres et New York 1989, p.102-103). Les substantifs et les adjectifs sont distingués comme parties du discours en supposant que les idées qu'ils représentent soient elles-mêmes distinctes : « Les objets de nos pensées, sont ou les choses, comme *la terre, le Soleil, l'eau, le bois*, ce qu'on appelle ordinairement *substance*. Ou la maniere des choses ; comme d'estre *rond*, d'estre *rouge*, d'estre *dur*, d'estre *sçavant*, accident. Et il y cette difference entre les choses ou les substances, & la maniere des choses ou les accidens ; que les substances subsistent par elles-mêmes, au lieu que les accidens ne sont que par les substances. C'est ce qui a fait la principale difference entre les mots qui signifient les

Néanmoins, alors que les structures des langues sont sensées refléter celle de la raison humaine, le véritable lien entre les mots et les idées dans chaque cas est reconnu comme arbitraire.[21] Dès les premières lignes de la *Grammaire*, on explique que les signes sont une invention de l'homme : « Parlez, est expliquer ses pensées par des signes, que les hommes ont inventez à ce dessein » (p.5). Dans la mesure où les signes sont inventés par l'homme, chaque individu est libre d'adopter son propre lexique. Cependant, les grammairiens de Port-Royal sont convaincus que la première fonction du langage est celle de la communication entre les individus, et une communication efficace nécessite que l'usage des signes soit ordonné par les conventions. Ce point est expliqué particulièrement clairement dans *La Logique* : « chacun a bien droit de faire un dictionnaire pour soi ; mais on n'a pas le droit d'en faire pour les autres, ni d'expliquer leurs paroles par les significations qu'on aura attaché aux mots » (p.93). Ainsi les signes arbitraires qui constituent tout langage particulier se doivent de recevoir une base établie et non individuelle. Finalement, bien que les signes ne soient pas une condition de la pensée, mais bien notre création dans le simple but d'exprimer nos pensées, les grammairiens de Port-Royal, suivent les principes cartésiens[22] et affirment que la fréquente association de certains mots et de certaines idées dans la communication de tous les jours a pour résultat que les deux finissent par se confondre. Ainsi, comme *La Logique* l'explique, ils doivent tous deux être considérés comme ayant un rapport fixe et mutuel (p.38) :

> Parce que nous ne pouvons faire entendre nos pensées les uns aux autres, qu'en les accompagnant de signes exterieurs : & que même cette accoûtumance est si forte que quand nous pensons seuls, les choses ne se présentent à notre esprit qu'avec les mots dont nous avons accoûtumé de les revêtir en parlant aux autres ;

objects des pensees. Car ceux qui signifient les substances, ont esté appellez *noms substantifs* ; & ceux qui signifient les accidens, en marquant le sujet auquel ces accidens conviennent, *noms adjectifs*. Voilà la premiere origine des noms *substantifs* & *adjectifs* » (*Grammaire*, p.7).

21. Dans la *Logique*, où rien n'annonce les théories primitivistes postérieures, on déclare sans ambiguïté : « Il est vrai que c'est une chose purement arbitraire, que de joindre une telle idée à un tel son plutôt qu'à un autre » (p.43).

22. Voir, sur le principe cartésien de l'équivalence de la pensée et du langage, Jacques Chouillet, « Descartes et le problème de l'origine des langues au XVIIIe siècle », *Dix-huitième siècle* 4 (1972) p.4. D'après Descartes, le langage, qui est au début un obstacle à la pensée, ne possède pas assez de clarté ou de différentiation pour exprimer les idées d'une manière adéquate. Mais, grâce à la pratique, la signification spécifique des différents mots est clarifiée graduellement, les rendant aptes à l'appropriation par la pensée.

> il est nécessaire dans la Logique de considérer les idées jointes aux mots, & les mots joints aux idées.

Quand on en arrive à penser en mots, un rapport fondamental s'établit entre la pensée et les signes extérieurs qui l'accompagnent.

Pour revenir à Marivaux, il est clair que cette assomption rationaliste de l'équivalence du langage et de la pensée était sa conception du style personnel. Marivaux, comme les auteurs de *La Logique*, désapprouve le rejet des conventions linguistiques et dissuade le développement de termes idiosyncrasiques. En effet, pour lui – comme pour les grammairiens de Port-Royal – le but de tout écrivain doit être d'établir une narration claire et sans ambiguïté, et comme il le déclare dans son essai, « Sur la clarté du discours », publié en mars 1719 dans le *Mercure*, « Toute pensée a sa clarté suffisante, quand tout le monde l'entend de même ; je veux dire quand le sens qui s'en présente à votre esprit est celui qui se présente à tout le monde » (*Journaux et œuvres diverses,* p.54). La bonne écriture ne laisse la place à aucun idiolecte. D'autre part, un style personnel inhabituel n'est pas un idiolecte : il ne s'ensuit pas du fait que l'écrivain tente d'utiliser un langage d'une manière différente, mais que l'écrivain est en réalité en train d'essayer de dire quelque chose de différent. Les idées inhabituelles et peu conformistes exigent que les mots soient utilisés dans une construction inhabituelle.[23]

Style personnel et point de vue subjectif

La conception rationaliste du langage de Marivaux lui permet donc de reformuler les questions de style en questions de pensée. Les différentes façons de parler et d'écrire ont leur origine dans nos différentes façons de penser et d'imaginer les choses. Ce qui peut signifier, comme nous l'avons déjà expliqué, que le style personnel n'est pas un idiolecte. Mais cela ne suggère-t-il pas aussi que le style personnel soit l'expression d'un point de vue subjectif ? Comme nous l'avons déjà noté ci-dessus, Marivaux est fréquemment associé par les lecteurs du vingtième siècle à l'exploration et l'exploitation de points de vue subjectifs. A cet égard le commentaire de Lionel Gossman est assez typique lorsque ce dernier suggère que « the variety of points of view and the absence of any absolute standard are essential elements of Marivaux's work [la diversité des points de vue et

23. Comme le narrateur du *Paysan parvenu* le démontre, l'obligation de la clarté n'est pas abandonnée même dans de tels cas : « On devrait laisser, [à l'âme] dans son besoin, la liberté de se servir des expressions du mieux qu'elle pourrait, pourvu qu'on entendît clairement ce qu'elle voudrait dire, et qu'elle ne pût employer d'autres termes sans diminuer ou altérer sa pensée » (p.237).

l'absence de toute règle absolue sont les principaux éléments de l'œuvre de Marivaux] ».[24] Dans le même article, Gossman soutient que cet auteur rejette l'idéal classique d'objectivité et se concentre plutôt « on the role of the author's subjectivity in the process of literary creation [sur le rôle de la subjectivité dans la création littéraire] » (p.316). Les intentions de Marivaux, selon ce critique, sont de démontrer que ce que l'écrivain décrit n'est pas un pur objet ou essence mais quelque chose que l'écrivain voit ou ressent.

Cependant Marivaux, dans ses *Journaux*, explique très clairement que ses normes d'évaluation sont basées sur des critères objectifs et non subjectifs ; les réflexions de l'auteur, quelques différentes ou inhabituelles qu'elles soient, doivent être jugées selon des normes absolues de vérité et non selon des critères individuels. Marivaux va même jusqu'à rejeter un texte qui est écrit d'un point de vue subjectif en le qualifiant de précieux et il déclare qu'il constitue un autre exemple des déformations créées par des auteurs conscients d'eux-mêmes. Dans le contexte de son essai sur le style, il explique ainsi sa pensée (*Journaux et œuvres diverses*, p.385) :

> C'est un auteur dont les pensées sortent du vrai : qui dans les objects, dans les sentiments qu'il peint, y ajoute des choses qui n'y sont pas, qui y sont étrangères, ou qui n'y appartiennent pas assez. Il ne saisit pas les vraies finesses de ses sujets, il les peint d'après lui, et non pas d'après eux : il pense subtilement, et non pas finement ; il invente, il ne copie pas.

Marivaux rejette le point de vue subjectif de l'écrivain, il recherche une vue claire et exacte, c'est-à-dire, un point de vue objectif.[25] De plus, à travers ses critiques de l'écrivain qui peint « d'après lui », le journaliste ne cache pas qu'il est loin d'accepter une esthétique créatrice. Il oppose les inventions d'auteur à la vérité, ce qu'il appelle ailleurs des « fabrications » ou des « visions » à la raison.[26] Marivaux se situe donc pleine-

24. Lionel Gossman, « Literature and society in the early Enlightenment : the case of Marivaux », *Modern Language Notes* 82 (1967), p.317.

25. Le point de vue le plus objectif est celui qui caractérise le sublime ; c'est en partant de ce point de vue que l'écrivain peut capter l'objet de la manière la plus exacte et la plus compréhensive. Comme Marivaux l'explique dans son essai « Sur la pensée sublime », publié dans le *Mercure* (mars 1719) : « Il me semble, enfin que le sublime est à l'âme le point de vue le plus frappant de toute nature de pensees. Celui dont l'esprit se tourne à cette façon de voir n'aperçoit rien dont il ne saisisse le vrai original. Celui qui s'écarte de cette façon ne peut trouver l'aspect unique d'une chose. Il voit ou trop loin, au-dessous, ou à côte [...] Presque tous les esprits errent autour de la chose qu'ils veulent exprimer, sans aller jusqu'à elle, ou sans l'entamer entière. De là vient peut-être qu'en matière d'esprit, on a nommé *sublime* ce qui n'est que cet excellent vrai toujours manqué » (*Journaux et œuvres diverses*, p.57).

26. Voir la critique de Marivaux de « l'auteur méthodique » dans le sixième numéro de *L'Indigent philosophe* (juin 1727), p.311. Voir aussi sa critique des

ment dans le contexte mimétique : il ne veut pas que l'auteur invente, il veut qu'il copie.

Le cadre mimétique que Marivaux s'est assigné peut être étudié plus en détail dans le passage suivant, tiré du premier numéro du *Spectateur français*, dans lequel le narrateur se dissocie de la personne de l'auteur (p.114-15) :

> Je ne sais point créer, je sais seulement surprendre en moi les pensées que le hasard me fait, et je serais fâché d'y mettre rien du mien. Je n'examine pas si celle-ci est fine, si celle-ci l'est moins ; car mon dessein n'est de penser ni bien ni mal, mais seulement de recueillir fidèlement ce qui me vient d'après le tour d'imagination que me donnent les choses que je vois ou que j'entends, et c'est de ce tour d'imagination, ou pour mieux dire ce qu'il produit, que je voudrais que les hommes nous rendissent compte, quand les objects les frappent.

Une fois de plus le concept de création est exclu, et lorsque Marivaux, parlant par l'intermédiaire de son narrateur, fait preuve d'un intérêt pour le produit de son imagination, l'écriture en elle-même n'est pas présentée comme imaginaire. En effet, l'écrivain déclare qu'il n'ajoutera rien à sa narration (« je serais fâché d'y mettre rien du mien ») ; la tâche qu'il s'est assignée est de se limiter à reproduire fidèlement les impressions qu'il a reçues. Son imagination occupe donc toute son attention et elle est présentée comme indépendante du processus de l'écriture ; l'écriture n'est qu'un moyen d'appréhender le produit de son imagination. Contrairement à l'auteur dont l'esprit est la force majeure dans l'action d'écrire et qui se met lui-même dans ses écrits, le narrateur personnel adopte la position passive d'un spectateur, ce qui est souligné encore plus explicitement par le narrateur de *L'Indigent philosophe*, quand celui-ci déclare qu'il veut être un homme et non un auteur, puis ajoute « je veux donner ce que mon esprit fait, non pas ce que je lui ferais faire » (p.311).[27]

L'effet de cette attitude passive et en même temps réceptive adoptée par les narrateurs de Marivaux est de distancer le sujet de son propre processus mental pour permettre de l'objectivier. Ce processus d'objectivation est révélé tout particulièrement par les métaphores visuelles employées par les narrateurs pour décrire leur activité d'écrivains. Dans les premières pages du *Cabinet du philosophe*, le narrateur décrit son style comme « le style d'un homme qui écrivait ses pensées comme elles se présentaient, et qui n'y cherchait point d'autre façon que de les bien voir, afin de les exprimer nettement ; mais sans rien altérer de leur simplicité brusque et naïve »

« faiseurs de systèmes » identifiés comme « ce que le vulgaire appelle philosophes » qui immédiatement accumulent « visions sur visions » (*Journaux et œuvres diverses*, p.232).

27. Une fois de plus, dans « Sur la pensée sublime » Marivaux souligne que ce qui l'intéresse est la pensée qui se fait en nous, non par nous » (*Journaux et œuvres diverses*, p.60).

(*Journaux et œuvres diverses,* p.335). Le « je » scripteur se voit ainsi assigné le rôle de « l'œil » observateur dont le rôle est celui de l'introspection.

Ce genre d'objectivation est des plus caractéristiques des narrateurs de Marivaux ; en effet le narrateur du *Spectateur français* parle au nom de tous quand il écrit dans le vingt-cinquième numéro (5 octobre 1723) : « dans tout le cours de mes aventures, j'ai été mon propre spectateur des autres » (p.232). Les ramifications de cette attitude sont évidentes dans l'épisode rapporté dans le premier numéro de *L'Indigent philosophe* quand le narrateur rappelle comment il s'est récemment trouvé dans une pièce qui contenait un grand miroir (p.281) :

> Je m'en approchai, pour voir un peu ma figure, qu'il y avait longtemps que je n'avais vue : j'étais si barbouillé que cela me fit rire, car il faut tirer parti de tout ; je me regardais comme on regarde un tableau, et je voyais bien à ma physionomie que j'avais dû me ruiner, et il n'y avait pas l'ombre de prudence dans ce visage-là, pas un trait qui fît espérer qu'il y en aurait un jour ; c'était le vrai portrait de l'homme sans souci, et qui dit : N'ai-je rien ? je m'en moque. Voilà donc celui qui a mangé tout mon bien, dis-je en m'approchant de ma figure ; voilà le libertin qui me fait porter des guenilles, et qui ne s'en soucie guère : voyez-vous le fripon ? tout ce qu'il fait, il le ferait encore.

Dans le passage cité ci-dessus, il faut remarquer comment la position d'auto-réflexion – comprise dans ce sens littéralement – objective le sujet à la première personne et ce faisant, transpose la première personne en la troisième qui est scrutée impartialement. C'est précisément cette même transposition qui se produit quand les narrateurs de Marivaux prennent leur plume pour écrire : la page d'écriture sert de miroir, leur permettant de replier leur pensée sur elle-même, comme s'ils étaient à l'extérieur et se regardaient comme une troisième personne. Ce processus exige cependant un autre commentaire, car il contredit la principale attente associée à la narration homodiégétique, que nous avons étudiée ci-dessus. Selon le critère autobiographique, cette position d'auto-réflexion est considérée très étrange, et généralement interprétée soit comme un signe d'aliénation psychologique ou d'une intention trompeuse et calculatrice. Mais la différence entre ces narrateurs de Marivaux et la sorte de voix détachée que l'on peut trouver dans de nombreux textes modernes est importante. Les narrateurs de Marivaux ne traversent pas une crise d'identité où ils peuvent se contempler comme s'ils étaient une troisième personne. Dans le contexte du rationalisme, cette posture réflexive relève d'une véritable motivation philosophique. Le concept de « raison désengagée », présenté par Charles Taylor qui fait allusion à Descartes et à Locke, est pertinent dans ce cas-là.

La raison désengagée

Taylor explique que dans le cas de Descartes une compréhension totale de notre être immatériel exige de nous une parfaite perception de la distinction radicale entre l'âme et le monde matériel. L'erreur de notre pensée quotidienne obscure et confuse vient du fait que nous avons tendance à considérer la matière comme le lieu des événements et des qualités dont la véritable nature est mentale ; c'est-à-dire que nous avons tendance à voir l'herbe comme si elle était véritablement verte ou le sucre qualifié de sucré, ou bien, quand nous avons mal au pied, nous croyons que notre douleur est réellement dans notre pied. La clarté cartésienne, cependant, exige que nous nous dégagions de notre manière habituelle de regarder le reste du monde et nous-mêmes pour en arriver à ce que Taylor appelle une perspective désengagée. Il l'exprime en ces mots : « We have to objectify the world, including our own bodies, and that means to come to see them mechanistically and functionally, in the same way that an uninvolved external observer would [Nous devons objectiver le monde, y compris notre propre corps, et cela signifie en arriver à les voir selon les termes d'une philosophie mécaniste et fonctionnelle, comme le ferait un témoin externe et indépendant] » (*Sources of the self*, p.145). Seule cette démarche vers une perspective désengagée nous permettra de découvrir le rapport causal entre l'état du monde ou de notre corps et les « idées » qu'elles provoquent dans notre esprit et par ce moyen d'en arriver à voir plus clairement la nature des sensations corporelles et les propriétés secondaires. Descartes écrit « nous connoissons clairement et distinctement la douleur, la couleur & les autres sentimens, lors que nous les considerons simplement comme [...] des pensées ».[28]

Il est donc paradoxal, comme Taylor le démontre, que le Cartésien découvre et affirme la nature immatérielle de l'âme tout en objectivant le corporel. De plus, cette « transposition de l'expérience de la première personne en un mode objectivé et impersonnel » non seulement nous apporte une nouvelle intelligence, mais aussi donne naissance à une nouvelle notion d'autonomie personnelle. Taylor le dit bien : « instead of being swept along to error by the ordinary bent of our experience, we stand back from it, withdraw from it, reconstrue it objectively, and then learn to draw defensible conclusions from it [au lieu d'être induit en erreur par l'inclinaison ordinaire de notre expérience, nous prenons du recul, nous en

28. René Descartes, *Les Principes de la philosophie* (1647), I.68, cité dans Taylor, *Sources of the self*, p.539 (n.6). Voir aussi Alan Gewith, « Clearness and distinctness in Descartes », in *Descartes : a collection of critical essays*, éd. William Doney (Garden City, N.Y. 1967), p.260 (n.33).

dégageons, la reconstruisons objectivement, et ensuite apprenons à en tirer une conclusion plausible] » (*Sources of the self*, p.163). Le double mouvement de désengagement et d'objectivation comprend dès lors un processus de théorisation : nous considérons notre expérience du monde autour de nous et de notre corps pour développer une explication du fonctionnement des choses.

Selon Taylor, Descartes initie ce processus de désengagement, le limitant à l'expérience d'attributs secondaires et de sensations du corps, de la façon décrite plus haut. Locke, cependant, étend le principe de désengagement à toute notre activité mentale. Rejetant ainsi la notion cartésienne des idées innées, Locke pose en principe que les idées ont pour origine la sensation et la réflexion. Cependant puisque les passions, coutumes et éducation peuvent avoir comme résultat de nous faire croire en des choses qui en fait ne sont pas valides, Locke nous appelle à suspendre notre jugement sur toutes nos idées et à en examiner les fondements. Cet examen, tel qu'il est entrepris par Locke, a pour résultat une réunification de l'esprit, et les idées deviennent quasiment des objets ; nous sommes des témoins, pour ainsi dire alors que les idées « are produced in us [...] by the operation of insensible particles on our senses [sont formées dans notre esprit [...] grâce à la permutation de particules insensibles sur nos sens] ».[29] Cette théorie d'objectivation de la psychologie humaine nous permet de nous libérer de nos passions, coutumes ou toute autre autorité, davantage que dans le désengagement de Descartes, nous conduisant ainsi à l'indépendance. D'ailleurs, en prenant du recul sur nous-mêmes et sur nos croyances spontanées et en les soumettant à l'investigation, nous ouvrons la voie à la possibilité de nous recréer d'une façon plus rationnelle et avantageuse. Locke écrit :

> Fashion and the common opinion have settled wrong notions, and education and custom ill habits, the just values of things are misplaced, and the palates of men corrupted. Pains should be taken to rectify these ; and contrary habits change our pleasures, and give us a relish to what is necessary and conducive to our happiness. [La mode et l'opinion générale ont établi de fausses notions, et l'éducation et les coutumes de mauvaises habitudes, la juste valeur des choses a été déplacée, et le palais des hommes corrompus. Nous devrions nous efforcer de corriger ces erreurs ; et des habitudes contradictoires changent nos plaisirs, et nous donnent le goût de ce qui est nécessaire et conduit au bonheur].[30]

Cette attitude de désengagement et d'objectivation envers soi-même comporte une dimension morale aussi bien qu'épistémologique.

En dépit de ces différences considérables, c'est cette notion de responsa-

29. John Locke, *An essay concerning human understanding* (1690), éd, Peter H. Nidditch (Oxford 1975), 2.8.13 ; cité dans Taylor, *Sources of the self*, p.167.

30. Locke, *Essay*, 2.21.71, cité dans Taylor, *Sources of the self*, p.170-71.

bilité envers soi-même qui rapproche Locke de Descartes : tous deux, ainsi que les traditions qu'ils ont instituées, nous incitent à penser par nous-mêmes d'une façon beaucoup plus radicale que n'importe quelle philosophie du passé. Je ne voudrais pas suggérer par là une influence directe de Descartes ou de Locke sur l'écriture de Marivaux.[31] La raison de cet excursus a été de démontrer, en suivant l'analyse historique de Taylor de ces deux philosophes, que le phénomène qu'il souligne est en réalité assez courant au dix-septième et au dix-huitième siècle. La nouvelle philosophie développée par Descartes et Locke, ainsi que par les philosophes qu'ils ont influencés, est liée aux nouvelles méthodes d'administration, d'organisation militaire et de discipline ainsi qu'aux nouvelles réglementations concernant le commerce, le travail, la santé, les mœurs et même la piété.[32] Cette nouvelle tendance est basée sur le double mouvement de désengagment et d'objectivation qui va de pair avec la conception de l'individu en tant qu'agent rationnel qui peut se refaire ou être refait.

Dans cette perspective, le type de réflexivité radicale développée par Descartes, Locke et leurs successeurs des Lumières pousse la première personne à se considérer comme « le point de vue de la troisième personne », c'est-à-dire du point de vue qui est particulièrement adopté par les narrateurs homodiégétiques de Marivaux au cours de leur récit personnel. On peut démontrer que l'attitude d'objectivité vis-à-vis de soi-même adoptée par ces narrateurs a une véritable motivation philosophique – motivation qui est véritablement centrale au concept moderne de l'individu qui s'auto-définit. Cependant, comme Taylor le souligne dans son récit historique, le point de vue intellectuel et contemplatif de la raison désengagée est contraire à l'expression spontanée de la voix intérieure qui représente la vue expressiviste de soi et qui, comme je l'ai démontré, est à la base de l'association entre le récit homodiégétique et la focalisation interne.[33]

31. Sur l'influence sur Marivaux des idées de Descartes et de Locke, réfractées à travers le prisme de la pensée de Malebranche, voir Henri Coulet, *Marivaux romancier : essai sur l'esprit et le cœur dans les romans de Marivaux* (Paris 1975), p.284-305. Voir aussi, pour une étude plus générale des influences philosophiques sur la pensée de Marivaux, Culpin, *Marivaux and reason*.

32. Voir, sur ce développement, Gerhard Oestreich, *Neo-Stoicism and the early modern state* (Cambridge 1983) ; Marc Raeff, *The Well-ordered police state : social and institutional change through law in the Germanies and Russia, 1600-1800* (New Haven, Connecticut 1983) ; Michel Foucault, *Surveiller et punir* (Paris 1975).

33. Taylor, *Sources of the self*, p.390. En ce qui concerne le problème de la focalisation, les rapports entre la raison désengagée et l'expressivisme sont tendus ; cependant ces deux courants de l'humanisme moderne ont d'autres affinités importantes : ils attachent tous les deux beaucoup d'importance à l'idéal de la liberté et de l'individualisme ; et ils suggèrent tous les deux que la véritable

Vérité et perception

Nous avons vu jusqu'à présent que conformément à la tradition rationaliste, le point de vue associé par Marivaux à l'écriture personnelle n'est pas subjectif, mais objectif et objectivant. En dépit de cela, le journaliste déclare que nous ne voyons pas tous les choses de la même manière ; il s'ensuit donc que nous n'écrivons pas tous de la même manière. On peut donc déclarer que les styles personnels d'écriture résultent de différentes perceptions du monde. Néanmoins, si ce n'est pas là une question de relativisme subjectif, que cela signifie-t-il donc ?[34]

Pour Marivaux, les différentes façons dont les individus voient les choses peuvent être classées en termes de distinctions de qualité, qui à leur tour peuvent être représentées en termes spaciaux, selon la « longueur » de vision des individus, c'est-à-dire, selon la profondeur de leur perception. Le langage est l'instrument de la raison, si l'écrivain veut capter quelque chose sous forme de mots, il doit être capable de le voir nettement avec les « yeux de l'esprit ». Quelquefois – comme c'est souvent le cas avec des réflexions particulièrement subtiles – il est difficile de soutenir cette vision d'une manière prolongée. Comme Marivaux l'explique dans son essai « Sur la clarté du discours », publié dans le *Mercure* en mars 1719 (*Journaux et œuvres diverses*, p.55-56) :

> Il est des gens qui sont de bonne foi, et qui diront aussi d'une pensée qu'elle est obscure, mais voici pourquoi.
>
> Cette pensée peint un sujet par des côtés extrêmement fins ; l'image de ces côtés s'aperçoit aisément ; mais elle est de difficile consistance aux yeux de l'esprit ; sa délicatesse la fait perdre de vue à cet esprit ; et ces personnes appellent obscurité ce qui ne vient que de la dfficulté qu'ils ont de continuer d'apercevoir l'objet d'abord bien aperçu.

Quelquefois, nous ne sommes pas capables d'obtenir une vision complète de ce que nous voulons dire, même d'une manière éphémère, nous empêchant de communiquer nos idées aux autres. Comme Marianne le dit (*La Vie de Marianne*, p.170) :

> Il y a des choses [...] que je ne saisis point assez pour les dire, et que je n'aperçois que pour moi, et non pas pour les autres ; ou si je les disais, je les dirais mal. Ce sont des objets de sentiment si compliqués et d'une netteté si délicate qu'ils se brouillent dès que ma réflexion s'en mêle ; je ne sais plus par où les prendre pour les exprimer : de sorte qu'ils sont en moi, et non pas à moi.

expression de l'individu est en oppositon à des forces extérieures (celles du monde matériel ou des coutumes et des valeurs morales artificielles de la société.

34. Voir, sur la signification exacte du relativisme dans le contexte de la pensée du dix-huitième siècle, Isaiah Berlin, *The Crooked timber of humanity* (Londres 1991), p.70-90.

Dans ces lignes, Marianne semble indiquer un mode de compréhension pré-réflexif, qui prend la forme de ce qu'elle appelle des « sentiments ». De tels « sentiments » dérivent de « la faculté de sentir », et constituent une sensation ou conscience qui est intuitive, de nature non émotionelle.[35] Le sérieux de tels « sentiments » n'est pas mis en cause ; en effet, à un point antérieur de la narration, Marianne exprime l'opinion de Marivaux en affirmant qu'une telle connaissance est souvent plus sûre qu'une connaissance appelée rationnelle, car il s'agit là d'un mode passif de compréhension, qui ne peut pas être soumis à une déformation de l'auteur. Notre intuition ne peut pas toujours voir clairement, mais elle est généralement sûre ; notre esprit, d'autre part, est parfaitement capable de voir des choses qui ne sont aucunement basées sur la réalité. Comme le dit Marivaux, l'esprit peut être « un grand visionnaire » (*Vie de Marianne*, p.60). Et pourtant, comme le suggèrent les déclarations de Marianne, la compréhension intuitive seule n'est pas suffisante pour contrôler nos expériences ; comme elle le dit, ces expériences restent « en moi » plutôt qu'« à moi ».[36] Pour amener les choses sous notre contrôle, nous devons être dotés d'une plus grande lucidité. Au stage intuitif, ce n'est pas encore possible car, comme l'auteur l'explique, exploitant une métaphore basée une fois de plus sur la vision, nous ne possédons qu'une vision peu claire : « une vue trouble de l'âme embarrrassée de ses organes » (*Journaux et œuvres diverses*, p.71).

La métaphore dont Marivaux fait usage ici est, en fait, digne d'être relevée, car elle ajoute un argument physiologique qui est à la base de sa conception des différentes façons dont les gens voient les choses. Si nous considérons le monde différemment, d'après Marivaux, c'est en partie en raison du « hasard des organes » (*Journaux et œuvres diverses*, p.68). Les deux parties de l'âme, « l'âme intelligente » et « l'âme sensible », qui contrôlent notre discernement moral et métaphysique agissent de concert avec les organes de notre corps.[37] C'est pourquoi quand il décrit les différentes façons dont nous « voyons » le monde, Marivaux peut écrire : « chacun sentirait à la mesure de son étendue [...]. L'homme le plus délicat, et de la

35. L'équivalence du substantif « sentiment » et du verbe « sentir » est évidente dans l'essai de Marivaux sur le sublime où il parle de « l'étendue de sentiment » et de « la capacité de sentir » (*Journaux et œuvres diverses*, p.69).

36. Notons que la distinction « en moi » / « à moi » n'est pas la même que celle faite par Marivaux entre « en moi » / « par moi » : la première représente le passage de la connaissance intuitive à la connaissance rationnelle, opération positive de l'esprit ; tandis que la seconde établit une distinction entre les connaissances de l'intuition, qui correspondent à la réalité, et les fabrications d'un auteur inventif ou visionnaire.

37. Voir, sur la manière dont Marivaux comprend les deux parties de l'âme, son essai « Réflexions sur l'esprit humain » dans *Journaux et œuvres diverses,* p.486-87.

conformation d'organes plus heureuse, porte sa vue et son sentiment plus loin que l'homme ordinaire » (p.67).

Si l'on veut tenter d'expliquer la philosophie qui est à la base de ces déclarations, nous pouvons consulter *De l'art de parler* de Bernard Lamy, connu sous le titre de la « Rhétorique de Port-Royal » en raison de ses principes rationalistes. Cet ouvrage, paru en 1675, fut révisé et augmenté en 1688 ; son titre devint alors *La Rhétorique, ou l'art de parler*. Le texte de Lamy continua à être réédité de nombreuses fois jusqu'au milieu du dix-huitième siècle, et était vraisemblablement connu de Marivaux.[38]

Lamy consacre les trois premiers chapitres du Livre IV de *De l'art de parler* à la question du style. Son approche générale est prescriptive ; dans le sous-titre du premier chapitre, il déclare : « Il faut prendre un stile qui convienne à la matière qu'on traitte. »[39] Cependant, avant d'établir les règles gouvernant le bon style, Lamy consacre le reste de ce chapitre à examiner « les causes de la difference qui se remarque dans la maniere de s'exprimer des Auteurs qui parlent la même langue, & qui écrivant sur les mêmes matieres tâchent de prendre le même stile » (pagination de la première édition, [p.208] p.176). C'est-à-dire qu'il s'assigne la tâche d'expliquer les véritables dimensions du style personnel. Utilisant la même métaphore physionomique employée dans la passage cité ci-dessus, tirée du *Spectateur français*, Lamy reconnaît que tout comme les gens ont des visages différents, de même ils ont différents styles d'écriture ; pour ce fait il cite trois différentes raisons : « Les qualitez du stile dépendent de celles de l'imagination, de la memoire & de l'esprit de ceux qui écrivent » ([p.209], p.176).

En ce qui concerne les différences physiologiques de style, c'est l'imagination qui est la plus intéressante pour nous, la mémoire étant une question associée plutôt qu'entièrement indépendante, et sur laquelle Lamy est plus bref.[40] Quand Lamy conclut avec autorité, « l'on ne peut

38. Pour plus de détails sur la théorie de la rhétorique du dix-septième et de la première moitié du dix-huitième siècle, voir Jean-Paul Sermain, « Rhétorique et roman au dix-huitième siècle : l'exemple de Prévost et de Marivaux (1728-1742) », *SVEC* 122 (1985), p.5-33.

39. Bernard Lamy, *De l'art de parler* (Paris 1676 ; reprint Munich 1980), [p.207], p.175. Dans la même section Lamy, continue en expliquant que « comme chaque chose demande des paroles qui luy conviennent, aussi un sujet entier requiert un stile qui luy soit proportionné », et il promet de définir « avec quel stile il faut traiter les differentes choses qui font les manieres des discours ordinaires ; quel doit estre le stile d'un Orateur, d'un Historien, d'un Poëte qui veut plaire, & de celuy qui veut instruire » ([p.208], p.176).

40. Lamy explique que la mémoire dépend et de la nature et de l'exercice. Tandis que l'exercice aide à resserer les liens entre les mots et les choses, liens qui sont essentiels pour parler d'une manière claire, il est peu probable que la mémoire soit très bonne si l'on est doué d'une pauvre imagination, car c'est

douter que la qualité du stile ne depende de la qualité de l'imagination » ([p.210], p.177), la notion de créativité est à cent lieues de son esprit ; l'imagination est strictement comprise en fonction du pouvoir de l'âme à former des figures ou des images « sur » l'esprit de la chose qui est vue, et les figures ou les images qui se sont formées et qui sont le résultat de l'action d'imaginer. De plus, cette action est décrite comme automatique : quand des objets extérieurs frappent nos sens, le « mouvement » qui en résulte, dit-il, atteint le centre du cerveau en passant par les nerfs « dont la substance molle reçoit par cette impression de certaines traces », la véritable figure étant tracée par les esprits animaux.[41] Le lien étroit qui existe entre l'âme et le corps signifie que les idées sont liées à ces traces matérielles « de sorte que lorsque les traces d'un objet, par exemple, celles du Soleil, sont imprimées dans le cerveau, l'idée du Soleil se presente à l'ame : & toutes les fois que l'idée du Soleil se presente à l'ame, ces traces que cause la presence de cet astre se r'ouvrent » ([p.209-10], p.176-77).

Nous avons déjà vu que, d'après Marivaux, nous avons besoin d'une image nette dans notre esprit pour en parler clairement. Dans l'exposé de Lamy sur le style, il paraît que l'imagination joue un rôle dans le processus de visualisation. Une bonne imagination, déclare-t-il, est indispensable pour parler, « car enfin le discours n'est rien qu'une copie de tableau que l'esprit se forme des choses dont il doit parler » ([p.210], p.177). La qualité du discours reflète la netteté de l'image formée par l'imagination : si l'image est mauvaise, il s'ensuit que le discours sera aussi mauvais ; s'il est bon, le discours est alors plus susceptible aussi d'être bon. Il en découle que l'une des principales raisons pour lesquelles les gens parlent de différentes façons est due au fait que « tous les hommes n'imaginent pas de la même manière » ([p.210], p.177).

Pourquoi l'imagination des gens est-elle différente ? D'après Lamy la qualité de l'imagination est déterminée par deux facteurs qui sont plutôt physiologiques que psychologiques : « la substance du cerveau » et « les esprits animaux » ([p.213], p.178). Tout comme les figures tracées à la surface de l'eau ne laissent aucune trace car l'eau les efface immédiatement, ou celles gravées dans le marbre sont généralement imparfaites en raison de la dureté du matériau, il en est de même de la qualité de l'imagination d'une personne qui dépend de ce que Lamy décrit comme le « tempérament » ou

l'imagination qui crée et retrouve les traces et des mots et des choses (*De l'art de parler,* [p.216], p.180).

41. *De l'art de parler,* [p.209], p.176. Lamy explique que ces esprits animaux « sont la partie du sang la plus pure qui monte en forme de vapeur du cœur au cerveau. Ces esprits sont indeterminez dans leur cours : lorsqu'un nerf est tiré, ils suivent son mouvement, & c'est par leur cours qu'ils tracent differentes figures sur le cerveau selon que les nerfs sont differemment tirez » ([p.212-13], p.178).

la substance du cerveau. Si le cerveau est trop « humide » ou « trop sec » de bonnes images ne peuvent s'y former ([p.213-14], p.179) :

> Si le cerveau est trop humide, & que les petits filets qui le composent, soient trop foibles, ils ne peuvent conserver les plis que les esprits animaux leur donnent : c'est pourquoy les images qui y sont tracées sont confuses, & semblables à celles que l'on tâche de former sur la fange. S'il est trop sec, & que les filets soient trop durs, il est impossible que tous les traits des objets y soient imprimez, ce qui fait que toutes choses paroissent maigres à ce[ux] qui ont ce temperament.

L'imagination est similairement affectée par la « température » du cerveau. Les esprits animaux qui sont essentiels au processus de création d'image évoluent plus ou moins librement selon la chaleur : quand le cerveau est « chaud » ils évolueront plus facilement, mais quand le cerveau est « froid » ils seront plus lents et la création d'images sera plus difficile.

C'est-à-dire que les « esprits animaux » ont besoin d'être chauds pour une bonne imagination, mais il doivent aussi se trouver en nombre suffisant et de bonne qualité. Tous ces facteurs déterminent la qualité de l'imagination d'une personne, ainsi que le style de son discours ([p.214-15], p.179) :

> Une teste épuisée d'esprits animaux est vuide d'images, l'abondance des esprits rend l'imagination feconde ; les vestiges que tracent ces esprits par leurs cours estant larges pendant que la source qui les produit n'est point épuisée ; on se represente facilement toutes choses, & soûs une infinité de faces qui fournissent une ample matiere de parler. Ceux qui n'ont point cette fecondité que l'abondance des esprits animaux entretient, sont ordinairement secs. Comme les choses ne s'impriment que foiblement sur le siege de leur imagination, elles paroissent maigres, petites, décharnées. Ainsi leur discours, qui n'exprime que ce qui se passe dans leur interieur, est sec, maigre & décharné. Les premiers sont grans causeurs, ils ne parlent que par hyperboles ; toutes les choses leur paroisssent grandes. Le discours des derniers est simple & bas ; l'imagination des premiers grossit les choses, celle des derniers les retressit.[42]

42. L'expression de Lamy, « sous une infinité de faces » se rapporte à sa discussion de tropes. Dans son introduction au Livre 2, chapitre 1, il explique ainsi la fonction des tropes : « Il n'y a pas de langue assez riche & assez abondante, pour fournir des termes capables d'exprimer toutes les différentes faces sous lesquelles l'esprit peut se representer une même chose. Il faut avoir recours à de certaines façons de parler qu'on appelle Tropes » ([p.57], p.98). Les tropes représentent donc les différente manières de voir un objet, ou, dans un certain sens, des points de vue différents. Lamy ne propose pas ici, cependant, une théorie « moderne » du point de vue subjectif, bien que certains critiques modernes semblent le suggérer ; voir Michel Charles, *Rhétorique de la lecture* (Paris 1977), p.155-84, et Sermain, *Rhétorique et roman au dix-huitième siècle*, p.22-34. Comme le passage sur les esprits animaux cité ci-dessus le démontre, il suffit d'être doué d'une imagination féconde pour être capable de voir toutes les différentes faces des choses. Chaque « face » aide à construire un tableau plus comple ; chaque face est peut-être *partielle* mais pas nécessairement *partiale*.

Il ressort de ce passage que nos attributs corporels sont censés influencer notre manière de parler, donnant lieu à une diversité de styles personnels d'écriture. Plus l'imagination est bonne (dépendant de la qualité de la substance de notre cerveau et des esprits animaux), plus notre style d'écriture sera limpide et vrai. Cependant la clarté n'est pas seulement une fonction des « organes corporels » ([p.217], p.180), elle dépend finalement de la qualité de notre âme et de notre esprit. Quand Marivaux suggère que certaines personnes voient plus loin que d'autres, il invoque non seulement en tant qu'explication « la conformation d'organes la plus heureuse » mais aussi le concept de « délicatesse ». De même, c'est de notre âme aussi bien que de notre corps dont il parle quand il fait allusion à « une vue trouble de l'âme embarrassée dans ses organes ». Pour Lamy, comme pour Marivaux, la diversité du style personnel n'est pas seulement due aux fonctions physiques de l'imagination mais résulte surtout des « qualités de l'esprit » ([p.210], p.180). Il va jusqu'à citer trois de ces qualités, chacune d'entre elle reproduit des aspects de la discussion de Marivaux sur le style.

Tout comme Marivaux le déclare : « chacun sentirait à la mesure de son étendue », de même le philosophe écrit que la première qualité de l'esprit est une « capacité, ou une étendue » ([p.218], p.181). Cette notion de capacité est complétée par une seconde qualité, celle de la profondeur de perception. Dans la même terminologie dont Marivaux fera usage plus tard, Lamy cite une « certaine délicatesse », notion qu'il explique comme : « une certaine vivacité qui entre d'abord dans les choses, qui les approfondit, & en éclaire tous les recoins ». Mais ce qui est plus important encore c'est « la justesse de l'esprit », qualité particulière nécessaire pour organiser toutes les autres qualités et qui arrive « selon la lumière de la raison ». Lamy s'explique : « en un mot [un esprit juste] use bien des avantages que la nature luy a donnez, il les perfectionne ; & si elle ne luy a pas esté favorable, il combat ses défauts, & tâche de les corriger » ([p.219], p.181).[43]

Au cœur de l'entreprise de Lamy réside la voix de la raison. Tout autant que dans la *Logique de Port-Royal*, le but déclaré du traité de rhétorique est l'étalage de la vérité : vérité, dont la valeur universelle sera finalement reconnue par tous en dépit des différences individuelles.

Les quatre chapitres ajoutés par Lamy à son édition de 1688, insiste à la fois sur ces différences entre des invidus et aussi sur le fait que la rhétorique doit les transcender.[44] Le nouveau premier chapitre du livre concernant des

43. L'imagination, la mémoire et les propriétes de l'esprit sont les causes principales qui déterminent la diversité des styles. Mais dans la dernière section du Livre 4, chapitre 1, Lamy ajoute que chaque pays et chaque climat a son style particulier. Qui plus est, en raison des différentes modes, chaque siècle a son propre style (*De l'art de parler,* p.182-83 ; 221-23).

44. Voir, sur les additions à l'édition de 1688, Thomas M. Carr, Jr., *Descartes and*

figures, approfondit la discussion que l'on trouve déjà dans l'édition précédente sur la diversité de points de vue individuels. Dans un passage souvent cité, Lamy déclare que nous parlons de choses de différentes manières parce que nous voyons les choses différemment : « Les géomètres tiennent presque tous le même langage [...] ils se servent des mêmes expressions ; parce que la nature nous détermine à parler comme nous pensons, et que quand on pense de la même manière, on tient le même langage ».[45] Il ne s'agit pas ici des différentes facultés mentales et corporelles. Il est plutôt question des différents jugements qui résultent de la subjectivité de la perception : « La même chose ne paraît jamais la même à tous les hommes. Elle est aimable aux uns, les autres ne la peuvent regarder qu'avec des sentiments d'aversion » (*La Rhétorique*, p.86). Lamy reconnaît donc qu'en matière de jugement chacun de nous a son propre point de vue.

Cependant, cela ne conduit pas automatiquement au relativisme. Tout au contraire, Lamy impute à la rhétorique la tâche d'avoir raison des différences entre les perspectives individuelles. Comme Thomas M. Carr l'observe, l'universalité implicite dans la rhétorique de Lamy est obtenue par un art de persuasion qui tient pleinement compte de la personalité de l'individu en question.[46] D'un côté l'orateur doit adapter son discours au point de son public, c'est-à-dire que l'orateur doit être conscient de ses préventions et en tenir compte. D'autre part, l'orateur se doit de présenter son point de vue d'une façon tellement vivante que son auditoire finira par en accepter la validité :

> tout le secret de la Rhétorique dont la fin est de persuader, consiste à faire paraître les choses telles qu'elles nous paroissent ; car si on en fait une vive image semblable à celle que nous avons dans l'esprit, sans doute que ceux qui la verront, auront les mêmes idées que nous ; qu'ils concevront pour elles les mêmes mouvemens, et qu'ils entreront dans tous nos sentimens.[47]

Pour l'orateur, le secret de la persuasion consiste à employer les passions pour influencer au maximum son auditoire, et Lamy reconnaît que ces techniques affectives peuvent être exploitées par les sophistes indépendamment de la vérité. Néanmoins, en raison de sa confiance dans le penchant fondamental de l'âme vers la vérité, il est convaincu que la vérité l'emportera finalement : « Il n'y a que la vérité qui persuade pour toujours »

the resilience of rhetoric : varieties of Cartesian rhetorical theory (Carbondale et Edwardsville, N.J. 1990) p.132-35 ; 149-52.

45. *La Rhétorique, ou l'art de parler* (Amsterdam 1699 ; Brighton 1969), p.85.

46. *Descartes and the resilience of rhetoric*, p.134

47. *La Rhétorique*, p.88. Pour une analyse détaillée de la tension entre les dimensions « impressives » et « expressives » de la rhétorique de Lamy, voir Charles, *Rhétorique de la lecture*, p.155-84.

(*La Rhétorique*, p.321). La tâche de l'orateur est de révéler cette vérité pour qu'elle puisse être reconnue (p.328) :

> Ainsi l'Orateur qui a le talent de mettre la vérité dans un beau jour doit charmer, puisqu'il n'y a rien de plus charmant que la vérité, et elle doit triompher de la resistance qu'on lui faisoit, puisqu'effectivement pour être victorieuse elle n'a qu'à se faire connoître.

C'est exactement la même révélation de la vérité qui est au cœur du discours sur le style de Marivaux. C'est une vérité qui est obtenue grâce au point de vue singulier et ainsi exprimée en style singulier, mais si c'est vraiment la vérité, elle sera universellement reconnue dès qu'elle aura été énoncée. Comme on peut le voir dans le passage suivant tiré de son essai sur le style, c'est une vérité, du reste, qui est généralement une fonction de la profonde réflexion (*Journaux et œuvres diverses*, p.386) :

> L'homme qui pense beaucoup approfondit les sujets qu'il traite : il les pénètre, il y remarque des choses d'une extrême finesse, que tout le monde sentira quand il les aura dites ; mais qui, en tout temps, n'ont été remarquées que de très peu de gens : et il ne pourra assurément les exprimer que par un assemblage et d'idées et de mots très rarement vus ensemble.

Nous voyons ici clairement l'idée générale de ce qui vient d'être discuté dans ces dernières pages : le style recommandé par Marivaux, qui est extrêmement personnel en raison de sa nature inhabituelle, n'est ni idiolecte ni expression d'un point de vue subjectif ou idiosyncrasique. Tout au contraire : c'est un point de vue objectif (et objectivant) qui apporte des lumières universelles.

Le singulier et le général

Si des différences personnelles peuvent être contrastées mais aussi transcendées de cette manière, c'est précisément parce qu'aux yeux de Marivaux nous partageons tous des similarités essentielles. Le narrateur du *Spectateur français* présente cette opinion très clairement dans le vingt et unième numéro du 5 octobre 1723 (*Journaux et œuvres diverses*, p.232) :

> Dans tout le cours de mes aventures, j'ai été mon propre spectateur, comme le spectateur des autres ; je me suis connu autant qu'il est possible de se connaître ; ainsi, c'est du moins un homme que j'ai développé, et quand j'ai comparé cet homme aux autres, ou les autres à lui, j'ai cru voir que nous nous ressemblions presque tous.[48]

48. Voir également, pour ce qui est essentiellement la même idée, Marivaux, « Réflexions sur l'esprit humain à l'occasion de Corneille et de Racine », discours prononcé à l'Académie française en 1749 : « Toutes les âmes, depuis la plus faible

C'est grâce à cette similarité essentielle que nous pouvons non seulement reconnaître les vérités qui nous sont communiquées par les autres sur le monde dans lequel nous vivons, mais aussi, et surtout, les vérités qui se rapportent à la nature humaine. Dans sa discussion « Sur le sublime », Marivaux ne cache pas que c'est cette connaissance générale qui l'intéresse au plus haut point. Après avoir fait des distinctions entre les deux différents types de sublime, il en vient à préférer, sans s'en cacher, le sublime qui décrit le cœur en général (comme dans le cas de Racine) opposé au sublime qui décrit les différences entre le cœur des hommes (citant Corneille en exemple). Ceux qui préfèrent ce dernier au premier le font, dit-il, parce qu'ils sont flattés de voir leurs propres particularités reconnues et distinguées de celles de l'homme ordinaire, croyant qu'ils sont d'autant plus raffinés parce qu'ils ont des sentiments exceptionnels. Cependant, pour Marivaux, la nature exceptionelle de tels sentiments leur donne seulement un élément de curiosité plutôt qu'une valeur éducative (*Journaux et œuvres diverses*, p.59). A la lumière de tout cela, il est difficile de tomber d'accord avec Oscar Haac quand il affirme que Marivaux crée un culte de l'originalité.[49]

La perception des similarités essentielles entre les individus a des conséquences importantes pour les limites focales associées au discours homodiégétique des narrateurs. Car, sur la base de cette similarité, les narrateurs de Marivaux peuvent établir des généralités en partant de leur propre expérience. Et ce faisant, nous découvrons que leur discours commence à se déplacer au delà de la première personne du singulier et ils commencent à parler à la première et troisième personne du pluriel (« nous » ou « les hommes ») remplaçant leur expérience par des maximes à valeur universelle.[50] Autrement dit, ce processus de fabrication de maximes qui trouve un écho dans la théorie de désengagement explorée plus haut, a pour effet de transformer l'expérience singulière de la première personne,

jusqu'à la forte, depuis la plus vile jusqu'à la plus noble, toutes les âmes ont une ressemblance générale : il y a de tout dans chacune d'elles, nous avons tous des commencemens de ce qui nous manque, par où nous sommes plus ou moins en état de sentir et d'entendre les différences qui nous distinguent » (*Journaux et œuvres diverses*, p.472). Voir aussi, pour une utilisation systématique du même thème, « Le voyageur dans le nouveau monde », qui commence à la dernière page du sixième numéro et continue jusqu'au dernier numéro du *Cabinet du philosophe* (*Journaux et œuvres diverses*, p.389-437).

49. Oscar A. Haac, « Théories of literary criticism and Marivaux », *SVEC* 88 (1972), p.733.

50. Pour un autre exemple, voir le passage suivant tiré de la « Lettre de M. de M*** contenant une avanture », publiée dans le *Mercure* (1719) : « Mais l'amour est comme un mauvais air que nous portent les amants qui nous approchent. Un des miens fut deux jours sans venir au logis » (*Journaux et œuvres diverses*, p.87).

rapportée sous forme d'anecdote personnelle en propositions universelles, qui peuvent être retirées du contexte de la narration homodiégétique et du narrateur à la première personne, pour être finalement réutilisées *ad infinitum*. Ce n'est cependant pas là le seul résultat de l'essentielle similarité entre les individus sur les frontières focales du discours homodiégétique. Etant donné la continuité essentielle entre une personne et une autre, le narrateur homodiégétique perspicace peut même se voir à l'intérieur des autres et articuler leurs pensées et leurs sentiments. On peut trouver l'application de ce procédé dans le troisième numéro du *Spectateur français* (27 juin 1722), où le narrateur peut pénétrer dans l'esprit de ceux qu'il rencontre et représente leurs pensées inconscientes sous forme de discours direct (*Journaux et œuvres diverses*, p.125-26) :

> Je les interprétais. Quand on est fait comme je suis, pensait apparemment chacun d'eux, on laisse agir à l'aise le sentiment qu'on a de ses avantages, en marchant superbement : Moi, je vais mon pas ; ma figure est un fardeau de grâces nobles, imposantes, et qui demande tout le recueillement de celui qui la porte. Qu'en dites-vous, hommes étonnés ? Qui de vous songe à faire quelque chicane à ce maintien ? Qui de vous n'avouera pas qu'il me sied bien de me rendre justice ? N'est-il pas vrai que je vous surprends, et que la critique est muette à mon aspect ? Gare ! Reculez-vous ! Vous empêchez le jeu de mes mouvements ; vous ne voyez mon geste qu'à demi. Place au phénomène de la nature ! Humiliez-vous, figures médiocres ou belles ; car c'est tout un, et vous êtes toutes au même rang auprès de la mienne.

Quand il explique cette sorte de ventriloquie, le narrateur reconnaît : « Je ne dis pas qu'ils pensent très distinctement ce que je leur fait penser ; mais tout cela est dans leur tête, et je ne fais que débrouiller le chaos de leurs idées : j'expose en détail ce qu'ils sentent en gros » (*Journaux et œuvres diverses*, p.126). Nous avons donc ici un autre exemple de la façon dont les limites épistémologiques associées à la narration à la première personne du dix-huitième siècle renversent les conditions focales du discours autobiogaphique. Si l'attitude de désengagement a pour conséquence la focalisation extérieure de la première personne, on peut voir maintenant que la perception résultant de ce processus de désengagement permet de focaliser intérieurement les troisièmes personnes.

L'objet de la présente étude des *Journaux* de Marivaux a été de montrer comment la conception du style personnel de l'auteur se différencie sur certains points importants de l'attente du lecteur moderne. Nous avons vu que, pour l'auteur des *Journaux,* « le style d'un homme » n'est ni l'expression d'un point de vue subjectif ni un idiolecte. En ce qui concerne ce dernier point, Marivaux considère la communication directe comme étant d'une importance primordiale ; c'est pourquoi il insiste sur l'utilisation de signes suivant les conventions sociales établies. A l'égard du problème précédent, j'ai soutenu que Marivaux peut se situer du point de vue historique dans une esthétique mimétique plutôt que créatrice ; il insiste sur le fait que rien ne doit être créé par l'acte d'écrire et que le devoir de l'écrivain est de copier les choses aussi fidèlement que possible, pour capter leur nature essentielle, ce qui entraîne ses narrateurs dans un processus de « désengagement », reliant son écriture à un aspect essentiel du rationalisme philosophique. Dans le contexte de cette tradition épistémologique, l'écriture personnelle assume une focalisation qui diffère d'une manière significative de celle associée par les théoriciens et les critiques modernes au pronom de la première personne. Dans les *Journaux*, le sujet de la première personne est souvent objectivé et vu dans la perspective d'une troisième personne ; de plus, en raison de la similarité supposée entre les humains, l'aperçu inhérent à ce processus d'objectivation envers soi-même peut-être appliqué à une autre personne que la première, ce qui de ce fait atténue les distinctions entre la première et la troisième personne, permettant au narrateur perspicace, dans un certain sens, de pénétrer l'esprit des autres personnages. Ces différentes conventions du point de vue qui ont leur origine dans une philosophie fondamentalement différente de l'identité personnelle et du langage, fait ressortir la disjonction entre l'écriture à la première personne au début du dix-huitième siècle et la tradition de l'écriture autobiographique qui va se développer par la suite. Alors que les lecteurs modernes ont eu tendance à expliquer les romans de Marivaux à la lumière de cette tradition plus tardive, une étude de ses *Journaux* suggère la possibilité de pouvoir reconsidérer son écriture sous un angle différent.

NICHOLAS CRONK

« Ecoutez, mon lecteur futur » : la narration romanesque et le rôle du lecteur dans *L'Indigent philosophe*

MARIVAUX publia *L'Indigent philosophe* à Paris en 1727, au moment même où Voltaire, à Londres, commençait la rédaction de ses *Lettres anglaises* (qui ne seront publiées que six ans plus tard). Malgré les différences évidentes entre ces deux œuvres de critique morale et sociale, les deux auteurs se voyaient confontés à un problème semblable : comment trouver une voix appropriée, un ton convenable ? Marivaux et Voltaire étaient tous deux hostiles au modèle récent fourni par les *Lettres persanes* de Montesquieu, publiées en 1721, lors de la publication échelonnée du *Spectateur français*. Marivaux avait tout de suite noté ses objections, avant même d'avoir terminé la lecture du livre, dans la huitième feuille du *Spectateur* : « Je voudrais qu'un esprit aussi fin que le sien eût senti qu'il n'y a pas un si grand mérite à donner du *joli* et du *neuf* sur de pareilles matières, et que tout homme, qui les traite avec quelque liberté, peut s'y montrer spirituel à peu de frais » (153-54).[1] Voltaire, qui savait se montrer spirituel quand il le fallait, manifestait lui aussi une grande réticence à l'égard des *Lettres persanes*, qu'il qualifiait de « léger », un « ouvrage de plaisanterie, plein de traits qui annoncent un esprit plus solide que son livre. »[2] Et quand, dans la dernière feuille de *L'Indigent philosophe*, il est question de « tant de jeunes gens » à Paris qui font « de la petite prose si délicate » (317), c'est peut-être toujours Montesquieu qui est visé.

Le *Spectator* d'Addison, publié en anglais en 1711-1712, et en traduction française à partir de 1714, fournissait un autre modèle de prose « éclairée », pour Marivaux comme pour Voltaire. Malgré le titre du journal, les essais du *Spectateur français* doivent en fait relativement peu à son homologue anglais : ce que Marivaux retient de son précurseur, c'est surtout la forme de l'essai bref, publié de façon échelonnée par feuille, et le ton d'un

1. Toutes les citations de Marivaux se référeront aux *Journaux et œuvres diverses* édités par Frédéric Deloffre et Michel Gilot (Paris, 1969, remise à jour en 1988).

2. Voir Voltaire, *Œuvres complètes*, éd. L. Moland (Paris, 1877-1885), t.18, p.253, et t.14, p.106.

narrateur légèrement en retrait du monde qu'il examine.[3] L'existence d'un tel narrateur présuppose bien sûr une intimité, de convention évidemment, avec son lecteur, et Marivaux l'exploite au maximum dans son *Spectateur français* ; dans ce texte hautement polyphonique, Marivaux se sert de toute une gamme de narrateurs à l'intérieur du journal même, mais la position du lecteur reste stable.

Lorsque, après un intervalle de trois ans, Marivaux revient à la forme du journal, il cherche à en varier la formule. Sans quitter le domaine de l'essai moral, il s'efforce maintenant d'innover du côté du narrateur, en inventant cet oxymore apparent qu'est l'indigent philosophe, personnage qui ne doit rien à Addison (même si la forme de l'essai bref dérive en partie de lui). D'où vient donc ce personnage ? Tout comme le « spectateur français », l'indigent philosophe garde un point de vue détaché du monde qu'il décrit : « Les choses vont, et je les regarde aller ; autrefois j'allais avec elles, et je n'en valais pas mieux ; parlez-moi, pour bien juger de tout, de n'avoir plus d'intérêt à rien. Autrefois, par exemple, je n'aurais pas pensé si juste sur une chose qui me frappe actuellement » (307). Mais ailleurs il ne ressemble pas au narrateur posé du *Spectateur français*. Notre narrateur indigent a « près de cinquante ans » (275) et il est, de son propre aveu, « babillard » (277), terme qui traduit parfaitement *The Tatler*, journal de Steele qui avait précédé *The Spectator*.[4] Il est – il le dit lui-même trois fois – 'l'homme sans souci » (281, 304, 311-12), un original qui se tient à l'écart de la société, pour des raisons de nécessité économique, certes, mais aussi par choix personnel, car il s'est placé, dit-il, « à plus de cinq cent lieues de ma patrie, qui est la France » (275). C'est un exclu qui cherche, comme le montre Felicia Sturzer, sinon à s'intégrer dans la société, du moins à donner une raison positive à sa solitude.[5] Déjà le narrateur du *Spectateur français* s'était présenté comme un simple penseur plutôt qu'un auteur (toujours avec une allusion implicite à Pascal) : « Ce n'est point un auteur que vous allez lire ici [...]. Je ne sais point créer, je sais seulement surprendre en moi les pensées que le hasard me fait » (114). Le narrateur de *L'Indigent philosophe* va plus loin : c'est un auteur malgré lui qui se présente à nous, un auteur qui refuse formellement

3. Les *Lettres anglaises* de Voltaire s'inspirent de même du modèle addisonien : voir Nicholas Cronk, « Voltaire rencontre Monsieur le Spectateur : Addison et la genèse des *Lettres anglaises* », dans *Voltaire en Europe : Hommage à Christiane Mervaud*, éd. M. Delon et C. Seth (Oxford, 2000), p.13-21.

4. Ailleurs dans l'œuvre, le terme « babil » (317, 352) est nettement péjoratif. Comparer la jeune fille de « seize à dix-sept ans » dans *Le Spectateur français* : « Mais je m'amuse à babiller, sans venir au fait. Il faut me le pardonner, *Monsieur*, une fille de mon âge » (177).

5. Voir Felicia Sturzer, « Exclusion and coquetterie : first-person narrative in Marivaux's *L'Indigent philosophe* », *French Review*, 55 (1982), p.471-77.

d'être un des ces « faiseurs de livres » (317) qu'il méprise, et qui voudrait se livrer à nous tout nu comme Diogène : « Je veux qu'on trouve de tout dans mon livre [...]. Bref, je veux être un homme et non pas un auteur » (310-11). C'est parce qu'il se pique d'être honnête qu'il nous épargne une préface hypocrite : « Je vous dis vos vérités sans façon [...] ; vous ne verrez point de préface à la tête de mon livre [...], cherchez ce verbiage-là dans les auteurs, il leur est ordinaire » (311-12). Cette attitude d'indépendence vis-à-vis des conventions littéraires le libère évidemment des attentes habituelles de nous autres lecteurs : « Aussi, je ne vous promets rien, je ne jure de rien ; et si je vous ennuie, je ne vous ai pas dit que cela n'arriverait pas ; si je vous amuse, je n'y suis pas obligé, je ne vous dois rien » (311).

Ce narrateur libéré de toute convention crée par la force de sa rhétorique un lecteur qui doit obligatoirement être tout aussi libéré des conventions de lecture. Dans les trois journaux de Marivaux nous trouvons un lecteur fictif, non identifié, qui fait surface dès la première phrase de la première feuille : « Lecteur, je ne veux point vous tromper, et je vous avertis d'avance que ce n'est point un auteur que vous allez lire ici » (114) ; « Je m'appelle l'Indigent philosophe, et je vais vous donner une preuve que je suis bien nommé (275) ; « Voici, ami lecteur, ce que c'est que l'ouvrage qu'on vous donne » (335) : chacun des trois *Journaux* de Marivaux commence ainsi avec un appel lancé par le narrateur du journal au lecteur fictif. Le narrateur issu de la tradition addisonienne doit toujours trouver une complicité avec son lecteur, mais le rôle du lecteur dans *L'Indigent philosophe* s'avère plus complexe que dans les deux autres journaux, car au narrateur voué à la destruction des conventions correspond un lecteur fictif qui n'est ni simple ni stable.

A certains moments, notre narrateur indigent imagine qu'il écrit pour lui seul, sans même la certitude d'un lectorat actuel ou futur, attitude romantique s'il en fut : « [...] c'est qu'au moment où j'écris ce que vous lisez (si pourtant vous me lisez ; car je ne suis pas sûr que ces espèces de Mémoires aillent jusqu'à vous, ni soient jamais en état d'avoir des lecteurs) » (275) ; « Voulez-vous gager que mes rapsodies trouvent des imprimeurs, et que vous les lirez ? Si ce n'est vous, ce sera un autre » (283) ; et encore, « Si vous lisez mes paperasses, souvenez-vous que c'est l'homme sans souci qui les a faites » (304). L'illusion n'est pas entièrement convaincante, car après un article hostile aux femmes, il ajoute : « Si les femmes lisent cet article-ci, elles m'en voudront du mal » (318). Le lecteur peut-il donc faire confiance au narrateur ? Lorsque celui-ci se reproche de nous avoir dit qu'il était français, nous voyons qu'il calcule l'effet de sa narration sur son lectorat présumé, ou du moins qu'il fait semblant de le faire : « Or sus, continuons mes rapsodies, j'y prends goût ; elles ne sont peut-être pas si mauvaises, mais je les ai gâtées en disant que j'étais français, et si jamais mes compatriotes les voient, je les connais, ils ne manqueront pas de les trouver pitoyables » (303). Il nous assure dès le départ qu'il se trouve à « plus de cinq cent lieues de ma patrie, qui est la France » (275), mais il reconnaît par la suite qu'il n'attend pas que nous le croyions : « Je gagerais pourtant bien que vous croyez que je suis à Paris, quoique je vous aie dit que j'en étais à plus de quatre cent lieues » (304). (Le chiffre change de cinq cents à quatre cents lieues : est-ce une simple négligence de l'auteur ? ou plutôt une négligence délibérée de la part du narrateur ?)

Le narrateur se sert de tous les moyens conventionnels pour impliquer le lecteur dans ses propos ; nous notons, par exemple, l'abondance des questions rhétoriques, « Que dites-vous de ma morale ? » (278), « appelez-vous cela modestie ? » (314), « Quel remède à cela ? » (321) ; la question ajoutée en fin de phrase, « n'est-il pas vrai ? » (280) ; ou l'impératif : « Trouvez le moyen de lui persuader [...] » (313) : tous autant de moyens de rendre active et présente au lecteur la voix du narrateur. La complicité entre le lecteur et le narrateur se fait sentir aussi dans l'emploi de la première personne du pluriel : « Parlons de ma vie [...] » (277), « la raison nous coule de source, quand nous voulons la suivre » (279), « laissons-là les folies des hommes » (280) ; et même « nous autres Français » (303). Parfois, le « vous » se réfère non pas au lecteur fictif, mais à un « on », interlocuteur hypothétique : « Je connais un homme qui, bien loin de se louer, se ravale presque toujours, il combat tant qu'il peut la bonne opinion que vous avez de lui [...] ; et si vous insistez, il la critique, il lui trouve des défauts, il vous les prouve de tout son cœur » (314). Mais le plus souvent, le narrateur s'adresse au lecteur fictif par l'emploi du « vous » ; il ne se sert que très rarement du « on » (276), et ce « vous » maintient donc un profil très élevé dans le texte. « Il me vient une comparaison qu'il faut que je vous dise : imaginez vous [...] » (279), ou encore, « ce n'était peut-être pas la peine de vous dire cela, lecteur français » (304).

Ce lecteur fictif ne reste pas entièrement silencieux, car bien qu'il ne parle pas en tant que personnage, il arrive que le narrateur lui attibue des réactions et même des mots, car ce « babillard », tel le narrateur de *Jacques le fataliste*, a besoin pour parler d'une présence réactive : « Vous n'êtes peut-être pas fait pour être mieux, me direz-vous, mon cher et bénin lecteur. C'est ce qui vous trompe [...] » (275) ; « Vous moquez-vous de moi ? Grand bien vous fasse » (276) ; « Vous riez, peut-être levez-vous les épaules » (311). Il arrive aussi que le narrateur invente un interlocuteur, pour facilitier la narration aussi bien que pour l'animer : il voit un homme passer dans la rue, et imagine le discours qu'il voudrait lui adresser : « Ah ! monsieur, que vous avez bonne mine ! » (307). S'il veut attaquer les hypocrites, il les crée devant nous : « Entendez-vous, messieurs les véridiques, ne nous vantez point tant votre caractère (315). » Le narrateur va jusqu'à inventer des voix d'autorité : le trait moral qui constitue le point d'orgue de la septième et dernière feuille est attribué à « un ancien, dont le nom ne me revient pas » (323), un ancien, sûrement fictif, qui énonce une thèse très chère à Marivaux ; la voix de l'auteur se fait entendre ainsi dans la conclusion de l'œuvre sans pour autant passer par la voix de l'indigent philosophe. Dès la première feuille le narrateur rencontre un camarade auquel il donne une voix, créant ainsi un récit cadre qui se poursuit jusqu'à la quatrième feuille. Ce camarade ivrogne s'adresse à son auditeur, et ses questions – 'Où en suis-je, camarade ? » (292), « Vous me voyez aujourd'hui grenouiller sans façon avec vous au cabaret, n'est-il pas vrai ? » (293) – s'adressent en premier lieu au narrateur, qui se retrouve ainsi dans la position du lecteur.

Le narrateur semble hanté par les auteurs en vue qui sollicitent l'approbation de leurs contemporains et il cherche toujours à marquer son éloignement du monde littéraire habituel. Dans un portrait qui pourrait bien viser Voltaire, il s'adresse au grand auteur qui protège les autres : « ils racontent vos reparties, vos jugements, vos audaces » (316). Le lecteur de *L'Indigent philosophe* est considéré, et cela dès la première feuille, comme un critique (276), et le narrateur essaie même de nous mettre à la place des lecteurs d'un livre d'un auteur plus conventionnel : « Vous qui lisez son livre, vous le trouvez solide à cause qu'il est pesant ; vous autres lecteurs, vous êtes pleins de ces méprises-là » (311). Il va même jusqu'à imaginer un auteur, un lecteur et une préface conventionnels ; c'est « la vanité de notre auteur » qui parle : « *Lecteur, la matière dont j'entreprends de parler*, dit-elle, *est si grande, et surpasse tellement mes forces, que je n'aurais osé la traiter, si je n'avais compté sur ton indulgence* » (312) : il est à remarquer que cet auteur hypothétique marque sa supériorité en tutoyant son lecteur : le vouvoiement du narrateur indigent est plus respectueux de la liberté du lecteur.

Il n'est donc pas pour surprendre que la dernière feuille de la série commence par une réflexion sur le lecteur (ce passage est signalé d'ailleurs dans la table de l'édition de 1728, sous la rubrique « Lecteurs » : unique occurrence d'une telle rubrique dans les *Journaux* de Marivaux).[6] Il commence : « Ecoutez, mon lecteur futur, je vous mépriserais bien, si vous ressembliez à certaines gens qu'il y a dans le monde » (316). Il lance une attaque contre la foule de Parisiens « qui font mine d'avoir du goût, et qui ont appris par cœur je ne sais combien de formules d'approbation ou de critique, de petites façons de parler avec lesquelles il semble qu'on y entend finesse » (317).[7] D'où la difficulté pour un auteur de trouver un lecteur digne de ce nom : « Est-ce qu'il y a des lecteurs dans le monde ? Je veux dire des gens qui méritent de l'être ? » (317). L'unique solution, c'est pour

6. Voir *Journaux*, éd. F. Deloffre et M. Gilot, p.806.

7. L'idée de la décadence du goût moderne est persistante chez Voltaire ; voir, par exemple, *Œuvres complètes*, éd. Moland, t.7, p.172, et t.19, p.272.

l'auteur d'écrire pour lui-même, et c'est bel et bien ce que fait l'Indigent philosophe : « Un lecteur, quelque ostrogot qu'il soit par exemple, ne saurait mordre sur le plaisir que j'y prends ; je l'en défie. Qu'il dise, s'il veut, que mon livre ne vaut rien ; que m'importe, il n'est pas fait pour valoir mieux. Je ne songe pas à le rendre bon, ce n'est pas là ma pensée, je suis bien plus raisonnable que cela, vraiment ; je ne songe pas qu'à me le rendre amusant » (316-17).

Le lecteur étant ainsi libéré de son rôle habituel de critique, l'auteur se trouve libre en même temps de poursuivre le chemin qui lui plaît. Une préoccupation majeure du texte est ainsi résumée dans la question « Qu'est-ce qu'un auteur méthodique ? » (311). En parlant de son propre texte, le narrateur parle de « lambeaux sans ordre » (277), de « mes rapsodies » (283, 303), d'"une plaisante bigarrure » (310), et il donne lui-même un résumé de l'œuvre qui fait ressortir ses aspects « bizarres » :

> D'abord on voit un homme gaillard qui se plaît aux discours d'un camarade ivrogne, et puis tout d'un coup ce gaillard, sans dire gare, tombe dans les réflexions les plus sérieuses ; cela n'est pas dans les règles, n'est-il pas vrai ? Cela fait un ouvrage bien extraordinaire, bien bizarre : eh ! tant mieux, cela le fait naturel, cela nous ressemble. (310)

A plusieurs reprises il insiste sur le « naturel » de sa façon d'écrire : « Pour moi, je ne sais comment j'écrirai : ce qui me viendra, nous l'aurons sans autre cérémonie » (276) ; « Mais ne vous fiez pas à mon esprit, il se moque de l'ordre, et ne veut que se divertir » (283) ; « Quand j'ai mis la plume à la main, j'ai cru que j'allais continuer la suite de mon discours de l'autre jour [...]. Point du tout, je l'ai oublié » (309). Et il arrive même qu'il demande au lecteur d'y mettre un peu d'ordre : « Mais j'ai mal arrangé mon récit ; voilà cette dame que je quitte et je ne vous ai pas encore conté comme quoi nous fîmes connaissance ensemble. Ma foi, arrangez cela vous-même » (297). Toujours est-il qu'il ressent le besoin parfois de justifier ses procédés ; s'il s'écarte dans ses propos, c'est parce qu'il écrit comme il parle : « Vous voyez bien que j'écris comme si je vous parlais, je n'y cherche pas plus de façon » (322). Et dans le récit cadre du camarade ivrogne, le soi-disant désordre narratif est justifié autrement, car la composition se fait sous l'influence d'une inspiration bacchique : « Les réflexions me brouillent, ou bien elles me viennent toutes brouillées, lequel des deux ? ne m'importe ; je les donne comme je le sais, les bribes en sont bonnes » (294). La composition, même d'un auteur sobre, n'est pas libérée des contraintes de la vie réelle, et par un effet qui se voudrait réaliste, la longueur des essais qui constituent chaque feuille est censée être déterminée par la durée du soleil ou une invitation à dîner : « Au reste, je ne vous entretiendrai pas ce soir bien longtemps ; car je suis prié d'un repas avec mes camarades » (322).

Cette notion d'une esthétique du désordre est esquissée déjà, mais de façon très timide, dans le *Spectateur français* : « Que [ce jeune homme] abandonne, après, cet esprit à son geste naturel. Qu'on me passe ce terme qui me paraît bien expliquer ce que je veux dire » (148). Même le terme *naturel* semble gêner ici, et ce n'est que dans *L'Indigent philosophe*, où le caractère plus libre du narrateur (apparemment plus indépendant de l'auteur) permet une discussion bien plus franche de cette esthétique dérivée de la nature :

> Regardez la nature, elle a des plaines, et puis des vallons, des montagnes, des arbres ici, des rochers là, point de symétrie, point d'ordre, je dis de cet ordre que nous connaissons, et qui, à mon gré, fait une si sotte figure auprès de ce beau désordre de la nature ; mais il n'y a qu'elle qui en a le secret, de ce désordre-là ; et mon esprit aussi, car il fait comme elle, et je le laisse aller. Je vous l'ai déjà dit, je me moque des règles, et il n'y a pas grand mal. (310)[8]

Il serait erroné de voir ici une anticipation d'une esthétique du sublime qui commencera à s'épanouir dans le *Salon de 1765* de Diderot ; il faut plutôt placer ce passage dans le contexte du rejet de l'esthétique classique, et du regain d'intérêt pour les *Essais* de Montaigne, suscité par la nouvelle édition de Pierre Coste en 1724 (la première édition complète des *Essais* depuis 1669).[9] Avec *L'Indigent philosophe*, en 1727, Marivaux se libère de la tradition de l'essai hérité d'Addison, et renoue avec le grand modèle français du seizième siècle. C'est peut-être le sens du passage dans lequel notre narrateur dénonce ses compatriotes qui louent trop les auteurs étrangers : « On ne saurait croire le plaisir qu'un Français sent à dédaigner nos meilleurs ouvrages, et à leur préférer des fariboles venues de loin » (304).

Dans la mesure où l'Indigent philosophe annonce un projet autobiographique, on peut dire que « ces espèces de Mémoires » (275) annoncent les grands romans à suivre.[10] On a souvent dit que le personnage de l'Indigent philosophe faisait penser au Neveu de Rameau, et certes il aurait pu se présenter dans les termes qu'emploie le personnage de Diderot dès la

8. Cette notion du « désordre » de la nature est à contraster avec l'idée d'ordre social, garanti par la Providence, évoquée plus haut (305). Comparer avec Jean-Jacques Rousseau dans les *Rêveries du promeneur solitaire* : « Ces feuilles ne seront proprement qu'un informe journal de mes rêveries. Il y sera beaucoup question de moi [...]. Je dirai ce que j'ai pensé tout comme il m'est venu et avec aussi peu de liaison que les idées de la veille en ont d'ordinaire avec celles du lendemain. Mais il en résultera toujours une nouvelle connaissance de mon naturel [...] » (« Première Promenade »).

9. Voir aussi l'allusion à Montaigne dans *Le Cabinet du philosophe* (p.388).

10. Voir Merete Grevlund, « Le dialogue avec le lecteur dans *L'Indigent philosophe* », dans *Marivaux et les Lumières : L'éthique d'un romancier* (Aix-en-Provence, 1996), p.125-28.

première page du texte : « Je m'entretiens avec moi-même [...]. Je laisse [mon esprit] maître de suivre la première idée sage ou folle qui se présente. » Mais encore plus que *Le Neveu de Rameau*, *L'Indigent philosophe* fait penser à une autre œuvre de Diderot. Déjà lorsque l'Indigent déclare que le domestique et le maître sont tous les deux des hommes, il annonce un thème central de *Jacques le fataliste et son maître* : « Tous les hommes servent, et peut-être que celui qu'on appelle valet est le moins valet de la bande » (313). L'Indigent ressemble à Jacques d'abord par sa manière de parler : quand Jacques dit : « je suis né bavard »,[11] il cite, peut-être sans le savoir, l'Indigent, et son : « Je suis naturellement babillard » (277), et ils font écho tous les deux au Sancho de Cervantes.[12] Ils se ressemblent même par leurs « communications non verbales » : quand il rencontre son camarade gaillard, l'Indigent fait des sauts en l'air avec lui (281), comme un acrobate de la Foire, comme un Arlequin dans le théâtre de Marivaux, ou comme Jacques.[13] L'esthétique du désordre que nous avons décernée dans cette œuvre de Marivaux est aussi au cœur de *Jacques*, et lorsque l'Indigent parle de « mes rapsodies » (283, 303), il anticipe l'opinion du lecteur de *Jacques* : « Et votre *Jacques* n'est qu'une insipide rapsodie de faits les uns réels, les autres imaginés. »[14] Au niveau de la narration aussi, les ressemblances sont frappantes. La narration du camarade de l'Indigent qui s'enivre progressivement rappelle dans *Jacques* la scène avec l'hôtesse du Grand Cerf au cours de laquelle elle s'enivre avec Jacques et son maître en buvant du champagne. Dans les deux cas, la nécessité pressante de remplir les verres vient interrompre le narrateur et la narration, pour créer un effet de vraisemblance (de pseudo-vraisemblance, plutôt) qui souligne l'actualité de la scène en même temps qu'il rappelle au lecteur l'existence du cadre de la narration : « Il me semble que j'ai passé deux mois chez le curé sans que nous ayons trinqué [...]. Allons, frère, arrosons » (285) ; et « Et à propos de mémoire, si j'encourageais votre attention d'une petite rasade, cela ferait-il si mal ? » (288).[15] « Ce qui me charme dans ma manière de conter une histoire, » dit le camarade ivrogne, « c'est le talent naturel que j'ai d'y glisser toujours qu'il faut boire » (292) : Frédéric Deloffre signale à ce sujet un parallèle tout à fait pertinent avec le roman précédent de Marivaux, *Pharsamon*,[16] mais on pourrait aussi penser aux nombreuses scènes de

11. Diderot, *Jacques le fataliste et son maître*, éd. Y. Belaval, Folio (Paris, 1973), p.206.

12. Voir Nicholas Cronk, « *Jacques le fataliste et son maître* : un roman quichotisé », *Recherches sur Diderot et sur l'Encyclopédie*, 23 (1997), p.63-78 (p.73-74).

13. *Jacques le fataliste et son maître*, p.82. Comparer, dans *Le Compère Mathieu* de l'abbé Dulaurens, le personnage de Diego, « un Sauteur de la Foire ».

14. *Jacques le fataliste et son maître*, p.261.

15. Comparer, toujours dans *L'Indigent philosophe*, p.291, 299.

16. Voir *Journaux*, p.633, note 62.

Jacques où le serviteur boit dans sa gourde.[17] De façon plus générale, le récit cadre dans *L'Indigent philosophe* se trouve interrompu en plein milieu de l'histoire, tout comme le récit des amours de Jacques :

> Mon camarade en était là de son histoire, quand nous entendîmes du bruit dans la rue [...]; nous n'avions plus de vin: mon camarade paya, et nous descendîmes ; après quoi nous nous perdîmes dans la foule [...]. Il me promit en me quittant de continuer son histoire quand nous nous reverrions ; l'occasion ne s'en est pas encore trouvée, et cela viendra. (301)

Inutile de dire que l'occasion ne viendra pas, tout comme nous n'en viendrons jamais à l'histoire des amours de Jacques. D'autres détails dans *L'Indigent philosophe* font penser à d'autres romans encore. Au niveau de la discussion morale, l'idée qu' « il n'y a que le méchant dans le monde qui ait à prendre garde à son système » (305) anticipe les romans libertins de Crébillon et de Laclos ; et certains aspects de l'histoire du camarade ivrogne ne sont pas sans annoncer Jacob dans le *Paysan parvenu* (1734-1745).[18]

Mais c'est surtout l'esthétique de la narration, alliée au personnage « babillard », qui relie *L'Indigent philosophe* à *Jacques le fataliste*. Notre propos ici n'est pas de suggérer une source, encore une, du roman de Diderot, mais plutôt de signaler la parenté au niveau de la narration, entre ce deuxième journal de Marivaux et la tradition du roman comique. Chacun des soi-disant « journaux » de Marivaux est fondé sur une structure rhétorique particulière, de la polyphonie du *Spectateur français* à la structure fragmentaire du *Cabinet du philosophe*. Dans ce dernier journal, le rôle du lecteur s'éclipsera entièrement, ou presque, car le narrateur est maintenant un défunt qui a laissé « une cassette pleine de papiers » (335). Mais même ce narrateur mort a envisagé la possibilité d'être lu, car on écrit rarement pour soi seul : « Mais écrit-on pour soi ? J'ai de la peine à le croire » (351) ;[19] et il note que lorsqu'un auteur pense trop à son public, la beauté de ses écrits devient figée et conventionnelle.[20] Dans le premier journal, le rôle du lecteur, apostrophé comme « Ami lecteur » (132), avait été plutôt passif; Marivaux déploie une série de techniques romanesques pour varier les voix

17. *Jacques le fataliste et son maître*, p.290, 319, etc.

18. Par exemple, lorsqu'il séduit des dames plus âgées que lui : « Mais comme j'étais un gros garçon de bonne mine, qualité qui était fort de sa compétence, et qu'elle voyait aussi que les autres femmes me trouvaient ragoûtant [...] » (*Journaux*, p. 296).

19. Comparer Jean-Jacques Rousseau dans les *Rêveries du promeneur solitaire* : « [Montaigne] n'écrivait ses essais que pour les autres, et je n'écris mes rêveries que pour moi » (« Première Promenade »).

20. Voir *Journaux*, p.351-52 ; cette idée sera reprise par Trublet : voir aussi *Journaux*, p.645, note 50.

des locuteurs, et le narrateur principal introduit des traductions de l'espagnol (139, 193), un « Mémoire » (207), le manuscrit d'un inconnu (231), et surtout de très nombreuses lettres. Mais la réaction du lecteur ne varie pas pour autant, et ce n'est que vers la fin du journal, au début de la vingt-troisième feuille (244-45) que le narrateur commence à faire réagir et à faire parler ses lecteurs : c'est une technique qui sera beaucoup plus développée dans *L'Indigent philosophe*. Après avoir fait l'expérience, dans *Le Spectateur français*, d'un narrateur plus neutre dans la tradition d'Addison, voici que dans son deuxième journal, Marivaux cherche du côté du roman comique, et de la tradition du *pícaro* issue des romans comiques espagnols, pour créer son narrateur. Ce narrateur se trouve greffé sur le modèle de l'essai moral aussi bien que sur le modèle de l'essai de Montaigne pour créer un journal unique, dans lequel le rôle du lecteur, tout comme dans le roman comique, sera mis au premier plan.

FRANÇOIS BESSIRE

« Je ne sais pas faire de lettres qui méritent d'être imprimées » : la lettre dans *Le Spectateur français* et *Le Cabinet du philosophe*

LETTRE et journal ont, sous l'Ancien Régime, partie liée.[1] Le journal est issu des circuits épistolaires d'information, qu'il remplace et développe. Le journal prend souvent[2] forme de lettre, forme ouverte qui se prête parfaitement à la périodicité et qui s'inscrit dans un échange. Si le journal ne se présente pas comme une lettre ou comme des lettres, il y a des lettres dans le journal, et notamment les lettres au journal.

Conformément aux usages du temps, et suivant en cela de très près son modèle anglais,[3] *Le Spectateur français* fait largement la place aux lettres qui lui sont adressées. Mais la présence de la lettre dans les journaux de Marivaux dépasse le cadre de cette pratique journalistique : la lettre est aussi dans les multiples récits qui remplissent les feuilles du *Spectateur* et du *Cabinet du philosophe*.

Toutes ces lettres ont pour effet de contribuer à fragmenter les feuilles et à multiplier les voix. Autant de lettres, autant de vérités singulières saisies sur le vif, autant de secrets dévoilés : de quoi aller au-delà des apparences et « entendre » enfin les hommes.

Une double gamme de lettres

Dans *Le Spectateur français* et dans *Le Cabinet du philosophe*, les lettres ont deux statuts possibles : lettre au journal ou lettre dans un récit. Marivaux dispose ainsi d'une double gamme.

Qu'elles soient simplement mentionnées (plus de vingt lettres), ou citées

1. Pour un point rapide sur la question, voir Alain Nabarra, « La lettre et le journal, la lettre dans le journal », dans *La Lettre au XVIII*e siècle et ses avatars, G. Bérubé et M.-F. Silver dir., Toronto, Editions du GREF, 1996, p.305-26.

2. Plus de 120 journaux sur 1000 publiés avant 1789. Voir Jean Sgard, *Bibliographie de la presse classique*, Genève, Slatkine, 1984.

3. Voir les parallèles ligne à ligne présentés dans Michel Gilot, *Les Journaux de Marivaux. Itinéraire moral et accomplissement esthétique*, Lille, SRT, 1974, t.i, p.324.

en tout ou en partie (quinze lettres), les lettres des journaux de Marivaux sont de deux grands types qui correspondent à des niveaux narratifs différents. Les lettres de type « journalistique » sont adressées, qu'elles aient été ou non destinées à être publiées par lui, au premier narrateur, le « spectateur » dans *Le Spectateur français* ou l'éditeur dans *Le Cabinet du philosophe*. C'est ce premier narrateur qui les cite ou les mentionne. Le second type, que l'on pourrait qualifier de « romanesque », est constitué de lettres introduites par une instance narrative de second niveau : l'auteur d'une lettre (p.163 et 165),[4] l'auteur du « Mémoire de ce que j'ai fait et vu pendant ma vie » (p.216, 218 et 221), celui de la relation de voyage « dans le Nouveau Monde » (p.392-93 et 430). A ce second type appartiennent aussi deux lettres placées à un troisième niveau de narration (elles sont mentionnées dans une lettre citée à l'intérieur du récit de voyage au « Monde vrai »).

Comme les lettres présentes dans les romans, les lettres de type « romanesque » sont des moteurs de la narration dans laquelle elles apparaissent. Par leur contenu (elles informent d'un départ, d'une grossesse, d'un sentiment, d'une tromperie) ou par leur simple existence (lettres volées par la femme de chambre), elles déclenchent des événements et font évoluer les personnages. On comprend que si les lettres du premier niveau sont toujours citées – à la seule exception de celles que l'éditeur du *Cabinet du philosophe* dit avoir trouvées dans les papiers du défunt (p.333) – les lettres de second niveau peuvent remplir leur fonction narrative en étant seulement mentionnées.

Chaque type de lettre se décline en une véritable gamme. La plus étendue est celle des lettres de type « journalistique », qui va de l'article en forme de lettre à la lettre « portugaise », cri désordonné de la passion. La gamme commence avec les manifestations les plus impersonnelles de la lettre, celles qui sont attendues dans une feuille périodique, où la forme épistolaire est un des modes rhétoriques d'usage pour présenter par exemple la critique littéraire (p.225 : les « sentiments » sur *Inès de Castro*), ou pour prendre position dans le débat du jour (p.159 : billet sur la « Querelle »). Le courrier des lecteurs, même s'il s'adresse à un inconnu (le « spectateur ») ou à travers lui au public, est plus personnel. A l'exception d'une lettre pratique donnant le secret de faire payer ses débiteurs (p.191) et de deux paragraphes de commentaires critiques sur le journal (p.176), les lecteurs, sur le modèle du périodique anglais dont Marivaux s'est librement inspiré, exposent dans leurs lettres leur situation et attendent de leur récit un effet (ramener leur amant oublieux ou leur père sévère à de meilleurs

4 Les numéros de page renvoient à Marivaux, *Journaux et œuvres diverses*, éd. Frédéric Deloffre et Michel Gilot, Paris, Bordas, 1988.

sentiments, sauver leur femme, faire changer leur mère, émouvoir les fils ingrats ou donner à réfléchir). Il leur faut dans toutes les lettres se présenter et se raconter, dire leur « aventure » ou l'« histoire de leur vie ». Les lettres sont autant de cas, autant d'aperçus sur des situations singulières, autant de portraits croisés : le « bénin mari »[5] et la femme avare (p.172-76), la jeune fille coquette et la mère dévote (p.176-79). L'inconnu « né dans les Gaules » (p.236), qui se définit lui-même comme un « spectateur », accompagne d'une lettre « l'histoire de sa vie » et y expose sa réflexion sur l'homme et sur les fondements de la morale. Certaines lettres écrites dans l'urgence d'une situation de crise jouent sur la capacité de dramatisation de la lettre. Celles de la jeune fille séduite, abandonnée et rejetée par son père, comme celle du vieillard écarté par un fils parvenu, avec leur apostrophe au séducteur perfide (p.155) et au fils ingrat (p.188), sont pathétiques. Le tragique est atteint quand la jeune fille, au seuil de la mort, confie son enfant à naître (p.165-66) ou prie son père de lui pardonner (p.171-72). Tragique aussi la lettre de la deuxième feuille, lettre d'aveu et de rupture à la fois, soliloque des déchirements de la passion.

Les lettres de type « romanesque » citées sont très différentes des précédentes. Brèves lettres à leur maîtresse – leur « reine », leur « déesse » (p.216) ou leur « belle marquise » (p.392) – d'amants complices (le plus souvent au détriment des autres : l'amie qualifiée d'« antiquaille » ou le chevalier), elles sont arrachées à l'intimité de l'échange entre les protagonistes du récit et écrites dans le présent de l'action. Ces deux modes d'insertion de la lettre permettent de combiner souplesse de composition – la lettre au journal a par nature toujours sa place dans le journal – et diversité des lettres (du billet de circonstance au long récit personnel) et de leurs effets.

Autonomie de la lettre

Aussi diverses qu'elles soient, à quelque gamme qu'elles appartiennent, les lettres citées dans *Le Spectateur français* et dans *Le Cabinet du philosophe* ont en commun de constituer des textes autonomes qui, par la discontinuité qu'ils entraînent, servent les choix esthétique et philosophique de Marivaux.

Les lettres sont annoncées comme telles, accompagnées le plus souvent d'indications sur le circuit par lequel elles sont parvenues entre les mains de celui qui les cite. Autant de circonstances où la précision (elles sont reçues par un valet ou par une gouvernante, ont suivi leur destinataire à la campagne, sont tombées d'un livre ouvert par désœuvrement pendant qu'on attendait dans une antichambre) le dispute à la désinvolture (p.172 :

5. Expression d'un « continuateur » du temps, cité par M. Gilot, *op. cit.*, t.i, p.260.

« deux lettres qui me sont arrivées, je ne sais comment »), mais autant d'éléments qui rappellent la spécificité de ces séquences textuelles pas comme les autres : distinguées par l'italique dans les éditions originales, précédées de suscriptions ou closes par des formules de congé, elles constituent des textes distincts, parfaitement identifiables, ayant leur propre cohérence et leur propre appartenance générique.

Les rares réactions des critiques du temps à la parution des feuilles du *Spectateur français* montrent que la lettre est l'objet d'une lecture spécifique, et qu'elle est jugée en tant que lettre, indépendamment de l'ensemble dans lequel elle se situe. C'est la lettre de la deuxième feuille que Bruzen de La Martinière critique pour son manque de naturel,[6] et non la feuille entière. Si la *Bibliothèque française* vante la douzième feuille, c'est à cause d'une lettre « tout à fait plaisante et bien écrite sur une femme avare ».[7] Le jugement de d'Alembert dans son éloge de Marivaux porte de nouveau sur les « morceaux intéressants » que constituent les lettres ; pour lui « la lettre d'un père sur l'ingratitude de son fils » est « peut-être le meilleur ouvrage de Marivaux ».[8] L'écriture elle-même de la lettre est soumise à une logique générique. La lettre de la deuxième feuille du *Spectateur français* doit beaucoup, comme l'ont montré Frédéric Deloffre et Michel Gilot, à la tradition littéraire, et notamment aux *Lettres portugaises* et aux *Treize lettres d'une dame à un cavalier* d'Edme Boursault.[9] Les trois lettres de la jeune demoiselle inconnue arrivées dans un « paquet » (p.154), constituent un ensemble que son mode de composition apparente aux fictions épistolaires. Le même auteur s'y adresse à des destinataires différents : au « spectateur » elle raconte son « aventure », à l'amant qui l'a abandonnée elle adresse des plaintes et le supplie de s'occuper de son enfant, auprès du père qui l'a chassée elle implore le pardon. Dans chacune des lettres de nouveaux faits apparaissent. Ces trois lettres constituent un petit roman ou une nouvelle épistolaire comme on en trouve dans maint recueil de lettres antérieur (dans les *Lettres galantes* de Fontenelle par exemple) : quelques lettres autour de la même histoire ; les personnages reviennent avec des fonctions différentes (personnages de la première, ils deviennent destinataires d'une autre) ; des événements nouveaux apparaissent de lettre en lettre qui rendent personnages et situation plus complexes ; l'histoire n'apparaît complète que reconstituée par le lecteur de l'ensemble.

Texte autonome, distingué typographiquement, précédé d'indications

6. Dans les *Mémoires historiques et critiques*, 1724. Cité par M. Gilot, *op. cit.*, t.i, p.252.
7. 1723. Cité par M. Gilot, *op. cit.*, t.i, p.259-60.
8. Cité par F. Deloffre et M. Gilot dans l'édition citée, p.603.
9. Voir les notes de l'édition citée et M. Gilot, *op. cit.*, t.i, p.337 et suiv.

sur son auteur, sur son origine et sur son mode de transmission, la lettre insérée introduit une rupture, un changement d'énonciation et de point de vue. Son effet est encore plus grand quand la feuille, comme la douzième et la quatorzième du *Spectateur français*, n'est constituée que de deux lettres juxtaposées. Il redouble quand le contraste est absolu entre les deux lettres, comme dans la quatorzième feuille où succède aux plaintes pathétiques d'un père méprisé le récit léger du bon tour joué à un débiteur. Même type d'effet dans la neuvième feuille, quand la lettre comportant le tragique récit de l'aventure de la jeune fille est interrompue pour laisser place à un billet facétieux sur un crime de lèse-Homère. Il faut attendre la feuille suivante pour trouver la suite de la tragique histoire, après encore plusieurs pages rapportant une conversation. La lettre est ainsi en parfaite adéquation avec l'esthétique à l'œuvre dans les journaux. Loin de compenser l'effet de la publication en feuille – entre chacune d'elles, la coupure est double, spatiale et temporelle – Marivaux multiplie dans le *Spectateur français* les ruptures, les insertions, les reports, faisant de la discontinuité et des contrastes qu'elle introduit une pratique systématique qui convient au « libertinage d'idées » (p. 132) qu'il affiche. Dans *Le Cabinet du philosophe*, la discontinuité est érigée en principe : les « morceaux détachés » les plus divers, les « fragments » tirés « au hasard », se succèdent, scandés, dans l'édition originale, par un index tendu qui marque le début de chacun. L'insertion de la lettre, donnée souvent comme arbitraire – elle vient d'arriver, ou elle a la taille requise pour remplir la fin de la feuille (p. 159) – est un des instruments majeurs du désordre, de la bigarrure et de la liberté caractéristiques des journaux.

Cette absence de composition, cette liberté d'allure, à laquelle la lettre, forme peu codifiée et diverse par nature, mais toujours relativement brève et autonome, convient parfaitement, n'est pas une fin en soi. Elle vise, à l'opposé de toute continuité discursive et de tout didactisme philosophique, à provoquer le lecteur à la réflexion. Les feuilles, brèves et subdivisées encore par la présence de textes insérés, sont loin du *Traité de morale* vendu par le libraire (p. 138-39). Elles le sont tout autant, avec leurs longues lettres et leur « bavardage versatile »,[10] de l'écriture sentencieuse et laconique des moralistes. Marivaux cherche une autre forme, une autre écriture philosophique qui, par la disparate des feuilles, incite le lecteur à construire ses propres questionnements et ses propres observations. A lui de reconstituer des relations, d'établir des rapprochements, de trouver par exemple dans les deux lettres de la quatorzième feuille, contre toute apparence (la longue plainte du vieillard y jure fortement avec le bref récit d'une farce), matière à

10. Expression de Georges Benrekassa, dans « Marivaux et le style philosophique dans ses *Journaux* », *Marivaux et les Lumières. L'éthique d'un romancier*, G. Goubier dir., Publications de l'Université de Provence, 1996, p. 101.

réflexion sur les pouvoirs de la vanité – capable de faire payer un débiteur récalcitrant ou de pousser un fils à laisser son vieux père dans la solitude et le dénuement – question qui trouve d'autres échos ailleurs, et notamment dans un passage du journal de l'Espagnol où il montre comment il concilie sa fierté et la nécessaire flatterie qu'exige le haut personnage dont il dépend (p.198-99).[11] La lettre par son autonomie textuelle est au cœur d'un dispositif qui repose sur la démultiplication des histoires, des points de vue et des paroles, qui sont autant d'observations et de questions sur l'homme.

Vérité de la lettre

La lettre n'est pas seulement une forme autonome qui permet un subtil agencement des feuilles, derrière un apparent désordre. A la fois authentique et révélatrice, elle est aussi la forme du dévoilement de la « vérité » des hommes.

Document proposé dans sa spontanéité et son authenticité, la lettre fait vrai. Donnée comme effectivement adressée, elle porte les marques de l'échange véritable : suscription, conventionnelle (« Monsieur le Spectateur ») ou plus intime (p.221 : « ma chère maîtresse »), formules de fin variées introduisant quantité de nuances, qui vont du laconique « Adieu » (p.123, 166, 172) au formulaire « Je suis, etc. » (p.176, 216), en passant par le « *Vale* » (p.231) de mise entre lettrés. Le soin mis à doter la lettre de détails qui évoquent l'échange dans lequel elle trouve place renforce cet effet d'authenticité : les lettres de type « romanesque » en particulier, répondant à d'autres lettres, supputant des effets, en obtenant d'autres, paraissent extraites d'une trame communicationnelle.

L'effet d'authenticité est aussi dans le métadiscours de la lettre qui dit la soumission de l'écriture au flux de l'émotion, en même temps que la difficulté ou l'impossibilité à écrire ce qu'on ressent. La lettre se donne comme une tentative toujours incomplète et imparfaite pour atteindre une vérité. La « jeune dame » de la deuxième feuille qui a écrit et « rebuté » quatre lettres avant celle que le « spectateur » publie, constate : « ce que je dis ne ressemble point à ce que je veux dire » (p.121). L'affliction de la jeune fille séduite (p.156) comme la coquetterie de celle « de seize à dix-sept ans » (p.177) les font s'égarer en écrivant et les éloignent de leur sujet. Le vieillard abandonné déclare son incapacité à écrire ; il attend du « spectateur » qu'il transforme son témoignage brut en « discours » :

11. Rapprochements proposés par W. Pierre Jacoebée, dans *La Persuasion de la charité. Thèmes, formes et structures dans les « Journaux et œuvres diverses » de Marivaux*, Amsterdam, Rodopi, 1976, p.91-92.

> Je ne vous demande point de mettre cette lettre dans vos feuilles ; je ne sais pas faire de lettres qui méritent d'être imprimées. Je vous prie seulement d'avoir la bonté, dans un de vos discours, de traiter de la situation où je suis. (p.186)

Comme dans la fiction épistolaire, la garantie de l'authenticité est dans l'absence prétendue de rhétorique.

La « vérité » de la lettre est ici essentielle, parce qu'elle témoigne à chaque fois d'un vécu singulier, exprimé sans la médiation d'un quelconque narrateur, vécu singulier dans l'urgence de se dire à l'autre. Vertu en péril, approche de la mort, colère ou ennui, solitude, autant de raisons de démêler sa situation, d'en faire l'histoire, d'en appeler au destinataire, qu'il en soit acteur ou spectateur. La lettre fait entendre un « je » auquel Marivaux prête des modulations propres, toujours uniques, toujours différentes. De nombreuses marques d'oralité y font entendre une voix singulière. A chaque auteur de lettre, à chaque destinataire, à chaque situation correspond une écriture différente : autant de voix que de lettres, des voix de femmes éplorées ou héroïques, de vieillard désespéré, de jeune fille babillarde, des voix d'hommes indulgents et philosophes, des voix qui cherchent leurs mots, des voix qui se perdent sans réponse.

La langue de l'« homme sans ambition, d'une humeur douce, d'une santé vigoureuse, aimant la joie, et d'assez bon commerce » (p.173), par exemple, exprime sa bonhomie. Sociable, il prend constamment à témoin par ses interjections le « spectateur » : « Eh ! non, mon cher Monsieur », « Oh ! voyez, s'il vous plaît... » (p.173). Ses métaphores et ses comparaisons doivent leur singularité et leur expressivité à ce qu'elles sont directement empruntées au quotidien : « une femme qui *broche* sur le tout... » (p.173), « *vapeur* de jalousie » (*ibid.*), « deux *moineaux* bien affamés »[12] (p.174), etc. Ses exagérations sont cocasses, quand il imagine par exemple la ruine universelle entraînée par une avarice généralisée (*ibid.*). Chaque lettre est une façon différente de dire le monde et les autres, un arrangement singulier avec le langage et avec la condition humaine. Chaque lettre est une rencontre.

Vecteur d'une parole singulière et vraie, la lettre a une place centrale dans le processus de découverte, de dévoilement proposé par *Le Spectateur français* et *Le Cabinet du philosophe*. Le lecteur y est invité à « lire » dans le « cœur humain ». Les lettres – et aussi, à leur manière, avec chacun leur particularité générique, d'autres textes à la première personne, journaux, mémoire, relation, propos rapportés, dans lesquels les lettres sont souvent imbriquées – lui donnent accès à l'intimité de l'expérience, au secret des

12. Les trois mots ne sont pas soulignés dans le texte. Pour le premier, voir le Glossaire de l'édition citée (p.770). Michel Gilot, *op. cit.*, t.i, p.418, commente le second.

cœurs. Cette démarche proposée au lecteur est présentée métaphoriquement dans des récits qui comportent de façon récurrente toujours la même situation : la révélation – inopinée – de secrets contenus dans une lettre bouleverse les vies. C'est parce qu'il a lu par-dessus l'épaule de sa fille une lettre dans laquelle elle faisait part à son amant de son état, que son père la chasse (p.165) ; c'est parce qu'elle trouve par hasard un billet caché, que la vieille amie du « spectateur » mesure l'effet réel qu'elle fait sur les hommes qu'elle croit séduire et est entraînée à des « réflexions » (p.221) ; c'est parce qu'il a reçu par erreur un billet de son ami à la marquise que le narrateur de l'histoire du « Monde vrai » a su qu'il était trahi (p.392) ; c'est parce qu'il a vu la lettre du cousin que le vieil oncle comprend les vraies dispositions du voyageur à son égard et en fait l'« héritier d'un grand bien » (p.432). Une vérité s'impose, les yeux s'ouvrent. Pour le voyageur au « Monde vrai », c'est le début d'un apprentissage des hommes qui l'empêchera d'en être à nouveau dupe. Il en va de même pour le lecteur. Les lettres concourent à sa formation. Comme le voyageur qui le représente, il sera capable de saisir « ce [que les hommes] pensent dans le fond de l'âme » (p.397), d'« entendre clairement » les passions et de les traduire en paroles (p.399 et 430). Comme le voyageur, le lecteur est initié par ses mentors : le « spectateur », grâce à son expérience et à ses capacités d'observation, lui fait pénétrer les pensées (p.131), entendre le raisonnement que la foule qui s'exclame ne formule pas (p.134), déduire la vérité à partir de propos convenus (p.151) ; comme le philosophe du *Cabinet*, il lui fait entendre : « je vous désire », quand on dit : « je vous aime » (p.206 et 337). La lettre, qu'elle donne accès aux « jaillissement et parfois méandres du langage où se dessine une psychologie »[13] ou qu'elle soit le réceptacle des plus profonds secrets, est la forme privilégiée du dévoilement.

Le paradoxe de la présence de la lettre dans les feuilles du *Spectateur français* et du *Cabinet du philosophe*, c'est qu'elle assure à la fois leur désordre et leur cohérence. La lettre est pour beaucoup dans leur allure de pot-pourri. Marivaux ne se contente pas de la totale liberté que lui offre la multiforme « lettre au journal » héritée du *Spectator*, il use aussi des effets éprouvés de la lettre dans le roman – notamment quand elle se trompe d'adresse – et sait esquisser en quelques pages une narration épistolaire. Le résultat est une très grande variété de lettres et de manières de les faire entrer dans les feuilles qui contribue à leur éclatement en une multitude de modes d'énonciation et de points de vue divers. Ce foisonnement de paroles de personnages – qui sont autant d'expériences uniques du monde – exclut toute doctrine et tout système ; il fait naître au contraire des interrogations. La lettre, par sa diversité et son autonomie même, convient à une démarche

13. Expression de Michel Gilot, *op. cit.*, t.i, p.410.

philosophique qui associe curiosité, observation, partage d'une expérience, et mène, au-delà des apparences, à la découverte des ressorts cachés de l'âme humaine. Les journaux proposent découvertes et dévoilement ; ils font « entendre » ce que disent les visages et ce que cachent les paroles échangées ; la lettre est le meilleur support de cette herméneutique.

CATHERINE GALLOUËT-SCHUTTER

L'invitation au voyage, ou la dynamique du double registre dans les *Journaux*[1]

DANS un chapitre de *Forme et signification* (Paris 1962), Jean Rousset analyse la structure essentielle de l'écriture marivaudienne, sa forme génératrice de signification, le « double registre ». Cette structure, « combinaison proprement marivaudienne du spectacle et du spectateur, du regardé et du regardant » (p.xx), est essentielle dans *Le Spectateur français* où l'esprit du narrateur « tient l'emploi un peu à l'écart et hors jeu, d'une conscience spectatrice » (p.47) ; mais elle « apparaît comme une constante » de l'ensemble des textes marivaudiens (p.64).

L'interprétation de Rousset a inauguré une nouvelle ère de la critique marivaudienne. D'une manière ou d'une autre, tout travail critique sur Marivaux est tributaire de cette notion de double-registre. On trouve cependant une note dissonante dans un compte rendu de Derrida intitulé « Force et signification », devenu depuis un chapitre de *L'Ecriture et la différence.*[2] Derrida insiste que souligner le fait narratif du double-registre ne suffit pas : « L'idiome de Marivaux n'est pas dans la structure ainsi décrite mais dans l'intention qui anime une forme traditionnelle et crée une nouvelle structure. La vérité de la structure générale ainsi restaurée ne *décrit* pas l'organisme marivaudien dans ses lignes propres. Encore moins dans sa force » (p.37). C'est pourtant ce que prétend Rousset dans sa conclusion, où il passe directement de la description de la structure à un fait de l'écriture marivaudien (elle répond à la question « comment ? »), mais elle n'explique pas ce que Derrida nomme « la force » de cette écriture (le « pourquoi, quoi ? »).

La querelle de Derrida contre Rousset est de nature esthétique. Alors que ce dernier situe l'art dans la perfection de la forme, unique, statique, qui définit et résume l'œuvre dans tous ses aspects dynamiques, Derrida situe l'art dans la force, le beau ne pouvant être soumis à aucune règle, pas même celle dictée par l'œuvre elle-même.

La querelle entre formalisme structuraliste et déconstruction est aujourd'hui dépassée. Mais si les travaux critiques ont largement confirmé

1. Publié pour la première fois dans *SVEC* 304 (1992), p.1203-07.
2. (Paris 1967), p.9-49.

l'analyse de Rousset, il n'en est pas moins vrai que reconnaître cette structure ne répond pas aux objections de Derrida. Il nous paraît donc utile de tenter ce projet en examinant *Les Journaux*,[3] en particulier *Le Spectateur français* (1722-1724), *L'Indigent philosophe* (1727), et *Le Cabinet du philosophe* (1733-1734), dont la composition recoupe les années les plus productives de Marivaux.

La première feuille du *Spectateur français* débute par une discussion esthétique, et finit par le récit d'une expérience personnelle. D'une certaine manière, tout le texte du *Spectateur* s'inscrit dans ce parcours. Le texte, qui se pose comme la démonstration d'un style improvisé et naturel, est entièrement soutenu par la conscience spectatrice du narrateur : c'est l'homme qui authentifie le texte. Aussi le texte est-il annoté de détails personnels qui tissent un portrait du narrateur et culminent par le récit de l'événement qui a changé sa vie (p.117-18) ; alors très jeune, il avait oublié ses gants chez une jeune fille dont la sagesse et l'innocence l'avait séduit ; il y retourna pour la retrouver pratiquant devant le miroir le naturel qui avait fait tout son charme. Le narrateur insiste sur l'importance de cet épisode : « C'est de cette aventure que naquit en moi cette misanthropie [...] qui m'a fait passer ma vie à examiner les hommes » (p.118). Son importance n'est pas moindre pour le critique : cet épisode nuance l'opposition nature/industrie du début du texte avec celle entre sentiment et divertissement. Il précise les rapports homme/auteur, car les grimaces devant le miroir représentent un travail d'auto-représentation consciente : l'être se fabrique selon un texte prescrit, comme un auteur écrirait son texte. Enfin, il situe le fondement de la narration du spectateur : une misanthropie née d'une blessure, celle d'un premier amour, trompé, où se confondaient beauté, naturel et vérité. C'est parce que le narrateur est misanthrope qu'il est, non pas auteur, mais homme qui écrit. Autrement dit, le double-registre qui se porte garant de l'authenticité du texte est lui-même authentifié par l'expérience d'aliénation qui le fonde.

Cette analyse est confirmée par les récits dont est jalonné *Le Spectateur*. Le personnage même du spectateur se retrouve plusieurs fois sous des visages différents, mais marqué par la même expérience qui transforme le regard sur la vie. L'un d'eux confie : « Dans tout le cours de mes aventures, j'ai été mon propre spectateur, comme le spectateur des autres ; je me suis connu autant qu'il est possible de se connaître ; ainsi, c'est du moins un homme que j'ai développé » (p.235). Cette introduction est suivie d'une histoire maintenant familière : encore une fois, il s'agit là d'une expérience formatrice et douloureuse qui situe dans l'authenticité le texte détaché de son auteur.

3. Marivaux, *Journaux et œuvres diverses*, éd. F. Deloffre et M. Gilot (Paris 1969).

Si l'indigent philosophe, du texte du même nom, n'est pas misanthrope, il est lui aussi distant des sujets qu'il observe. Cette distance qui lui confère le point de vue du sage est le résultat de son extrême pauvreté. Son aliénation économique est accentuée par une distance géographique, puisque le narrateur affirme se trouver «à cinq cent lieues de ma patrie qui est la France» (p.275). C'est un personnage haut en couleur, «babillard» (p.277), galant et aimant la montrer ce qu'il est (p.276) : «Je veux être homme et non pas un auteur» (p.311), et se déclare contre l'artifice et pour la nature (p.313). Toutefois, notre philosophe de fortune reconnaît bientôt avoir menti, et avoue n'avoir jamais quitté Paris. C'est comme s'il avait eu besoin, pour mieux valider ses observations, de renchérir sur son aliénation réelle (la pauvreté) en ajoutant celle de l'exilé. Ainsi, il semble que ce soit grâce à une altérité (véritable ou imaginaire) que le spectateur (misanthrope ou philosophe), portant ses regards sur l'objet autre, se sent capable de le décrire. Le fameux «double-registre» supposerait donc une aliénation, résultat d'une crise ayant provoqué un vide, une absence, essentiels à l'activité épistémologique qui recoupe naturellement l'activité créatrice.

«Le voyage au monde vrai», récit inséré dans *Le Cabinet du philosophe*, confirme des suppositions. Ici encore le narrateur est un philosophe malgré lui, devenu tel à cause de la double infidélité de sa maîtresse et son meilleur ami. C'est un spectateur heureux parce qu'il a la clef de la connaissance des autres, clef dont il veut maintenant faire part à son lecteur. C'est pourquoi il embarque ce dernier dans un voyage du monde vrai dont il lui fait la relation. En fait, ce voyage est un retour, un retour à la France qu'il avait quittée après la trahison, et un retour à lui-même. Toutefois, notons que ce retour est baigné d'illusions : il revient en France sans reconnaître où il est, et ne se reconnaît que lorsque le mentor qui l'accompagne décrète : «que toute illusion cesse» (p.419). Devant l'ébahissement du narrateur, le mentor explique : «c'est notre navigation qui a fait illusion» (p.418) ; paradoxalement, le voyage au monde vrai était, en quelque sorte, producteur de fiction, et c'est cette fiction qui permet de voir vrai. Nous avons là une métaphore du texte littéraire porteur de sens. Avant cette révélation, le narrateur-spectateur est non seulement étranger aux autres, mais aussi à lui-même. Son voyage ne peut atteindre son but que lorsqu'il SE retrouve enfin.

En fait, ce retour de soi à soi est l'accomplissement de la plupart des grands personnages marivaudiens. L'on songe par exemple à Marianne voyageuse (de la province à Paris), aliénée (parce qu'orpheline sans nom), qui est aussi à la recherche d'elle-même.[4] Dans le théâtre, c'est lorsque le

4. Pour une analyse plus soutenue de ce motif dans *La Vie de Marianne*, voir mon travail «Marianne : tentation et paroles féminines» in *Le Triomphe de Marivaux* (Edmonton 1989), p.106-14.

personnage se trouve le plus aliéné de lui-même et des autres qu'il est enfin capable de déceler ses propres motivations ; rappelons le « Ah ! je vois clair dans mon cœur » de Silvia dans *Le Jeu de l'amour et du hasard* (II, 12). Frontignac dans *L'Ile de la raison*, sous ses accents de patois, semble résumer ce périple de l'aliénation à la connaissance : « Cet envarras qui lé prend sérait-il l'abant-courur dé la sagessé ? » (III, 3).

Dans sa huitième feuille, le Spectateur disait (p.419, je souligne) :

> qu'écrire naturellement, qu'être naturel [... c'était] se ressembler fidèlement à soi-même, et ne point se départir ni du tour ni du caractère d'idées pour qui la nature nous a donné vocation ; qu'en un mot, penser naturellement, c'est rester dans la *singularité d'esprit* qui nous est échue, et qu'ainsi que chaque visage a sa physionomie, *chaque esprit aussi porte une différence qui lui est propre.*

Le sentiment d'altérité est un des moteurs essentiels de ce que Rousset appelle le double registre. En soi cette structure si importante dans l'œuvre de Marivaux ne décrit qu'un fait narratif ; doublée du motif de l'altérité, avec tout ce que cela évoque de chemin parcouru et de découverte, elle prend toute sa dynamique, pour reprendre les termes de Derrida, sa « force ». Et par un retour nécessaire, le texte marivaudien devient invitation au voyage, agent d'altérité, de « double-registre », menant à la connaissance de l'autre et de soi.

FRÉDÉRIC DELOFFRE

Les « repentirs » de Marivaux

Qui chercherait dans les œuvres même les plus personnelles de Marivaux une trace de ses désillusions, de ses regrets, de ses « repentirs », serait déçu. En revanche, si on prend ce mot de « repentir » au sens figuré qu'il a en termes de peinture et de dessein, « trace d'une première idée qu'on a voulu effacer », ou, plus spécialement encore, si on l'applique au travail ou au propos de l'écrivain, il donne l'occasion de poser des questions intéressantes.

Questions souvent sans réponse dans le cas du théâtre, faute de documents, lettres ou manuscrits. Certes, un *Cahier d'esquisses* de Marivaux, découvert et publié par François Moureau,[1] ouvre des perspectives insoupçonnées sur la manière dont Marivaux pouvait noter l'idée de scènes « à faire », mais il est d'une époque tardive et ne touche pas aux pièces qui nous sont parvenues. Pour le reste, on en est réduit à relever des variantes, généralement peu significatives, entre deux éditions avouées, ainsi pour la *Mort d'Annibal*, ou entre un manuscrit destiné aux comédiens et les éditions, comme pour le *Petit-Maître corrigé*. Les pièces les plus célèbres, les *Surprises de l'Amour*, le *Jeu de l'amour et du hasard* ou les *Fausses Confidences*, ne sont connues que dans une version unique. C'est au plus si, dans quelques cas, le compte rendu de la première représentation dans le *Mercure de France* permet de repérer certains remaniements structurels, déplacement d'une scène dans le cas de la *Double Inconstance*, hésitation entre trois et cinq actes pour le *Prince travesti*. Si le *Legs* existe sous une forme « longue » et sous une forme « brève », ce n'est pas parce que Marivaux a estimé que la seconde était supérieure à la première, c'est que cette dernière a été publiée « conforme à la représentation », c'est-à-dire que l'auteur a laissé les comédiens tailler à leur guise dans cette comédie qu'ils jugeaient trop longue pour une « petite pièce ».[2]

Pour les romans, on ne dispose d'aucun manuscrit. Les renseignements qu'on pourrait attendre des rééditions – comme dans le cas célèbre de la *Manon Lescaut* de l'abbé Prévost[3] – sont pratiquement nuls, même lorsque

1. François Moureau, *Cahier d'esquisses de Marivaux et autres textes* (Paris 1992).

2. A l'époque, la pièce en un acte se joue, non pas en lever de rideau comme de nos jours, mais en fin de spectacle.

3. L'édition de 1753 apporte d'importantes corrections à la version originale

leur publication s'est étalée sur plusieurs années : on ne peut relever aucune correction d'auteur dans les rééditions de la *Vie de Marianne* ou du *Paysan parvenu*.[4]

Il est pourtant d'autres formes de repentirs qu'on pourrait trouver dans les romans. L'une d'entre elles consiste dans l'inachèvement des deux « grands » romans. Quelles que soient les raisons de l'auteur, lassitude, attrait d'une autre tâche, ou propos esthétique délibéré, ce n'est pas le lieu d'en discuter ici : il suffit de dire qu'on retrouvera les mêmes formes d'inachèvement à propos des journaux.

L'autre aspect du « repentir » dans le genre romanesque consiste pour Marivaux à répudier des œuvres terminées. Ce rejet prend une double forme. L'ouvrage exclu peut simplement n'être pas admis parmi les œuvres recueillies ; c'est le cas du *Bilboquet*. Il peut, en outre, être explicitement désavoué. Marivaux a refusé de reconnaître comme sien le *Télémaque travesti*, œuvre pourtant achevée, et dans laquelle un critique comme Henri Coulet a vu, non sans quelque paradoxe, son chef-d'œuvre romanesque. Des raisons de circonstance expliquent sans doute ce refus de paternité ; on va les retrouver dans les œuvres jounalistiques.

Par rapport aux œuvres dramatiques ou romanesques, ce type d'écrits présentait des traits particuliers. Aucun d'entre eux ne pouvait être dit « scandaleux » (au jugement du temps), comme furent jugés le *Télémaque travesti* ou l'*Iliade travestie*. Le genre dont ils relevaient n'avait pas été codifié par la critique ou la tradition : il était même, en France du moins, la création de Marivaux, ce qui lui donnait toute liberté dans leur pratique. D'autre part, une série d'éditions collectives nous permet de dresser la liste « canonique » des œuvres recueillies ou exclues par Marivaux lui-même : à savoir l'édition de Prault père de 1728,[5] qui recueille le *Spectateur français*, l'*Indigent philosophe* et des *Pièces détachées écrites* dans le goût du *Spectateur français*, celle de Prault jeune, 1752, qui inclut en outre le *Cabinet du*

de 1731. C'est cette version « définitive » qui est ordinairement éditée depuis qu'elle a paru.

4. Tout au plus peut-on signaler une particularité curieuse pour la *Vie de Marianne*. Une première page du second livre de ce roman imprimée par erreur dans un exemplaire de l'édition originale montre que Marivaux avait commencé à rédiger dès 1731, ou même dès 1727, la seconde partie de ce roman. L'idée lui vint plus tard de développer, dans le style des *Lettres sur les habitants de Paris*, ou des *Lettres contenant une aventure*, la scène de la rencontre dans l'église entre Marianne et Valville, qui n'était mentionnée que d'un mot. Entre temps, d'autres projets l'avaient détourné de Marianne, dont le premier livre ne parut qu'à l'été de 1731, et le second qu'en 1734.

5. Une édition annoncée par Prault en 1738, incluant le *Cabinet du philosophe*, n'a pu jusqu ici être retrouvée ; voir les *Journaux et œuvres diverses*, éd. F. Deloffre et M. Gilot (Paris 1969 et 1988, avec la même pagination), p.753.

philosophe, et celles de 1754, 1755 et 1761, chez Duchesne, dont la composition ne varie plus par rapport à celle de 1752.

Comment se présentent donc dans ces recueils les «repentirs» de Marivaux ?

D'abord, on ne le voit jamais intervenir pour amplifier un texte antérieur, ni même pour terminer un ouvrage incomplet : ainsi, l'*Indigent philosophe* et le *Cabinet du philosophe* restent inachevés. En revanche, deux variétés d'inclusion, différentes mais convergentes, sont à signaler.

La première est l'addition d'une «Table alphabétique des principales matières contenues au présent livre»,[6] établie pour l'édition de 1728 et complétée en 1752. Les rubriques littéraires y sont peu nombreuses ; si l'article *style* est bien signalé, les seuls ouvrages cités sont les *Lettres portugaises* (désignées par leur titre authentique, preuve que Marivaux les lisait dans une édition ancienne et fidèle[7]), l'*Iliade*, les *Lettres persanes*, *Inès de Castro* et *Romulus*, tragédies de La Motte. En revanche, l'Index souligne complaisamment le propos non seulement moral (rubriques *amour*, *caractères*, *cœur*, *coquettes*, *femmes*, *homme bienfaisant*, *inconstance*, *instinct et sentiment*, *mort volontaire*, *orgueilleux*, *vanité*, *vertu*, *vice brutal*...), mais aussi social de l'auteur (rubriques *bourgeois de Paris*, *cœur vide pour la clôture*, *cour*, *Français*, *grands*, *gueux*, *honnêtes gens*, *incrédulité*, *juges*, *marchands*, *Paris*, *pauvres*, *peuple*, *populace*, *prédicateurs*, *religion*, *riches*, *roi*...). Cette table analytique dut plaire, car on en retrouvera une semblable pour le *Paysan parvenu*.

L'autre addition consiste dans l'inclusion, à la fin du second volume de l'édition de 1728,[8] de *l'Ile de la Raison*. Sans doute la présence de cette comédie constitue-t-elle une commodité pour le libraire : le second volume se serait trouvé, autrement, beaucoup plus mince que le premier. Mais la présence de cette comédie dans un recueil composé «sous les yeux de l'auteur», comme le précise l'éditeur, répond à une intention évidente, la même que celle qui présidait à la composition de l'Index des matières : démontrer que, pour un homme qui «pense», tout genre, toute forme, peut-être l'occasion de réflexions sur l'homme sérieuses et utiles.

Les repentirs visant à l'exclusion l'emportent de loin sur les repentirs d'inclusion. On n'insistera pas sur l'abandon de quelques brefs morceaux, jugés de trop peu de mérite, comme le «Portrait de Clymène, ode anacréontique»,[9] ou devenus sans objet, tantôt parce qu'ils contenaient

6. Ed. citée n.5, p.807-11.

7. Les *Lettres portugaises* de Guilleragues (Paris, Barbin, 1669), furent bientôt appelées abusivement par des libraires peu scrupuleux *Lettres de la religieuse portugaise* ; voir F. Deloffre, *Lettres portugaises, suivies de Guilleragues par lui-même* (Folio classique, Paris, Gallimard, 1990).

8. Au moins dans certains exemplaires. Quelques-uns ne la comportent pas.

9. Ed. cit. n.5, p.21-22.

une promesse non tenue (Avant-Propos de la « Lettre à une dame sur la perte d'un perroquet »),[10] tantôt parce qu'ils se référaient à un événement dépassé. Néanmoins, un cas de cette dernière espèce mérite d'être signalé. Il s'agit d'une « Lettre à l'auteur du Mercure »,[11] parue dans le numéro d'octobre 1717. Rejetant le titre de « Théophraste moderne » qui lui avait été accordé par l'éditeur du journal, Pierre Carlet, pour la première fois,[12] signait sa lettre « de Marivaux ». Le recueil de 1728 paraissant sous son nom (ainsi que les œuvres qui allaient suivre), il était naturel que la lettre, devenue inutile, disparût du recueil.

Plus significative est l'exclusion d'un « Avant-Propos du Théophraste moderne »,[13] qui, dans le *Mercure* d'août 1717, précédait la première livraison des *Lettres sur les habitants de Paris*. Il contenait une phrase méprisante sur « l'ordre des matières », jugé « fort indifférent » ; il se terminait aussi par une proclamation d'indépendance : « Je continue au hasard, et je finis quand il me plaît. Cet ouvrage, en un mot, est la production d'un esprit libertin, qui ne se refuse rien de ce qui peut l'amuser chemin faisant. J'espère que le lecteur n'y perdra rien » (*Journaux*, p.8).[14]

Comment expliquer ces replis de Marivaux ? Sans doute par le changement de son statut d'écrivain. Entre 1717 et 1728, (et sans doute dès le début de cette période), il avait accédé à un nouveau stade de sa carrière littéraire. L'auteur de la *Mort d'Annibal*, tragédie reçue dès le mois d'août 1719 au Théâtre Français, jouée l'année suivante, ne pouvait se recommander d'un passé de libertinage (fût-il tout littéraire), marqué par l'irrévérence à l'égard de Fénelon du *Télémaque travesti* (1715), et par les audaces de tout ordre de l'*Iliade travestie*. Tout à l'inverse, le recueil de 1728 témoigne d'une réflexion sérieuse, qu'on appellerait volontiers « philosophique », si Marivaux ne s'y montrait sévère pour les « philosophes », moins encore il est vrai dans l'article qui leur est consacré dans les *Lettres sur les habitants de Paris* que dans la pièce de rapport qu'est l'*Ile de la raison*.[15]

Le rejet le plus important – et le plus regrettable à nos yeux, – est celui qui frappe deux articles de critique parus dans le *Mercure* de mars 1719. Jamais réimprimés avant l'édition des Classiques Garnier en 1969, ces deux morceaux, où brillent des traits fulgurants de l'intuition critique de

10. *Ibid.*, p.42.

11. *Ibid.*, p.22.

12. Pour être exact, il avait signé, comme c'était l'usage, la dédicace de l'*Iliade travestie*.

13. *Ibid.*, p.8.

14. C'est-à-dire *Journaux et œuvres diverses*, éd. cit. n.5 ; les références données sans autre indication renverront toujours à cet ouvrage.

15. Voir, d'une part, la « Suite des Caractères de M. de M », éd. cit. n.6, p.34, et surtout le rôle du philosophe dans l'*Ile de la raison*.

Marivaux, étaient demeurés pratiquement inconnus. Les raisons de l'ostracisme dont fit preuve l'auteur à leur égard sont à chercher dans leur originalité même.

L'essai consacré à « la pensée sublime », présente une réflexion sur la nature du « sublime », à une époque où Marivaux travaille lui-même à sa tragédie de la *Mort d'Annibal.* On y trouve plusieurs analyses fines de ce qu'il appelle les « mouvements » de l'âme, comme celle-ci (p.65) :

> L'âme, en de certains moments, s'afflige, se décourage avec excès du plus petit obstacle qu'elle trouve à ce qu'elle veut. Tout lui est successivement matière de douleur ou de joie, d'espérance ou de désespoir ; point de milieu pour elle ; et cela doit être, car tous ses excès vont à son profit, par la compassion qu'ils inspirent.

Pourquoi des passages de ce genre, qu'on pourrait appliquer à mainte scène de la *Double Inconstance* ou d'autres comédies, n'ont-ils pas trouvé grâce aux yeux des critiques du temps ? C'est, notamment, parce que Marivaux avait cru bon de prendre ses exemples dans les pièces d'un contemporain, Crébillon père, à savoir *Rhadamiste et Zénobie* ou *Electre*, au lieu de les prendre chez Corneille ou chez Racine, comme il l'avait fait quelques années plus tôt dans l'Avis au lecteur des *Effets surprenants de la sympathie.*[16] Ce qui était alors pour lui un acte de reconnaissance[17] pouvait paraître dix ans plus tard de la flagornerie.

Une autre raison de la surprise des contemporains tient au caractère quelque peu paradoxal de la définition du sublime tragique par laquelle s'ouvre l'article : « L'idée sublime n'est dans son principe qu'une idée commune, à qui la chaleur de l'esprit donne une croissance de force » (p.56).

Illustrée par l'exemple du « Qu'il mourût » de Corneille, le développement qui suit montre que dans la pensée de Marivaux le sublime est finalement une affaire d'expression : « Si tout ce que je dis est vrai, ne pourrait-on définir le sublime en général *une exposition exacte de toute espèce de pensées dans toute la gradation de sens et de vrai dont elle est susceptible* ? » (p.57).

Quelques mois auparavant, dans la Préface de l'*Iliade travestie* (décembre 1716), l'auteur avait loué les « génies d'esprit » comme La Motte, qui, refusant les ornements superflus de ceux qui « laissent déborder leur imagination » (allusion à Homère), cherchent simplement « l'expression qui fixe positivement les idées ». Mais il n'avait fait que poser fugitivement la question de savoir si l'écrivain ne devait pas aller plus loin : « Ne nous

16. Marivaux, *Œuvres de jeunesse*, éd. de F. Deloffre avec la collaboration de Claude Rigault, Bibliothèque de la Pléiade (Paris 1972), p.7-8.

17. Crébillon avait été son protecteur, comme l'indique par exemple le fait qu'il avait été témoin à son mariage en juillet 1717.

donner que des lumières, ce n'est encore embrasser que la moitié de ce que nous sommes. »[18]

Or le problème du sublime est bien celui de cette « seconde moitié », de cet « excellent vrai toujours manqué ». Pour le formuler dans l'autre essai, *Sur la clarté du discours*, Marivaux reprend la formule proposée à propos du sublime, mais avec une addition essentielle. Il s'agit toujours d'exprimer une pensée « dans un degré de sens propre à la fixer », mais aussi, cette fois, de « *faire apercevoir en même temps son étendue non exprimable de vivacité* ».[19]

De même que, dans l'Avis au lecteur de son premier roman, les *Effets surprenants de la sympathie*, Marivaux avait rejeté, les « lois stériles de l'art » et raillé « les savants jurés »,[20] de même il repousse ici « certaine clarté pédantesque » avec une netteté provocante : « Toute pensée a sa clarté suffisante quand tout le monde l'entend des mêmes » (p.54).

Dans la préface des *Effets de la sympathie*, c'est au bénéfice du « cœur » que les « lois » étaient sacrifiées. Ici, c'est la recherche de la profondeur qui justifie, sinon l'obscurité, du moins une esthétique de la suggestion, de l'approximation (p.52) :

> C'est comme si l'âme, dans l'impuissance d'exprimer une modification qui n'a point de nom, en fixait une de la même espèce que la sienne, mais inférieure à la sienne en vivacité, et l'exprimait de façon que l'image de cette moindre modification pût exciter, dans les autres, une idée plus ou moins fidèle de la véritable modification, qu'elle ne peut produire.

Inutile pourtant, selon Marivaux, de pousser trop loin cette recherche de la « véritable modification » : « En fait d'exposition des idées, il est un certain point de clarté au-delà duquel toute idée perd nécessairement de sa force ou de sa délicatesse » (p.54).

Ce qu'illustre une image empruntée à la peinture : « Ce point de clarté est, aux idées, ce qu'est à certains objets la distance à laquelle ils doivent être regardés, pour qu'ils offrent leurs beautés attachées à cette distance » (*ibid.*).

D'où peut être aussi tirée une suggestion de lecture. Celle que Marivaux

18. Cit. dans F. Deloffre, *Marivaux et le marivaudage* (éd. de 1955, 1967, 1971, 1993, même pagination), p.143. Marivaux reprendra cette idée dans le *Miroir* (1755) à propos de La Motte : « Il faut pourtant convenir qu'on lui fait un reproche assez juste, c'est qu'il remuait moins qu'il n'éclairait ; qu'il parlait plus à l'homme intelligent qu'à l'homme sensible ; ce qui est un désavantage pour nous, qu'un auteur ne peut affectionner, ni rendre attentifs à l'esprit qu'il nous présente qu'en donnant, pour ainsi dire, des chairs à ses idées. Ne nous donner que des lumières ce n'est encore embrasser que la moitié de ce que nous sommes, et même la moitié qui nous est la plus indifférente ; nous nous soucions bien moins de connaître que de jouir, et en pareil cas l'âme jouit quand elle sent » (*Journaux*, p.140).

19. *Ibid.*, p.52.

20. *Œuvres de jeunesse* (cf. n.16), p.3, 4.

recommande de ses œuvres doit être immédiate, intuitive, sans retour en arrière :[21] sinon, on risque de « perdre de vue » la pensée sur laquelle on s'appesantit. Leçon importante, qui, si l'on y réfléchit, concerne tout aussi bien aux spectateurs des comédies que les lecteurs des journaux ou des romans.

Reste à se demander pourquoi des pages si en avance sur l'esthétique du temps, si importantes pour l'appréhension correcte du « marivaudage », ont été sacrifiées par leur auteur. Ce n'est pas par timidité, mais certainement par dépit. Dès 1722, Desfontaines, critique pourtant informé, sinon bienveillant, avait amalgamé les deux essais pour les unir malignement dans une même phrase : « Un auteur a donné depuis peu au public une dissertation sur la clarté du sublime ; le public n'y a rien pu comprendre, les préceptes étant d'un sublime très obscur. »[22]

Pris dans les filets de sa propre argumentation, Marivaux ne pouvait ni reprendre ce qu'il avait déjà dit, ni le corriger. Il ne lui restait qu'à faire confiance à la postérité : elle ne l'aura pas déçu.

Reste les « repentirs » auquels on songe le plus naturellement quand il est question d'un ouvrage. Il s'agit des corrections de détail que l'auteur peut apporter à son œuvre, soit au cours de son élaboration, soit après la publication. Ce dernier aspect, si envahissant chez certains écrivains, comme Voltaire, est en tout cas le seul que, faute de manuscrits, on puisse examiner ici. Encore le champ d'étude est-il limité aux *Lettres sur les habitants de Paris*, aux *Lettres contenant une aventure* et au *Spectateur français*, seules, parmi les œuvres recueillies dans l'édition de 1728, à comporter des corrections significatives, dans des conditions d'ailleurs différentes.

Les deux séries de *Lettres* sont présentées par l'éditeur, fidèle interprète de l'auteur, comme des œuvres de jeunesse (*Œuvres*, p.751-52) :

> J'ai cru pouvoir joindre au *Spectateur Français* différents morceaux du même auteur, qui ont paru dans plusieurs Mercure, et qui alors, à ce qu'on dit, y furent lus avec plaisir. Cependant, comme l'auteur était extrêmement jeune quand il les a faits, je suis chargé de demander au public de l'indulgence pour eux.

Comme ces morceaux n'avaient pas fait l'objet de critiques publiées, les corrections que Marivaux y a apportées représentent bien l'évolution de sa pensée et de sa manière. On peut, sans entrer dans le détail, les résumer comme suit.

Pour le fond, quelques passages se trouvent adoucis. Ainsi, une plaisanterie contre les gens de justice avares, qui, « accoutumés à chicaner, chicanent toujours sur les ajustements que [leurs femmes]

21. Voir Deloffre, *Marivaux et le marivaudage*, p.146-47.
22. Cité dans les *Journaux et œuvres diverses*, p.50.

demandent »,[23] ou contre les juges qui s'endorment à l'audience,[24] disparaît, de même qu'est omis un passage contre les géomètres « qui ne sont que cela »,[25] c'est-à-dire qui ne sont pas architectes. L'omission la plus importante est celle d'un membre de phrase à la Jean-Jacques Rousseau. A propos de la « chimère » de la noblesse, le texte de 1717 portait : « Etre né sans noblesse, n'en point rougir intérieurement, *prêcher l'égalité*, sans mépris et sans envie pour l'état de noble, et par un paisible amour pour la vérité, c'est avoir des lumières d'une raison parfaite » (p.23, n.68). La suppression en 1728 des mots « prêcher l'égalité », notamment, souligne, par contraste, l'audace du propos initial.

Autre suppression touchant au fond. Dans les *Lettres contenant une aventure*, alors que la dame narratrice rapporte comment elle a « rengagé » un amant volage en feignant de le regretter, l'auteur intervient pour généraliser son propos : « il connut qu'il me plaisait ; il en devint plus aimable ; car en amour, pareille découverte donne toujours de nouvelles grâces à l'homme d'esprit qui la fait ; *et généralement parlant nos talents augmentent à mesure qu'on les estime* » (p.88, n.274).

En 1728, par dignité sans doute, Marivaux fait disparaître une confidence voilée qui pourtant lui tenait à cœur.

La requête visant à obtenir l'indulgence pour une œuvre de jeunesse faisait attendre des corrections de langue. Elles sont effectivement assez nombreuses. Ce sont, par exemple, l'accord appliqué à un participe,[26] la rectification du genre d'un nom,[27] ou le remplacement de *avant de* par *avant que de*, plus correct selon les puristes. L'étude en ayant déjà été faite,[28] nous n'y insisterons pas. En revanche, en fait de style, deux sortes de corrections notables suggèrent que Marivaux est conscient de certains abus de sa manière dans les domaines concernés, à savoir le « style substantif » et la création métaphorique.

Des métaphores discutables sont supprimées. Après avoir posé que le bourgeois est « noble par imitation et peuple par caractère », Marivaux continuait par ce paragraphe supprimé en 1728 : « La façon mixte du bourgeois est cent fois plus comique que l'uniforme grossièreté du peuple ; de même que l'habit d'Arlequin est plus plaisant que celui de Scaramouche » (p.14, n. I.28).

23. Cité dans les *Journaux et œuvres diverses*, p.19, n.54.
24. *Ibid.*, p.24, n.86
25. *Ibid.*, p.34, n.141.
26. Ainsi *les marques que vous en aurez reçu* devient *que vous en aurez reçues*, p.15.
27. Cf. *un espèce*, transformé en *une espèce*, *ibid.*
28. Voir la note grammaticale, p.801-805, de l'édition des *Journaux*, ainsi que l'article de F. Deloffre, « Marivaux grammairien », *Cahiers de l'Association Internationale des Etudes Françaises* (*CAIEF*) 25 (1973), p.111-25, où se trouve retracée l'évolution de la « grammaire » de Marivaux.

Outre qu'entre 1717 et 1728 la théâtre italien avait pratiquement abandonné le personnage de Scaramouche, la comparaison d'une « façon » avec un « habit » n'était pas heureuse. Dans les termes des théoriciens du temps, une bonne image doit appartenir au même domaine que l'objet qu'elle est chargée d'illustrer. C'est ainsi que la substitution, second mode de correction de l'image, trouve sa place dans la stylistique de Marivaux. Toujours à propos du bourgeois, la version de 1717 portait (p.15, n.1.29) :

> Le bourgeois est quelquefois fier avec les gens au-dessus de lui mais c'est une fierté qu'il se donne, et non pas qu'il trouve en lui. *Mais il est de cette fierté comme de ces ailes postiches dont la cire fond au soleil, et le bourgeois ne paraît jamais plus bourgeois que quand il veut sortir de sa sphère.*

Ce souvenir des *Métamorphoses* d'Ovide (*Daedalus interea* ...) n'avait guère sa place en la circonstance ; en outre, cet acte de fierté du bourgeois n'est pas propre à une « sphère ». Marivaux a très heureusement remplacé cette image trop littéraire par une image concrète et de ton familier : « et non pas qu'il trouve en lui. *Il fait comme ceux qui se haussent sur leurs talons pour paraître plus grands* » (*ibid.*).

Le « style substantif » est un autre aspect caractéristique de l'écriture de Marivaux. Il prend différentes formes. Il consiste tantôt à utiliser le nom précédé d'une préposition au lieu d'un gérondif ou d'un infinitif (*travailler à la fabrique des lois* plutôt que *travailler à fabriquer des lois*), tantôt à préférer une locution composée d'un verbe « outil » suivi d'un nom à un verbe simple (*faire résistance* pour *résister*), ou un nom suivi d'un complément plutôt qu'un adjectif (*action de charité* plutôt qu'*action charitable*), tantôt encore à accorder dans la phrase le rôle de sujet ou d'objet à un nom abstrait, le véritable sujet ne figurant que sous la forme d'un possessif ou d'un complément de nom ; ainsi, le vers *Quoique de vos refus ma tendresse soupire*, dans *Annibal*, acte V, sc. 10, correspond à un phrase telle que « quoique, dans ma tendresse, je soupire que vous me refusiez. »

Quel que soit parfois l'avantage qu'apportent ces tours (ainsi la légèreté dans le vers d'*Annibal* cité plus haut), leur abus produit souvent dans les *Lettres au Mercure* des obscurités que Marivaux n'hésite pas à corriger vigoureusement ; ainsi : « A neuf ans on me mit dans un couvent afin que [...] la victime dans un âge plus avancé *ne connût pas du moins les difficultés de la suite de son sacrifice* » est simplifié en « ignorât du moins tout ce que lui dérobait son sacrifice » (p.79, n.246).

De même, « le bel esprit, en un sens, est doué d'une avantageuse conformation d'organes de laquelle résulte dans l'âme un sentiment arrangé des impressions qui le frappent » devient « à qui il doit un sentiment fin et exact de toutes les choses qu'il voit ou qu'il imagine » (p.34, n.148).

On pourrait multiplier les exemples de corrections de ce genre, qui, sans nuire à la finesse de la pensée aboutissent à une expression plus légère et plus élégante. Mais il s'agit de voir maintenant comment Marivaux va appliquer à la révision du *Spectateur français* à laquelle il se livre en 1728 les leçons qu'il a pu tirer de celle des *Lettres* parues dans le *Mercure* : dans le cas du *Spectateur*, Marivaux a affaire à une véritable cabale. Différents ouvrages ont en effet tourné en ridicule la « burlesque séquelle » des « néologues », dont il passe pour être le chef, et spécialement le *Spectateur français*, qui en est l'œuvre emblématique.[29] Le principal de ces écrits est le *Dictionnaire néologique*, de l'abbé Desfontaines (1725, etc.). D'autres exploitent la veine ainsi ouverte , à savoir les *Pantalo-Phoebeana*, qui font un centon des citations tirées dudit *Dictionnaire*, la *Lettre d'un garçon de café*, de Dumas d'Aigueberre, qui prétend reproduire les conversations des néologues dans les cafés, enfin les *Amours déguisés*, comédie de Lesage et d'Orneval, dans laquelle Marivaux est représenté sous le nom d'une précieuse, Mlle Rafinot. Quelle influence ces écrits très satiriques ont-ils eu sur le travail de l'écrivain alors qu'il offrait au public une version définitive de son œuvre ?

Marivaux n'ayant pas opposé de réfutation en forme à ces attaques, c'est dans les variantes entre le texte des feuilles originales du *Spectateur français* (1721-1724) et celui du recueil de 1728 qu'il faut chercher sa réponse. On distinguera pour cela les cas où il s'est soumis aux remarques qui lui étaient faites, ceux où, au contraire, il a maintenu son texte, ceux enfin où il s'est corrigé de lui-même sans y être poussé par les critiques de ses ennemis.

Alors que le nombre des passages du *Spectateur* malignement relevés par Desfontaines, presque toujours suivi par ses émules, dépasse la quarantaine, le nombre de ceux que Marivaux a corrigés en conséquence est étonnamment faible ; pas plus de quatre, si on néglige une double faute d'impression qui aurait été corrigée de toute façon ;[30] trois seulement même, puisque le même mot *éducation*, qui ne se disait que pour les enfants, cède deux fois la place à un autre terme. Ainsi,

29. C'est dans des *Lettres de M. l'abbé *** à M. l'abbé Houtteville au sujet du livre de la Religion chrétienne prouvée par les faits* (1722), que l'abbé Desfontaines, alors ami et protégé de Voltaire, s'exprime ainsi. Après s'en être pris à ce « verbiage des cafés » à « cet esprit subtil et précieux que certains auteurs s'efforcent d'accréditer », et après avoir dressé une liste des néologismes d'Houtteville, il conclut en effet : « On a de la peine à croire qu'un homme d'esprit ait pu se permettre ces manières de parler pardonnables seulement à l'auteur du *Spectateur français* et à sa burlesque séquelle. »

30. L'édition originale de la 21e feuille portait « Je m'aperçois tout d'un coup qu'on a voulu *contracter* trop spirituellement les *amis* de ces deux juges » au lieu de « qu'on a voulu *contraster* trop spirituellement les avis de ces deux juges » (p.231, n.450).

Marivaux remplace « l'*éducation* qu'il faut donner à un esprit » par « la *correction* qu'il faut apporter à l'esprit »,[31] puis « c'est d'elles [les femmes] que l'amour reçoit son *éducation* » par « c'est d'elles que l'amour reçoit ses mœurs ».[32]

Des seules autres corrections conditionnées par une critique, la première vise une image impropre : « en étudiant la *figure* de nos sentiments » devient « en étudiant le goût de nos sentiments ».[33] La seconde porte sur l'emploi au passif du verbe *partager*, pourtant admis sans observation par le Dictionnaire de Furetière : « Je serai partagé d'un esprit bien fortuné »[34] est remplacé de façon plus banale par « je serais d'un esprit bien peu sensé ».[35]

On ne sait pourquoi ces corrections ont été retenues plutôt que d'autres. Au plus observe-t-on que ces passages, tournés en ridicule par Desfontaines, avaient été repris par Lesage et d'Orneval à la Foire dans la comédie des *Amours déguisés*. Auteur de théâtre en vogue, Marivaux dut être plus sensible à des moqueries publiques qu'à des critiques de cabinet.

En dehors de ces quelques corrections, on doit constater sa remarquable résistance aux pressions dont il se trouvait l'objet. C'est ainsi qu'il conserve des constructions critiquées comme « néologiques », comme *pur de*,[36] *à l'avenant de*,[37] *présider sur*,[38] *rire à quelqu'un*,[39] *marcher* suivi d'un adjectif,[40] *réfléchir* employé transitivement.[41]

Sont préservées de même des locutions nouvelles, soit verbales (*avoir sentiment de*,[42] *avoir satiété*,[43] *donner vocation*[44]) soit purement nominales,

31. Huitième feuille, p.149, n.157.
32. Vingt-et-unième feuille, p.231, n.450.
33. Huitième feuille, p.148, n.150.
34. Exactement dans l'emploi qu'en fait Marivaux : « Partager se dit aussi de la nature, et des dons qu'elle fait aux uns ou aux autres : Il a été partagé de tous les dons du corps et de l'âme. »
35. Vingtième feuille, p.224, n.423.
36. « Jugement pur de toute prévention », 8e f., p.148, n.146.
37. « à l'avenant de ce qu'il disait », p.200, n.325
38. « Ce caractère a toujours présidé sur toutes mes actions », 1e f., p.117, n.18.
39. « Certaine audace qui lui rit », 6e f., p.137, n.102 ; accepté par Furetière « nous ne courons qu'après ce qui rit à notre imagination ».
40. « Ces jeunes gens marchaient lestes », 15e f., p.193, n.302 ; d'après « je marchais son égal », de Racine.
41. « Vous n'osiez les réfléchir [vos efforts] », 5e f., p.132, n.70.
42. « Avoir sentiment de son mérite », 13e f., p.179, n.253.
43. « Jamais l'âme n'a satiété des voluptés de la vertu », 5e f., p.132, n.73.
44. Un « caractère d'idées pour qui la nature nous a donné vocation », 8e f., p.149, n.155.

comme *façon d'être*,[45] *façon de faire*,[46] *singularité d'esprit*,[47] qui nous paraissent normales, ou *porteurs de visage*,[48] plus surprenante, mais bien amenée et très expressive. La plus remarquable est *tomber amoureux*.[49] Elle est formée sur le type « tomber malade », d'où le commentaire de Desfontaines : « L'amour est par cette expression présenté comme une apoplexie agréable. » En fait, son succès témoigne du sens linguistique de Marivaux.

Dans le domaine du vocabulaire, les « néologismes » que Marivaux se voit reprocher et qu'il se garde de supprimer méritent rarement ce nom. Ainsi, *scélératesse*, que le *Dictionnaire néologique* décrit comme un « mot nouveau et exquis », est dans le Dictionnaire de Furetière, et se retrouve chez Voltaire ou Montesquieu. Ordinairement, la nouveauté réside moins dans les créations que dans les emplois. Ainsi, *contraster*, *trancher*[50] sont des termes de peinture ; *tenir en échec*,[51] de guerre ; *graciable*,[52] de jurisprudence ; *honoraire*,[53] de chancellerie ; *mitiger*,[54] de technique ; *relatif à*[55] de logique ; *donner le ton*,[56] de musique ; *mettre en valeur*,[57] d'agriculture ; *mettre sur la voie*,[58] de voyage ; *réfléchir sur*,[59] de physique.

D'autres emplois sont simplement expressifs, comme *bouleverser* et *désoler*[60]

45. « La façon d'être la plus délicieuse », 4e f., p.132, n.72.

46. « Un jeune homme doit-il être le copiste de la façon de faire de ces auteurs », 7e f., p.148, n.151.

47. Huitième feuille, p.149, n.156.

48. « J'examinais tous ces porteurs de visages », 3e f., p.124, n.48 ; l'expression suggère l'idée que chaque personnage porte un masque.

49. Dix-neuvième feuille, p.221, n.406.

50. « La qualité de fripon tranche moins que la vertu avec le caractère des hommes », 24e f., p.257, n.533 ; sur *contraster*, cf. n.30.

51. « Une présomption qui tient ses lumières en échec », 7e f., p.144, n.126. Pascal parle d'une mouche « qui tient sa leçon en échec ».

52. « Des haillons qui ne sont pas graciables », 22e f., p.242, n.484.

53. « Sa faiblesse augmente des reproches honoraires qu'elle s'en fait », 10e f., p.162, n.198. Plutôt « de forme » qu'« honorables », comme le traduit la *Lettre d'un garçon de café*.

54. « Je ne sais quoi de liant qui les mitige », 8e f., p.149, n.159 ; cf. 22e f., p.242, n.482.

55. « Ces tours familiers, Si relatifs à nos cœurs », 20e f. » p.226, n.439.

56. « Je ne destine aucun caractère à mes idées, c'est le hasard qui leur donne le ton », 1ère f., p.117, n.14.

57. « Une propreté qui mît leur figure en valeur », 16e f.

58. « cette profonde capacité de sentiment qui met un homme sur la voie de ces idées », 20e f., p.226-27, n.434.

59. « La dignité du sujet réfléchissait sur son âme », 6e f., p.136, n.97.

60. Respectivement : « le visage frappé de désespoir, dont la souffrance a désolé les traits » (4e f., p.130, n.68) ; « l'apoplexie en avait confondu, bouleversé les traits » (19e f., p.221, n.412).

pour traduire l'altération des traits d'un visage. Ou bien encore, ils appartiennent à la langue parlée, tels que *travailler après*[61] (quelque chose). L'étroitesse de jugement des critiques éclate lorsqu'ils tournent en ridicule une image expressive, comme *abandonner son esprit à son geste nature,*[62] caractérisant la démarche du « spectateur », ou piquante, comme *faire sortir un esprit de sa coquille,*[63] dit d'un homme « pesant » qui vient de faire une fine réflexion, et qu'on incite à en faire d'autres. Leurs critiques paraissent, il est vrai, moins infondées, lorsque le comparé et le comparant sont difficilement compatibles, ainsi lorsque l'*imagination* fait craindre ses « disgrâces »,[64] ou que la *vanité* adresse des « signes ».[65] Mais c'est surtout dans les phrases complexes que la caricature porte, dès qu'on prétend « réaliser » chaque image, ainsi dans l'exemple suivant : « Je fais le philosophe ici, mais si j'avais affaire à lui [un grand seigneur], je verrais s'il a tort de s'habiller ainsi, et si *ses habits superbes ne reprendraient pas sur mon imagination les droits que ma morale leur dispute* » (1 ᵉ f., p.115 n.7). (Des habits disputent dans l'imagination des droits à la morale.) Ou dans cet autre : « jouir d'une mine qu on a jugée la plus avantageuse [...] et voir devant ses yeux *un visage qui vient chercher noise à la bonne opinion que vous avez du vôtre* [...] qui viendrait *accuser d'abus le plaisir* qu'on a de croire sa physionomie sans reproche et sanspair » (3ᵉ f., p.124, n.49). (Le *Dictionnaire néologique* souligne *chercher noise*, familier, et *accuser d'abus*, terme juridique, mais la difficulté réside surtout dans cette querelle entre un visage et une bonne opinion.)

Les ennemis de Marivaux sont si conscients de la commodité que leur offre cet angle d'attaque qu'ils en abusent en cousant des lambeaux de phrase tirés de passages différents, qu'ils font passer implicitement pour de Marivaux.[66] Ainsi, lorsqu'on lit dans la *Lettre d'un garçon de café* : « J'ai appréhendé que les charmes séducteurs de la représentation ne jouassent quelques tours de souplesse à son jugement et ne missent ses lumières en échec », deux passages du *Spectateur* au moins sont mis à contribution, l'un de la cinquième feuille, p.135, n.90, l'autre de la sixième, p.144, n.126.

A ces critiques de plus ou moins bonne foi, Marivaux oppose donc une

61. « Ses mains travaillaient après sa robe, après sa coiffure », 16ᵉ f., p.200, n.322. Commentaire du *Dictionnaire néologique* : « façon de parler qui commence à s'écrire ».

62. Septième feuille, p.148, n.154.

63. Dixième feuille, p.161, n.196.

64. « leur imagination, qu'ils connaissaient faible, et dont ils ont craint, pour ainsi dire, d'encourir la disgrâce », 16ᵉ f., p.202, n.334.

65. « Notre vanité lui fait signe d'attendre, et il attend » (17ᵉ f., p.209, n.365).

66. C'est le procédé constant dans les *Pantalo-Phoebeana*, ou le centon est constitué d'extraits d'auteurs différents, comme La Motte, Courbeville, Morabin, etc.

tranquille obstination. Ce qu'il suggère implicitement au lecteur, c'est, on l'a vu,[67] une lecture confiante, sans retour, intuitive en quelque sorte, à l'opposé de celle de ses critiques. Mais s'il refuse de leur donner gain de cause, il n'en est pas pour autant incapable de regarder son œuvre en juge averti, comme on l'avait remarqué à propos des *Lettres au Mercure* : quelques exemples montreront que son attitude est la même avec le *Spectateur*. Outre les corrections typographiques, il lui arrive de pratiquer des aménagements dans le domaine de la langue. Ainsi, *énigme* passe au féminin ;[68] *créance* est écrit *croyance* ;[69] « une feuille *volatile* » devient « une feuille *volante* »,[70] « un discours *miellé* » est modernisé en « un discours *emmiellé* »,[71] *au bout du compte*, trop familier, est remplacé par *car enfin*,[72] le « style substantif » cède parfois la place à un tour plus simple ; ainsi « la fatigue qu'ils se donnaient » simplifie « la fatigue que se donnait leur esprit ». Mais les corrections peuvent aller plus loin. Un scrupule de goût incite fort opportunément Marivaux à remanier le passage sur la « divine *Iliade* ». Dans la version primitive la feuille de la dite « Iliade » n'avait pas seulement servi en général à « envelopper des denrées d'épicier », elle avait spécialement renfermé « du beurre fort », et en « portait encore les dépouilles infectes ».[73] Les doigts du narrateur en avaient été « graissés et rendus de mauvaise odeur » : ils sont juste « un peu salis » dans la version de 1728. On ne se plaindra pas de cette tardive timidité.

Mais la modification la plus importante, la seule de cette ampleur dans tout l'ouvrage, procède d'un motif moins facile à découvrir. Elle consiste dans la suppression de quatre passages de la vingt-deuxième feuille,[74] en tout une quarantaine de lignes de l'édition in-12 de 1723. On y trouvait une expression remarquable de « l'âme sensible »,[75] expression nouvelle à l'époque, et dont Marivaux est un des premiers hérauts. Pourquoi avoir ainsi abrégé de plusieurs développements éloquents la belle et mélancolique histoire d'une famille ruinée, dont les membres, père, mère, fils et fille, trouvent dans l'affection vertueuse qu'ils se portent la consolation de leurs malheurs et de leurs deuils ? La sensibilité de Marivaux, cinq ans après la mort de sa propre femme, s'était-elle émoussée ? Jugeait-il trop longs les discours édifiants du père

67. P.7.
68. Treizième feuille, p.182, n.265.
69. Au moins en 1752 ; cf. 15e f., p.197, n.314.
70. Sixième feuille, p.138, n.108.
71. Vingt-troisième feuille, p.249, n.506.
72. Vingt-troisième feuille, p.245, n.496.
73. Neuvième feuille, p.159, n.186 et 190.
74. P.238-41, n.474, 475, 476, 481.
75. Quatrième feuille, p.129, n.65.

à son fils ? Ou l'époque ne lui paraissait-elle plus – ou pas encore – accordée à ce ton nouveau ? Seule une étude approfondie pourrait jeter quelques lumières sur ce point. Jusque-là, l'ultime « repentir » de Marivaux, dans son œuvre la plus personnelle, restera son secret.

Fréron : « Le Spectateur ou le Socrate moderne, et le Spectateur Français » (1755)[1]

PRÉSENTÉ PAR AURÉLIE JULIA

CHRONIQUES, portraits, réflexions morales, récits burlesques et propos satiriques... les *Journaux* de Marivaux multiplient les genres et épuisent les nuances. La critique de l'époque n'a cependant pas su évaluer la subtilité du détail ni apprécier la finesse de l'observation. Déstabilisée par ces feuilles à l'allure décousue, elle a préféré insister sur le caractère insolite du discours et souligner le désordre de la composition. Pourtant, en 1755 paraissait un article qui proposait une comparaison entre le *Spectateur anglais*[2] et les recueils périodiques de Marivaux.[3] Signé du célèbre journaliste Elie-Catherine Fréron (1719-1776),[4] cette lettre semblait vouloir « rendre justice » à notre auteur. Si son contenu relève plus de la citation que de l'analyse, elle n'en révèle pas moins toute l'acuité du jugement. Marivaux pouvait se flatter d'une telle attention. Fréron n'avait-il pas en effet écrit quelques années plus tôt : « nos auteurs modernes procurent si rarement

1. Fréron, l'*Année littéraire*, tome V, lettre vii datée du 18 août 1755, p.145-62.

2. Le *Spectator*, feuille périodique éditée en Angleterre par Addison et Steele, se publia sans interruption du 1er mars 1711 au 6 décembre 1712. Il proposait, entre autres, une peinture des mœurs. Son succès fut tel qu'on le traduisit en presque toutes les langues. Sa version française parut en Hollande entre 1714 et 1718 sous le titre *Le Spectateur ou le Socrate moderne*.

3. Fréron fut le premier à avoir rapproché ces deux journaux. Parmi les études comparatistes contemporaines, voir notamment celles de Peter France, « Société, journalisme et essai : deux spectateurs » (publiée dans ce volume), de W. H. Trapnell, « Lettres imaginaires de Steele et de Marivaux » et de Charles Dédéyan, « Marivaux à l'école d'Addison et de Steele » (les références bibliographiques sont données à la fin de l'ouvrage).

4. Fréron avait fondé en 1754 un journal littéraire qu'il appela *Lettres de la comtesse de* ***, puis *Lettres sur quelques écrits du temps*, et enfin l'*Année littéraire*. Il en poursuivit la publication jusqu'à sa mort, soit en tout 168 volumes de 300 pages. Sa plume vive et ironique lui attira de nombreux ennemis et notamment au sein du parti philosophique. Sa lutte contre Voltaire est restée célèbre à ce titre et l'on pourra se remémorer la fameuse épigramme : « L'autre jour, au fond d'un vallon, / Un serpent mordit Jean Fréron : / Que pensez-vous qu'il arriva ? / Ce fut le serpent qui creva. »

l'occasion de louer, que, lorsque ce phénomène arrive, mon esprit et mon cœur jouissent en même temps et du piquant de la nouveauté, et du plaisir de lire un bon ouvrage, et de la volupté (passez-moi ce terme) de lui rendre justice. » ?[5]

« Le Spectateur ou le Socrate moderne, et le Spectateur Français »

On vient, Monsieur, de donner une nouvelle édition *du Spectateur Anglais*. Elle est en trois volumes *in*-4° et en neuf volumes *in*-12, dont le dernier est entièrement nouveau ; on a traduit plusieurs discours qui n'avaient point encore paru dans notre Langue. Le supplément dans l'édition *in*-4° est à la fin du troisième Tome. Ainsi cette édition est beaucoup plus ample que les précédentes. On la trouve, dans ces deux formats, chez *Mérigot*, père et fils, *Robustel et le Loup*, Quai des Augustins, chez *Hochereau* l'aîné, Quai de Conti, et chez *Brocas* l'aîné, au Pavillon des quatre Nations.

Mon dessein n'est pas de vous faire l'analyse de cet ouvrage célèbre. Tout le monde connaît ce Livre qui n'a pas eu moins de succès en France qu'en Angleterre. Mais comme on a aussi réimprimé depuis peu, chez *Duchene*, rue S. Jacques, *le Spectateur Français* par M. *de Marivaux*, deux volumes *in*-12, je saisirai l'occasion de faire remarquer la différence de génie qui se trouve entre les deux *Socrates* modernes. Je commence par caractériser en général les Auteurs et leurs productions. Nos deux Philosophes semblent ne s'être proposé, en écrivant, que d'être utiles à leurs concitoyens respectifs. Leur plan est extrêmement avantageux, puisqu'il embrasse toutes sortes d'objets. Morale, Religion, Politique, Sciences, Beaux-Arts, Commerce, etc, tout est du ressort d'un Spectateur. Il peut promener l'attention de ses Lecteurs sur des sujets instructifs ou amusants, sacrés ou profanes, sérieux ou badins. C'est aussi ce qu'a heureusement exécuté le *Spectateur Anglais*. Il passe de l'immortalité de l'âme aux coiffures des Dames, de la bonté de Dieu à l'exercice de l'éventail, de la dévotion à la manière de placer une mouche, de la Providence aux grandes jupes de baleine. Tantôt il attaque avec force les vices de ses compatriotes, et tantôt il fronde avec légéreté leurs défauts et leurs ridicules. Rien n'échappe à ses spéculations. Tous les états de la vie fournissent matière à la judicieuse critique. Il ne se contente pas de déclarer la guerre à son pays, il fait aussi de temps en temps des incursions sur la France ; mais il ne nous reproche que des défauts dont nous convenons nous-mêmes, et il ne prétend pas envelopper tous les Français dans ses accusations. Il condamne cet usage assez ordinaire d'attaquer une société ou tout un peuple à cause des vices de quelques particuliers : conduite barbare qu'on pourrait comparer à celle de *Caligula*, qui

5. *Année littéraire*, 1770, tome vii, p.163-64.

souhaitait que le peuple Romain n'eût qu'une tête pour la pouvoir abattre d'un seul coup.

Tous les discours de l'écrivain Anglais ne sont pas de la même force. Il y en a plusieurs qu'on aurait pu supprimer sans faire tort à cette édition. L'ouvrage est toujours un de ceux qui fait le plus honneur à l'Angleterre. On sait que les Auteurs, *Adisson et Steele*, avaient beaucoup plus de goût qu'on n'en accorde communément aux gens de lettres de leur nation.

A l'égard de M. *de Marivaux*, je ne puis mieux le faire connaître que par le jugement qu'en porte son Imprimeur lui-même dans un *Avis au Lecteur* :[6]

« Les ouvrages de M. *de Marivaux* portent presque tous, dit-il, l'empreinte d'une pénétration peu commune ; personne n'a fait plus subtilement que lui l'analyse des mouvements du cœur : il en connaît les ressorts les plus déliés ; il a la vue si perçante pour découvrir les objets moraux, qu'un Lecteur est étonné d'appercevoir ce que souvent il n'aurait pas vu sans lui. Ces sortes de découvertes ont exigé de sa part un style convenable à ce qu'il apercevait ; c'est ce style particulier et le seul qui convenait à la chose qui l'a fait regarder comme un Auteur *singulier* dans ses expressions ; on n'a pas su sentir d'abord que la finesse de ses pensées ne pouvait être rendue autrement ; on a mis sur le compte du style ce qui appartenait à sa pénétration, et j'ose dire qu'alors on le condamna sans l'entendre. Depuis longtemps les personnes judicieuses sont revenues à la vérité, et l'on sait gré à M. *de Marivaux* d'avoir pu assujettir son style au genre des matières qu'il traitait. Il sera chez la postérité un Auteur *singulier* qu'on lira avec plaisir et utilité, mais qu'il serait dangereux de vouloir prendre pour modèle : on voit chez les Peintres des génies pittoresques qu'on ne tente point d'imiter sans risque d'être ridicule, bien loin de leur ressembler. Entre les ouvrages de M. *de Marivaux*, *le Spectateur* doit être regardé comme la production d'un Philosophe agréable qui connaît le monde, et qui sait donner à la vertu cet air d'agrément qui la fait aimer, et au vice les couleurs qui effarouchent la probité. »[7]

Des deux volumes de cet ingénieux écrivain, il n'y en a qu'un (c'est le second) où il soit véritablement *Spectateur*. La France ne lui fournissait-elle donc pas un champ assez fertile ? Il est fâcheux qu'il ne nous ait donné qu'une partie du tableau qu'il avait eu sans doute dessein d'achever.

J'en viens au parallèle des deux *Socrates*. On sait que quelques-uns de nos écrivains répandent quelquefois l'esprit avec profusion. Notre *Spectateur*

6. Comme le signalent Frédéric Deloffre et Michel Gilot dans *Journaux et œuvres divers* (Paris, 1969, réédités en 1988), p.719 note 2, cet *Avis au lecteur* figurait en tête des éditions de 1752, 1754, 1755, 1761. On pourra se reporter aux pages 752-53 de cette édition pour une lecture complète de l'avis.

7. Voir *Journaux et œuvres divers*, p.752. Désormais, toutes les références renverront à cette édition.

Français entreprend de justifier les auteurs accusés et convaincus de ce défaut.

« Quand je songe, dit-il, à cette critique, surtout à celle de courir après l'esprit, je la trouve la chose du monde la plus comique, tant j'ai de plaisir à me représenter la commodité dont elle est à tous ceux qu'elle dispense heureusement d'avoir de l'esprit, et qui ne l'attraperait point quand ils courraient après ; et en effet il y a bien des ouvrages qui ne subsistent que par le défaut d'esprit, et leur platitude fait croire à certains lecteurs qu'ils sont écrits d'une manière naturelle. Au surplus, pourvu qu'on adore *Homère*, *Virgile*, *Anacréon*, etc, on peut avoir de l'esprit tant qu'on pourra. Les amateurs des Anciens ne vous le reprocheront pas, et je connais des écrivains rusés qui ont dix fois plus d'esprit qu'il n'en faudrait pour être persécutés, si la religion, dont ils font profession pour les Anciens, ne les sauvait. »[8]

On n'a jamais blâmé un écrivain pour avoir mis de l'esprit dans ses ouvrages ; mais on condamne un auteur qui affecte d'en montrer, lors même qu'il n'en est pas besoin. Aussi le *Spectateur Anglais* dit dans son LV Discours : « Un homme qui ne saurait écrire avec esprit sur aucun sujet, est stupide ; mais celui qui met de l'esprit où il n'en faut pas, est un impertinent dans le sens primitif du terme. » D'ailleurs je ne connais point d'ouvrages *qui ne subsistent que par le défaut d'esprit et leur platitude*. Il n'est pas vrai encore qu'on soit dispensé d'avoir de l'esprit, pourvu qu'on adore *Homère*, *Virgile*, *Anacréon*, etc ; mais en adorant ces grands hommes, on fait voir qu'on a de l'esprit et du goût.

Le *Spectateur Français* s'égaye aux dépens de ceux qui font profession d'admirer les Anciens, et voilà en quoi il diffère encore du *Spectateur Anglais*. Ecoutons ce dernier.

« Entre les grands génies, ce petit nombre qui s'attire l'admiration de tout le monde, et qu'on peut regarder comme des prodiges de la nature humaine, sont ceux qui, par la seule force de leurs talents naturels, et sans aucun secours des arts ou des sciences, ont produit des ouvrages qui faisaient les délices de leur contemporains et l'admiration de la postérité. Il y a quelque chose de noble, au milieu de l'irrégularité qu'on trouve dans ces grands génies, qui est infiniment plus beau que tous ces tours et cette délicatesse que les Français appellent *Bel-Esprit* ... Certains défauts qu'on remarque dans les Anciens ouvrent un vaste champ à la raillerie des petits esprits qui peuvent se moquer d'un manque de bienséance, mais qui ne goûtent pas le sublime de ces sortes d'ouvrages. »[9]

M. *de Marivaux* prétend avec raison qu'un jeune homme ne doit pas être le copiste de la façon d'écrire des plus excellents auteurs soit anciens, soit modernes.

8. p.146
9. *The Spectator*, éd. D. F. Bond, (Oxford 1965), n°160 [Addison], ii.126-28.

« Cette façon, dit-il, a je ne sais quel caractère ingénieux et fin, dont l'imitation littérale ne fera de lui qu'un singe, et l'obligera de courir vraiment après l'esprit, l'empêchera d'être naturel. Ainsi que ce jeune homme n'imite ni l'ingénieux, ni le fin, ni le noble d'aucun auteur ancien ou moderne, parce que ou ses organes l'assujettissent à une autre sorte de fin, d'ingénieux, de noble, ou qu'enfin cet ingénieux et ce fin qu'il voudrait imiter ne l'est dans ces auteurs qu'en supportant le caractère des mœurs qu'ils ont peintes ; qu'il se nourrisse seulement l'esprit de tout ce qu'il leur sent de bon, et qu'il abandonne après cet esprit à son geste naturel. »[10]

Le *Spectateur Anglais*, dans plusieurs de ses discours, parle de la beauté et de la laideur : mais je défie qu'on trouve sur le même sujet un morceau aussi fin et aussi ingénieux que celui qu'on va lire.

« J'examinais, dit M. *de Marivaux*, tous ces porteurs de visages, hommes et femmes : je tâchais de démêler ce que chacun pensait de son lot, comment il s'en trouvait : par exemple, s'il y en avait quelqu'un qui prit le sien en patience, faute de pouvoir faire mieux ; mais je n'en découvris pas un dont la contenance ne me dit : je m'y tiens. J'en voyais cependant, surtout des femmes, qui n'auraient pas dû être contentes, et qui auraient pû se plaindre de leur partage sans passer pour trop difficiles. Il me semblait même qu'à la rencontre de certains visages mieux traités, elles avaient peur d'être obligées d'estimer moins le leur. L'âme souffrait ; aussi l'occasion était-elle chaude. Jouir d'une mine qu'on a jugée la plus avantageuse, qu'on ne voudrait pas changer pour une autre, et voir devant ses yeux un maudit visage qui vient chercher noise à la bonne opinion que vous avez du vôtre, qui vous présente hardiment le combat, et qui vous jette dans la confusion de douter un moment de la victoire, qui voudrait enfin accuser d'abus le plaisir qu'on a de croire sa physionomie sans reproche et sans pair, ces moments-là sont périlleux. Je lisais tout l'embarras du visage insulté ; mais cet embarras ne faisait que passer. Celle à qui appartenait ce visage se tirait à merveille de ce mauvais pas, et cela sans doute par une admirable dextérité d'amour propre. Une fière sécurité revenait sur sa mine ; il s'y peignait un air de distraction dédaigneuse qui punissait le visage altier de son étalage, mais qui l'en punissait habilement, et qui disait à la rivale qu'on n'avait pas seulement pris garde à elle. »[11]

Notre *Spectateur Français* ne s'exprime pas d'une façon moins agréable, lorsqu'il expose les artifices qu'employe une habile coquette pour faire disparaître sa laideur.

«De quel expédient de vanité peut se servir une femme laide, pour entrer de la meilleure foi du monde en concurrence avec une femme aimable et belle ? Si elle a la bouche mal faite, ou, si vous voulez, le nez trop long ou

10. P.148
11. P.124

trop court, ce nez, quand elle le regarde, se raccourcit-il ou s'allonge-t-il ? Non, ce n'est pas cela. Quand une femme se regarde dans son miroir, son nez reste fait comme il est ; mais elle n'a garde d'aller fixer son attention sur ce nez avec qui pour lors sa vanité ne trouverait pas son compte. Ses yeux glissent seulement dessus ; et c'est tout son visage à la fois, ce sont tous ses traits qu'elle regarde, et non pas ce nez infortuné qu'elle esquive en l'enveloppant dans une vue générale, et de cette façon même il y aurait bien du malheur, si, tout laid qu'il est, il ne devient piquant à la faveur des services que lui rendent les autres traits qu'on lui associe. Bien plus, ces autres traits n'obligent pas un ingrat, et ce nez, devenu plus honorable, les accompagne à son tour de fort bonne grâce ; mais ces autres traits seront peut-être difformes. Qu'importe ? Plusieurs difformités de visage, peintes ensemble, regardées en bloc, maniées et travaillées par une femme qui leur cherche un joli point de vue en dépit qu'ils en aient, prennent une bonne contenance, et forment aux yeux de la coquette un tout qui l'enchante, qui lui parait préférable à ce tas de beautés fades qu'elle voit souvent à d'autres femmes ; et c'est avec ce visage de la composition de sa vanité qu'une femme laide ose lutter avec un beau visage de la composition de la nature. »[12]

Le premier volume de M. *de Marivaux* contient plusieurs pièces détachées, des Lettres sur la populace, la bourgeoisie, les gens de condition et les auteurs. On voit ensuite l'histoire du *Philosophe indigent*, un autre petit ouvrage qui a pour titre, *le Cabinet du Philosophe*, etc. M. *de Marivaux* peint au naturel les mœurs et le caractère des habitants de Paris.

« Le peuple, dit-il, est une portion d'hommes qu'une égalité de bassesse dans la condition réunit : ils se querellent, ils se battent, se tendent la main, se rendent service, et se desservent tout à la fois. Un moment voit renaître et mourir leur amitié. Ils se raccommodent et se brouillent sans s'entendre ... Les gens mariés d'entre le peuple se parlent toujours comme s'ils allaient se battre. Cela les accoutume à une rudesse de manières qui ne fait pas grand effet quand elle est sérieuse, et qu'il y entre de la colère. Une femme ne s'allarme pas de s'entendre dire un bon gros mot ; elle y est faite en temps de paix comme en temps de guerre. Le mari de son côté n'est point surpris d'une réplique brutale ; ses oreilles n'y trouvent rien d'étrange. Le coup de poing avertit seulement que la crainte est sérieuse, et leur façon de parler en est toujours si voisine, que ce coup de poing ne fait pas un grand dérangement ... Les dévôts d'entre le peuple le sont infiniment dans la forme ; la vraie piété est au-dessus de la portée de leur cœur et de leur esprit. Une grosse voix dans un Prédicateur les persuade. Ils ne comprennent rien à ce qu'il dit ; mais il crie beaucoup, et les voilà pénétrés. »[13]

12. P.124
13. P.10-13

Je laisse les bourgeois et les gens de qualité pour venir aux auteurs. M. *de Marivaux* compare la prodigieuse quantité de nos beaux esprits à une armée. Il y a peu d'officiers généraux, beaucoup d'officiers subalternes, un nombre infini de soldats ; c'est-à-dire, qu'il y a peu d'excellents auteurs, beaucoup de médiocres, et une infinité de mauvais. Nous avons aussi une certaine espèce d'écrivains, qui ne sont d'aucune des trois classes que je viens de nommer, et qui occupent une place entre les officiers généraux et les officiers subalternes. M. *de Marivaux* les appellent *grands médiocres*.

« Il y a d'autres auteurs que nous mettrons, si vous voulez, au rang des beaux esprits : ce sont les Traducteurs. Ils savent les Langues savantes ; ils ressuscitent l'esprit des Anciens qui, disent-ils, vaut cent fois mieux que l'esprit des Modernes ; du moins faut-il avouer qu'ils le croient de bonne foi, puisque nous ne voyons pas qu'ils s'estiment assez pour penser par eux-mêmes. C'est agir conséquemment à leur principe. »[14]

M. *de Marivaux* ne sait s'il doit placer les Géomètres parmi les beaux-esprits. Ce doute doit leur paraître injurieux. Ils sont aujourd'hui les coryphées de la Littérature.

Je ne ferai qu'entrer un moment dans le *Cabinet du Philosophe*. On suppose qu'un homme d'esprit qui n'avait rien rien fait imprimer pendant sa vie, laissa après sa mort une cassette remplie de papiers. On ouvrit cette cassette, et on trouva les productions qu'on donne aujourd'hui au Public. Ce sont, pour la plupart, des morceaux détachés, des fragments de pensées sur différents sujets, des réflexions gaies, sérieuses, morales et chrétiennes, quelquefois des aventures, des dialogues, des lettres, des mémoires, et des jugements sur différents auteurs.

M. *de Marivaux*, en parlant du style, dit qu'il ne comprend rien à ce langage qu'on tient tous les jours.

« Le style de cet auteur est noble, le style de celui-ci est affecté ou bien obscur, ou plat ou singulier ... Il semble qu'il ne soit question que des mots, et point de pensées ... Un homme pense mal ou faiblement, ou sans justesse. Tout ce qu'il pense est outré ... Dirai-je qu'il a un mauvais style ? M'en prendrai-je à ses mots ? Non, il n'y a rien à corriger. Cet homme qui sait bien la langue a dû se servir des mots qu'il a pris, parce qu'ils étaient les seuls signes des pensées qu'il a eues. En un mot il a fort bien exprimé ce qu'il a pensé. Son style est ce qu'il doit être ; il ne pouvait pas en avoir un autre ; et tout son tort est d'avoir eu des pensées ou basses, ou plates, ou forcées, qui ont exigé nécessairement qu'il se servît de tels mots qui ne sont ni bas, ni plats, ni forcés en eux-mêmes, et qui entre les mains d'un homme qui aura plus d'esprit

14. P.33

pourront servir une autrefois à exprimer de très fines ou de très fortes pensées : ce que je dis là est incontestable. »[15]

« Selon ces principes, quand un écrivain pense mal, ou faiblement, on ne peut trouver son style mauvais, parce qu'il a bien exprimé ce qu'il pensait. Si on suppose qu'il a *bien* rendu sa pensée, quelque mauvaise qu'elle soit, il n'y a pas de reproche à lui faire par rapport au style. Mais il se peut faire qu'une pensée très plate soit exprimée d'une façon plus plate encore. Alors on dira que l'écrivain pense mal et écrit encore plus mal. Il peut arriver aussi qu'un auteur pense bien, et n'écrive pas de même. On louera alors ses pensées, et on blâmera son style. Le style est l'habillement des pensées. Ce n'est pas assez qu'un ouvrage soit excellent par le fond, il faut qu'il soit revêtu des grâces du style. La parure ne relève-t-elle pas les charmes d'une belle ?

« Si les pensées d'un auteur me font plaisir, dit M. *de Marivaux*, je ne songe point à le louer de ce qu'il a été choisir les mot qui pouvaient les exprimer. »[16]

C'est comme si on disait : si la correction et l'exactitude du dessein me font plaisir dans un tableau, je ne songe point à louer le Peintre de ce qu'il a employé un beau coloris.

« Un homme, continue M. *de Marivaux*, qui sait bien sa Langue, qui sait tous les mots, tous les signes qui la composent, et la valeur de ces mots conjugués ou non, peut penser mal, mais exprimera toujours bien ses pensées. »[17]

J'en conviendrai, s'il l'on veut ; mais s'ensuivra-t-il que cet homme écrira bien, et que son style sera bon ? Non, certainement. Un écrivain pourrait bien rendre chacune de ses pensées, et n'avoir point de style ; car il ne suffit pas que chaque phrase soit bien rendue, il faut avoir l'art de lier toutes ces phrases, et d'en faire un ensemble agréable, un ton soutenu d'élégance et d'harmonie, un mélange bien entendu de force, de grâce et de délicatesse.

Si je n'adopte pas les principes de M. *de Marivaux* en fait de littérature et de goût, si son style me paraît, ainsi qu'à son Imprimeur et au Public, un peu *singulier*, je n'en suis pas moins l'admirateur de son esprit et de plusieurs de ses ouvrages. Sa *Marianne* et les Comédies dont il a enrichi les deux Théâtres, m'ont toujours paru charmantes. Elles sont faites pour rester, et pour déposer en faveur de son génie. La postérité jouira de ces écrits ; mais elle n'aura pas, comme nous, l'avantage d'en posséder l'auteur, d'admirer en lui l'accord heureux des talents et des vertus, et de trouver dans l'écrivain estimable le galant homme et le citoyen le plus digne d'être aimé.

15. P.381
16. P.381
17. P.381

Bibliographie

préparée par Catriona Seth

Editions

L'édition de référence est celle procurée par Frédéric Deloffre et Michel Gilot dans la collection Classiques Garnier (1e éd., 1969, rééd. 1988).

Signalons deux autres éditions du *Spectateur français* :

Wrage, W., *A Critical edition of le Spectateur français*, thèse, université du Wisconsin, 1964

et

Le Spectateur français avec un avant-propos d'Yves Le Gars, Aix 92 (Alinéa)

Généralités

Coulet, Henri, *Marivaux romancier*, Paris, Colin, 1975, 538 pp.

Coulet, H., et Gilot, M., *Marivaux. Un humanisme expérimental*, Larousse, 1973, 288 pp.

Deloffre, Frédéric, *Marivaux et le marivaudage, étude de langue et de style*, Paris, Belles-Lettres, 1955, rééd. 1967, 3e éd., Slatkine, 1993.

Etats présents

Deloffre, Frédéric, « Etat présent des études sur Marivaux », *L'Information littéraire*, novembre-décembre 1964, p.191-99.

Coulet, Henri, « Etat présent des études sur Marivaux », *L'Information littéraire*, mars-avril 1979, p.61-70.

Rivara, Annie, « Etat présent des études sur Marivaux », *Dix-huitième siècle* 27, 1995, p.395-424.

Sur les journaux et sur Marivaux journaliste

Ansalone, Maria Rosaria, « L'*indigent* Marivaux. Le *Jeu* des apparences et la société de l'argent », *Marivaux d'hier, Marivaux d'aujourd'hui*, H. Coulet, J. Ehrard et F. Rubellin dir., Paris, CNRS, 1991, p.53-63.

Arland, Marcel, *Marivaux*, NRF, 1920, p.195-264 sur les Essais. (A servi d'introduction au volume de la Pléiade).

Benrekassa, Georges, « Marivaux et le style philosophique dans ses *Journaux* », G. Goubier éd., *Marivaux et les Lumières. L'éthique d'un romancier*, actes du colloque d'Aix 1996, Publications de l'Université de Provence, p.103-13.

Bonnacorso, Giovanni « Le dialogue de Marivaux avec ses lecteurs », *CAIEF* 25, mai 1973, p.208-23.

Bonneville, Douglas, « Glanures du *Mercure* II : Marivaux », *SVEC* 98, 1972, p.166-68.

Cave, Christophe, « Journaux et théâtre : les chemins de l'éducation », *Revue Marivaux*, n°3, p.69 ; Gilot, Michel, *Les Journaux de Marivaux. Itinéraire moral et accomplissement esthétique*, Lille, ANRT, 1974, 1432 pp. et Paris, Champion, 1975.

Chadbourne, Richard, « Discovering Marivaux the essayist, or 'How many Writers are there in Marivaux ?' », *Le Triomphe de Marivaux*, M. G. Badir et V. Bosley éd., Edmonton, University of Alberta, 1989, p.135-44.

Deneys-Tunney, Anne, « Les *Journaux* de Marivaux et la critique du langage », Goubier éd., *Marivaux et les Lumières*, p.89-101.

Deneys-Tunney, Anne, « La théorie du corps-vérité dans les journaux de Marivaux et le renversement de la métaphysique » in *Ecritures du corps. De Descartes à Laclos*, Paris, PUF, 1992, p.109-13.

Gallouet-Schütter, Catherine, « La femme dans les journaux », *Revue Marivaux* 4, p.5 sqq.

Garavini, Fausta, « Marivaux e la posta del cuore », *Paragone/Letteratura* 252, février 1971.

Gilot, Michel, *Les Journaux de Marivaux : Itinéraire moral et accomplissement esthétique*, Université de Lille III, 1974, et Champion 1975.

Gilot, Granderoute, Koszul et Sgard, « Le journaliste masqué. Personnages et formes personnelles », *Le journalisme d'Ancien Régime*, Lyon, Presses Universitaires, 1982, p.285-313.

Jacoebée, W. P., *La Persuasion de la charité. Thèmes, formes et structures dans les Journaux et œuvres diverses de Marivaux*, Amsterdam, Rodopi, 1976.

Mason, Haydn, « Women in Marivaux. Journalist to dramatist », *Woman and society in eighteenth-century France, Essays in honour of John Stephenson Spink*, London, Athlone Press, 1979, p.42-54.

Matucci, Mario, « De la vanité à la coquetterie » in *Marivaux d'hier, Marivaux d'aujourd'hui*, p.68-72.

Minar, J. « Marivaux, sa découverte du monde vrai », *Philologica Pragensia* 3, 1963.

Mortier, Roland, « Quand le journaliste Marivaux parlait d'amour », *Bulletin de l'Académie royale...* (Belgique) 74, 1996, p.77-92.

Nanini, Chantal, « Vertu et fonction maternelle dans les *Journaux* de Marivaux », *Revue Marivaux* 5, p.105-14.

Rivara, Annie, « Le comique et le sublime dans le théâtre de Marivaux », *CRIN*, à paraître en mars 2002.

Sermain, J.-P., « La mort du journaliste dans les journaux de Marivaux », *L'Œuvre inachevée* (A. Rivara *et al.*, éd.), p.113-19.

Trapnell, W. H., *The Contribution of Marivaux's journalistic works to his theater and novels*, thèse, Pittsburgh, 1967 (voir *Dissertation abstracts*, XXVIII, 1968, p.4611A).

Verhoeff, Han, *Marivaux ou le dialogue avec la femme. Une psycholecture des comédies et journaux*, Orléans, Paradigme, 1994.

Sur *Le Spectateur français*

Bennington, G. F., « Les machines de l'opéra : le jeu du signe dans le *Spectateur français* », *French Studies* 36, 2, 1982, p.154-70.

Culpin, David J., « Journalisme et fiction dans *le Spectateur français* de Marivaux », *Journalisme et fiction au XVIIIe siècle*, M. Cook et A. Jourdan, éds, Bern, New York, Paris, 1999, p.13-121.

Dédéyan, Charles, « Marivaux à l'école d'Addison et de Steele », *Annales de l'université de Paris*, 25e année n[o]1, 1955, p.5-17.

Delon, Michel, « La femme au miroir », *Europe* 74, 811-12, n[o] spécial Marivaux, novembre-décembre 1996, p.79-86.

Desvignes, Lucette, *Marivaux et l'Angleterre*, Paris, Klincksieck, 1970.

Gallouet-Schütter, Catherine, « Aux marges du texte. La femme dans le *Spectateur français* », *Revue Marivaux* 4 (1994), p.5-17.

Gelobter, Hanna, *Le Spectateur von Pierre Marivaux und die englischen moralischen Wochenschriften*, dissert. Francfort/Oder, 1936, 94 pp.

Gilot, Michel, « Un esprit et une forme : le lancement des 'feuilles de Spectateur' », *Cahiers de textologie* 3, 1991, p.35-49.

Grenon, Anne-France, «La formulation de la loi morale dans le *Spectateur français* de Marivaux » *RHLF*, 2001, n[o]4 (juillet-août), p.1163-80.

Niderst, Alain, « Marivaux et La Motte », *Marivaux et les Lumières*, p.187-94.

Pucci, Suzanne Rodin, « The Spectator surfaces. Tableau and tabloid in Marivaux's *Spectateur français* », *YFS* 92 (1997), p.149-70.

Rogers, William S., « Marivaux, the mirror and the mask », l'*Esprit créateur*, I, 4, Minneapolis, winter 1961, p.167-77.

Roy, Claude, *Lire Marivaux. Les Cahiers du Rhône*, avril 1947, p.98-108.

Sheu, Ling-Ling, « Ecriture et lecture sous la Régence d'après le *Spectateur français* de Marivaux », *Topographie du plaisir sous la Régence*, *Etudes sur le XVIIIe siècle* 26 (1998), p.119-30.

Trapnell, W. H., « Lettres imaginaires de Steele et de Marivaux », *Travaux de littérature* 4 (1991), p.139-60.

Sur *L'Indigent philosophe*

Bénac, Karine, « Vérité de soi et folie romanesque : l'*Indigent philosophe*, enfant du baroque ? », *Folies romanesques au siècle des Lumières*, R. Démoris et H. Lafon, éds, Paris, Desjonquères, 1998, p.227-36.

Dervaux, Sylvie, « De la théâtralité hors théâtre chez Marivaux. L'exemple de *L'Indigent philosophe* », *Revue Marivaux* 4 (1994), p.19-35.

Dervaux, Sylvie, « Figures du riche et du pauvre dans *L'Indigent philosophe* de Marivaux », *Etre riche au siècle de Voltaire*, J. Berchtold et M. Porret, éds., Genève, Droz, 1996, p.331-47.

Gilot, Michel, « Deux miroirs insolites : *La Chute* et *L'Indigent philosophe* », *Bulletin de la faculté des lettres de Grenoble*, octobre-décembre, 1967, p.25-31.

Grevlund, Merete, « Le Dialogue avec le lecteur dans *L'Indigent philosophe* », *Marivaux et les Lumières*, p.125-28.

Greene, E. H. J., « Marivaux's philosophical bum », l'*Esprit créateur*, I, 4, Minneapolis, winter 1961, p. 190-95.

Greene, E. H. J., « A Philosopher on the stage and on the roads : *L'Indigent philosophe* », *Bulletin de la Faculté des Lettres et sciences humaines de Grenoble*, octobre-décembre, 1967, p. 25-31.

Matucci, Mario, « De l'*Arlequin sauvage* à *L'Indigent philosophe* », *Mélanges Deloffre*, Roger Lathuillère, éd., Paris, Sedes, 1990, p. 381-92.

Miething, Christoph, « Marivaux's Poetik. Anmerkungen zu *L'Indigent philosophe* », *Archiv für das Studium des neueren Sprachen und Literaturen* (Braunschweig) 225 (1988), p. 300-13. Voir aussi *Marivaux. Anatom des menschlichen Herzens*, B. Kortländer et G. Scheffel, éd., Düsseldorf, Droste, 1990, p. 27-38.

Sturzer, Felicia, « Exclusion and coquetterie. First-person narrative in Marivaux's *L'Indigent philosophe* », *French Review* 55, 4, mars 1982, p. 154-70.

Sur *Le Cabinet du philosophe*

Gallouet-Schütter, Catherine, « Le voyage abymé : texte et contexte du voyageur dans le Nouveau Monde de Marivaux », *Eighteenth-Century Fiction*, October 1992, p. 55-67.

Good, Kathleen, « Truth and signification in Marivaux's *monde vrai* », *Eighteenth-Century Studies* 19, 1986, p. 353-72.

Guilhembet, Jacques, « *Le Paysan parvenu* au carrefour des genres », *Revue Marivaux* 6, 1997, p. 23-41.

Matucci, Mario, « Dalle *Lettres au Mercure* al Cabinet du philosophe », p. 97-174 de *L'Opera narrativa di Marivaux*, Napoli, Pironti e figli, 1962.

Rizzoni, Nathalie, « Marivaux, Pannard et *Le Chemin de Fortune* », *RHLF* 98, mars-avril 1998, p. 215-29.

Roelens, Maurice, « Utopie, allégorie, roman, dans *Le Monde vrai* de Marivaux », *RSH* 155, juillet-septembre 1974, p. 411-23.

Sgard, Jean, « Trois *philosophes* de 1734. Marivaux, Prévost, Voltaire », *Etudes Littéraires* 24, 1 (été 1991), p. 31-38.

Van den Abbeele, Georges, « La vérité en négligé : le *Nouveau Monde* de Marivaux », *French Studies*, juillet 1986, p. 287-303.

Autres approches suggestives

Gilot, Michel, « *Savants* et *Caféistes* sous la Régence : les implications historiques d'une querelle littéraire », *Beiträge zur Romanischen Philologie* 16, 1977, p. 27-32.

Jaubert, Anna, « De *bagatelles* en marivaudage. Le poids des mots-plumes », *Mélanges Brunet* (Mellet, Sylvie et al. Ed.), p. 125-38.

Jacoebée, W. P., « Marivaux et ses philosophes », *RHLF* 89 (1989), p. 71-78.

Trapnell, W. H., *Eavesdropping in Marivaux*, Genève, Droz, 1987.

Site web

http ://www.revuemarivaux.org

Table des matières

Etudes sur les *Journaux* de Marivaux

LA BIBLIOTHÈQUE PORTATIVE DE LA FONDATION VOLTAIRE

Vif

Rhétorique et roman au XVIIIe siècle
L'exemple de Prévost et de Marivaux (1728-1742)
Jean-Paul Sermain
ISBN 0 7294 0654 7

Etudes sur « Le Fils naturel » et les « Entretiens sur le Fils naturel » de Diderot
Sous la direction de Nicholas Cronk
ISBN 0 7294 0751 9

Etudes sur le « Traité sur la tolérance » de Voltaire
Sous la direction de Nicholas Cronk
ISBN 0 7294 0707 1

Jeanne Marie Le Prince de Beaumont, Contes et autres écrits
Edition présentée par
Barbara Kaltz
ISBN 0 7294 0705 5

À PARAÎTRE 2002

Françoise de Graffigny, Choix de lettres
Edition présentée par
English Showalter
ISBN 0 7294 0781 0

Françoise de Graffigny, Lettres d'une Péruvienne
Edition présentée par
Jonathan Mallinson
ISBN 0 7294 0750 0